高职高专“十二五”规划教材

# 国际贸易基础

俞学伟　陈　亮　主编

化学工业出版社

·北京·

本书的编写是本着“注重实务操作，理论内容必须够用”的原则，在内容的组织上做到了科学合理。项目一重点介绍了国际贸易的产生、发展和基本概念。项目二和项目三分别介绍了对外贸易政策和措施。项目四介绍了国际贸易组织。项目五至项目十二为国际贸易实务部分。项目五介绍了进出口合同标的条款及其缮制。项目六介绍了国际贸易术语和进出口商品价格。项目七和项目八分别介绍了进出口货物运输及保险处理。项目九介绍了进出口业务中货款的结算。项目十讲述了进出口业务中争议的预防和处理。项目十一则介绍了进出口合同磋商、签订和履行的整个操作过程。

本书既可以作为大中专、高职院校非国际贸易专业如会计、物流、市场营销、电子商务、外语、理工类专业的教材，也可以作为有兴趣从事国际贸易业务的初学者的入门参考书。

**图书在版编目（CIP）数据**

国际贸易基础/俞学伟，陈亮主编. —北京：化学工业出版社，2015.1（2018.7 重印）

高职高专“十二五”规划教材

ISBN 978-7-122-22468-2

Ⅰ.①国… Ⅱ.①俞…②陈… Ⅲ.①国际贸易-高等职业教育-教材 Ⅳ.①F74

中国版本图书馆 CIP 数据核字（2014）第 285668 号

责任编辑：于　卉　　　文字编辑：李　曦

责任校对：陶燕华　　　装帧设计：关　飞

出版发行：化学工业出版社（北京市东城区青年湖南街 13 号　邮政编码 100011）

印　　刷：北京京华铭诚工贸有限公司

装　　订：北京瑞隆泰达装订有限公司

787mm×1092mm　1/16　印张 15¾　字数 412 千字　2018 年 7 月北京第 1 版第 2 次印刷

购书咨询：010-64518888（传真：010-64519686）　售后服务：010-64518899

网　　址：http://www.cip.com.cn

凡购买本书，如有缺损质量问题，本社销售中心负责调换。

**定　　价：33.00 元**

# 前 言

中国自加入世界贸易组织至今已经步入第 14 个年头，十四年来，我国的对外贸易保持着良好的发展势头，但也遇到了各种各样的困难。近几年来，中国的对外贸易更是面临重重障碍：国内方面，原材料、用工成本不断上涨；国际方面，金融危机令世界总体需求处于持续低迷状态，新贸易保护主义势力逐渐抬头，各种形式的贸易壁垒层出不穷，中国外贸行业遭受各种各样的反倾销、反补贴调查，国际间无形的贸易战可谓硝烟弥漫。这种极其困难的内、外部环境促使中国外贸行业不断加快转型和升级，并在近两年逐渐显现出一定的成效，中国外贸不仅在总量规模上不断扩大而且在增量上保持着正增长。目前，已有越来越多的大、中、小微企业参与到国际市场竞争中，需要大量既懂得国际贸易理论与政策，又能够熟练掌握国际贸易实务操作的专门人才。为了适应我国外贸形势的新发展，提高企业经营管理人员的外贸理论和实务水平，我们编写了这本以实务性为主，兼顾理论的国际贸易基础教材。

本书在编写的过程中，为了适应高职高专教学的需要，反映高职课程教学特点，我们在国际贸易理论部分编写时本着“必须够用”的原则，选取了国际贸易基本概念、国际贸易基本理论与政策、国际贸易组织等必备内容；而在组织国际贸易实务内容时则尽可能详尽，并突出内容的技能性和可操作性，同时，我们将国际贸易实务最新的内容编排进教学内容中，比如国际商会《跟单信用证统一惯例》（UCP600）、《国际贸易术语解释通则（2010）》、新外汇核销、退税制度等。全书结构完整，内容较新，适合作为大中专院校非国际贸易类专业的课堂教材，也可以供外贸职员和其他涉外机构商务人员学习和参考。

本书由俞学伟、陈亮任主编，冯国峰、季晓芳任副主编，吴明圣、张力、舒兵、刘天鹏老师等也参与了编写。具体分工如下：陈亮，项目一，二，三；刘天鹏，项目四；俞学伟，项目五、六；冯国峰，项目七；季晓芳，项目八、九；张力，项目十；舒兵、吴明圣，项目十一。另外，在编写过程中，我们参阅和吸收改编了国内一些专家学者著作中的观点和内容，在此一并向他们致谢！当然，由于我们学识水平和能力所限，其中疏漏和不妥之处，敬请使用本教材的老师和读者批评指正。

**编者**

**2014 年 10 月**

# 目录

## 项目十一 进出口合同的磋商、签订和履行 / 198

# 项目一 国际贸易概述

## 能力目标

通过本章的学习，学生应该能够：

① 了解国际贸易的产生与发展；

② 理解国际贸易的分类；

③ 掌握国际贸易的基本概念。

## 任务一 了解国际贸易的产生与发展

### 一、国际贸易的产生

国际贸易是指世界各国（地区）之间货物和服务的交换，是各国（地区）之间分工的表现，反映了世界各国（地区）在经济上的相互共存。

国际贸易属于历史范畴，是人类社会发展到一定历史阶段的产物。国际贸易的产生，必须具备以下两个条件：一是有剩余的产品可以作为商品进行交换；二是出现了政治实体，商品交换要在各自为政的社会实体之间进行。因此，社会生产力的发展和社会分工的扩大，是国际贸易产生和发展的基础。

在原始社会时期，人类处于自然分工状态，生产力水平很低，人们在共同劳动基础上获得有限的生活资料，仅能维持本身生存的需要。因此，没有剩余产品，没有私有制，没有阶级和国家，也就没有对外贸易。对外贸易的产生与人类历史上三次社会大分工密切相关。第一次社会大分工是畜牧部落从其他部落中分离出来，生产力得到了发展，产品开始有少量剩余。于是在氏族公社之间、部落之间出现了剩余产品的交换。这种交换是极其原始的偶然的物物交换。第二次社会大分工是手工业从农业中分离出来，产生了直接以交换为目的的商品生产。商品生产和交换的不断扩大，又产生了货币，商品交换逐渐变成了以货币为媒介的商品流通。随着商品货币关系的发展，产生了专门从事贸易的商人，于是，出现了第三次社会大分工。

生产力的发展，交换关系的扩大，加速了私有制的产生，从而使原始社会日趋瓦解。到了奴隶社会初期，阶级矛盾的产生形成了国家。国家出现后，商品交换超出国界，产生了对外贸易。

## 二、国际贸易的发展

### （一）资本主义社会以前的国际贸易

**1. 奴隶社会的国际贸易**

奴隶社会的对外贸易是在奴隶占有制生产方式的基础上发展起来的。当时自然经济占统治地位，进入交换领域的商品有限，交通运输条件简陋，对外贸易的范围受到很大制约。奴隶社会时对外贸易的主要商品是奴隶和奢侈品（如宝石、装饰品、各种织物、香料等）。前者为奴隶主阶级提供劳动力，后者满足了奴隶主的享乐欲望。在奴隶社会，地中海地区的国际贸易比较发达，当时的贸易大国有希腊、罗马、腓尼基等。公元前 2000 年，腓尼基商人来往于地中海各地，腓尼基也被称为“贸易民族”；公元前 3～4 世纪，希腊是地中海地区主要的贸易国家，雅典成为了地中海地区国际贸易的中心，亚历山大港则成为了地中海地区最大的商贸港。在此之后，希腊的贸易地位被西罗马帝国所取代。他们收取关税，对商人发放贸易辅助金，对出口商品进行管制。为保证贸易安全，西罗马帝国建立了强大的海军，消灭了地中海的海盗。一系列措施使得罗马成为了欧洲的商业中心。直到公元 5 世纪中叶，西罗马帝国灭亡后，西欧的奴隶社会宣告结束，地中海地区的国际贸易才逐渐没落。

我国在夏朝就进入了奴隶社会，对外贸易主要集中在黄河流域各国之间。

**2. 封建社会的国际贸易**

封建社会的经济仍然是自然经济，农业在各国经济中占主导地位，商品生产处于从属地位，因而当时的国际贸易规模十分有限，但比奴隶社会有了进一步发展。在封建社会，奢侈品仍然是国际贸易中的主要商品。西方国家以呢绒、酒等换取东方国家的丝绸、香料、珠宝等。这一时期，国际贸易从原来的地中海地区扩大到了北海、黑海和波罗的海沿岸各国。欧洲的威尼斯和君士坦丁堡、中东的大马士革、我国的长安等都是当时世界上较大的国际贸易中心。

无论是奴隶社会还是封建社会，由于自然经济占统治地位和交通条件的限制，国际贸易在当时的社会经济中都不占主要地位，活动也不频繁。直到资本主义社会，大规模机器工业建立以后，国际贸易才获得广泛的发展。

### （二）资本主义时期的国际贸易

随着机器大工业的形成和资本主义生产关系的确立，国际贸易发展迅速，生产力水平大幅提高，产品种类大大增加，国际分工开始形成。同时交通运输和通信联络工具也得到迅速发展和广泛利用，大大缩短了国际间的距离。这时的国际贸易才真正体现世界性质的含义。

**1. 资本主义原始积累时期的国际贸易**

资本主义生产方式萌芽于 14～15 世纪，发展于 16 世纪。16～18 世纪是西欧各国封建制度瓦解时期，也是资本主义原始积累和资本主义工场手工业的大发展时期。地理大发现让欧洲人沿着通往亚洲和美洲的新航线大力发展海外贸易，使世界市场骤然扩大，西欧各国开始了殖民扩张和资本原始积累。大量的初级产品从亚非及拉美国家运往欧洲国家，主要包括茶叶、胡椒、大米、可可、染料等；而纺织品、火器、金属器具等大量工业制成品由欧洲运往上述地区。对外贸易的扩大和对产品需求的增长，不仅为欧洲国家的产品提供了海外市场，而且极大地促进了商品生产的发展，形成了世界性的国际贸易。

**2. 资本主义自由竞争时期的国际贸易**

资本主义自由竞争时期是从 18 世纪中叶到 19 世纪 60 年代，是资本主义制度确立和发展时期。英国作为率先完成工业革命的国家，逐渐在采煤、冶炼、化工等行业普遍采用机器和蒸汽动力来从事生产。到了19世纪，法国、德国、美国、日本等国也相继完成工业革命。机器大工业的建立迅速提高了社会生产力，商品种类大大增加，奠定了国际贸易发展的物质基础。同时，交通运输和通信手段的进步，为国家贸易的发展提供了物质条件。欧美工业国家由于大机器的使用，生产能力和生产规模迅速扩大，国内市场很快饱和。为了寻找新的市场，他们将剩余产品运往落后国家和地区销售；而大机器的建立又使得欧美国家对原料的需求猛增，不得不向国外开辟廉价的原料基地。总之，随着机器大工业的建立，国际工农业分工格局初步形成。

**3. 资本主义垄断竞争时期的国际贸易**

19世纪70年代后，资本主义从自由竞争阶段向垄断竞争阶段过渡，到20世纪初，发展成为帝国主义阶段。这一时期，以电力发明和使用为标志的第二次科技革命再次推动欧美国家的工业发展，使世界工业生产量成倍增长，科技和工业的发展又促进了交通运输业的发展，铁路运输普及、海运航速加快、运费降低都为国际贸易的发展创造了有利条件。垄断集团开始对国际贸易形成重大影响，美国、德国在国际贸易中的地位不断上升，英国的垄断地位开始下降。

### （三）第二次世界大战战后的国际贸易

第二次世界大战战后在第三次科技革命的作用下，在经济全球化和贸易自由化的推动下，国际贸易迅速发展，这一时期的国际贸易呈现出了许多新的特点。

**1. 国际贸易增长迅速，贸易规模不断扩大**

第二次世界大战战后，国际贸易得到了较大发展，世界贸易的增长速度超过了世界生产的增长速度。1913～1937年（第二次世界大战前），国际贸易量的年均增长速度为0.7%，而战后的1957～1983年，国际贸易量的年均增长速度达到了11.5%。1988年以来，国际贸易进入相对稳定的增长时期，年均增长率为6%左右。从世界贸易总额的增长来看，1900～1937年的世界贸易总额仅由115亿美元增加到160亿美元，增长不到40%。而1950～1980年，世界贸易总额从602亿美元增长到18691亿美元，增长了30多倍。

**2. 服务贸易增速超过货物贸易增速**

从历史上看，服务的交换和贸易是随着货物商品贸易的产生而问世，并随着货物商品贸易的发展而不断壮大。但是，从19世纪70年代开始，国际服务贸易超越货物贸易以更快的速度增长。2000年相比1970年，世界货物贸易出口额由3145亿美元增长到57800亿美元，增长了17.4倍；而国际服务贸易出口额由710亿美元增长到14200亿美元，增长了19倍。

**3. 高科技产品的国际贸易比例不断上升**

以微电子信息技术、生物工程为代表的科技革命和产业革命正在迅速崛起。成果已经渗透到社会经济生活的各个方面。如电子银行、电子货币、电子商务以及众多的转基因生物。由于这种高科技成果的出现，国际贸易的商品结构正在发生重大变化。在发达国家的出口贸易中，高新科技产品的出口比例达到了40%以上，并呈现上升趋势，成为了主要的出口商品。

**4. 多边贸易组织的作用不断扩大**

世界贸易组织的前身是关税及贸易总协定，在其存续期间，经过了8轮多边谈判，大大扫除了国际贸易中的障碍，明显降低了各国的关税，使发达国家的平均关税降至1%～3%，发展中国家的平均关税降至13%～15%，有力地促进了国际贸易的发展。1995年世界贸易组织成立后，在促进国际贸易发展方面效果更加明显。

区域经济一体化组织是多边贸易组织的另一种形式。它在推动本地区贸易和投资自由化方面取得了实质性的进展。20 世纪 90 年代，无论是发达国家还是发展中国家组成的区域经济一体化组织，其区域内的贸易和投资增长速度都超过区域外的增长，成为了推动世界贸易增长的重要因素之一。据国际货币基金组织统计，欧盟区域内的贸易占其对外贸易的比例由 1990 年的 59%提高到 1998 年的 62.5%；北美自由贸易区从 41.4%提高到 51%，东盟从 18.7%提高到 20.6%。

**5. 跨国公司及其国际贸易发展迅猛**

根据 2002 年《世界投资报告》中数据显示，全球大约有 6.5 万家跨国公司，在全世界范围内拥有 85 家海外子公司。跨国公司之间的贸易以及公司内部的贸易目前占整个国际贸易总额的 70%以上。国际贸易正演变为跨国公司的贸易。

# 任务二　掌握国际贸易的基本概念

## 一、国际贸易与对外贸易

国际贸易（International trade）是指世界各国（地区）之间货物和服务的交换，是各国（地区）之间分工的表现，反映了世界各国（地区）在经济上的相互共存。

对外贸易（Foreign trade）是指一个国家（地区）与另一个国家（地区）之间的货物和服务的交换。

国际贸易与对外贸易的观察角度不同，前者是从国际或世界角度出发，后者是从国家（地区）角度出发。

国际贸易和对外贸易有广义和狭义之分。广义的国际贸易和对外贸易包括货物和服务在内，而狭义的国际贸易和对外贸易则不包括服务贸易在内。

## 二、对外贸易值和对外贸易量

对外贸易值（Value of foreign trade）是以货币表示的贸易金额。一定时期内一国从国外进口的商品的全部价值，称为进口贸易总额或进口总额；一定时期内一国向国外出口的商品的全部价值，称为出口贸易总额或出口总额。两者相加为进出口贸易总额或进出口总额，是反映一个国家对外贸易规模的重要指标。对外贸易值一般用本国货币表示，也可以用国际上习惯使用的货币表示。联合国编制和发表的世界各国对外贸易值的统计资料，是以美元表示的。

把世界上所有国家的进口总额或出口总额用同一种货币换算后加在一起，即得世界进口总额或世界出口总额。就国际贸易来看，一国的出口就是另一国的进口，如果把各国进出口值相加作为国际贸易总值就是重复计算。各国一般是把进出口值相加，作为国际贸易值。由于各国一般都是按 FOB 价格（即启运港船上交货价，只计成本，不包括运费和保险费）计算出口额，按 CIF 价格（即成本、保险费加运费）计算进口额。因此世界出口总额略小于世界进口总额。

对外贸易量（Quantum of foreign trade）是以一定时期的不变价格为基准来计算的对外贸易值，是用数量、重量、面积、体积等计量单位表示的反映贸易规模的指标。以货币所表示的对外贸易值经常受到价格变动的影响，因而不能准确地反映一国对外贸易的实际规模，更不能把不同时期的对外贸易值直接比较。对外贸易量是为剔除价格变动的影响，并能准确反映一国对外贸易的实际数量化而确立的一个指标，它能确切地反映一国对外贸的实际规模。具体计算方法是用报告期的出口或进口总额除以固定年份为基期而确定的出口或进口价

格指数。报告期的出口或进口总额，得到的是相当于按不变价格计算的出口额或进口额。其计算公式为

$$对外贸易量=\frac{进出口额}{进出口价格指数}$$

$$价格指数=\frac{报告期价格}{基期价格}\times 100$$

例如，假定1991年世界出口额为14000亿美元，2001年世界出口额为30000亿美元，设1991年出口价格指数为100，2001年为160，试比较2001年世界出口值和世界出口贸易量与1991年世界出口值和世界出口贸易量的增长变化情况。

按照对外贸易值计算

2001年出口额÷1991年出口额＝30000÷14000≈2.14倍

按照对外贸易量计算

2001年出口贸易量÷1991年出口贸易量＝187.5÷140≈1.34倍

由此可见，按对外贸易值计算，2001年世界出口额是1991年世界出口额的2.14倍，增加了114%；按对外贸易量计算，剔除价格上涨的因素，2001年世界出口贸易量是1991年世界出口贸易量（当1991年为基期时，价格指数为100，贸易量等于贸易值的1.34倍，仅增加了34%）。由于计算贸易量可以较为准确地反映贸易实际规模变动的情况，所以许多国家和国际组织都采用这种方法计算贸易量。

## 三、对外贸易依存度

对外贸易依存度（Degree of dependence upon foreign trade）也称对外贸易系数、外贸依存度，是指一国货物与服务进出口总额在该国国民生产总值（或国内生产总值）中所占的比例。传统的对外贸易系数是指一国货物进出口额与其国内生产总值或国民生产总值之比，国际上多以出口贸易在国民生产总值或国内生产总值中的比例来表示。计算公式如下。

对外贸易依存度＝进出口总值÷国民(内)生产总值×100%

据世界贸易组织（WTO）和国际贸易基金组织（IMF）的数据测算，1960年全球外贸依存度为25.4%，1970年为27.9%，1990年升至38.7%，2000年升至41.7%，2003年已接近45%，近两年在金融危机的冲击，数据有所下降，2009年约为42%。

就我国而言，1985年我国的对外贸易依存度为23.1%，其中出口依存度为9.02%，进口依存度为14.08%；1990年，我国对外贸易依存度为30%，其中出口依存度为16.05%，进口依存度为13.84%；2002年突破了50%，2007年高达65.8%。

## 四、贸易条件

贸易条件（Terms of trade）又称贸易比价或交换比价，是指一定时期内一国出口商品价格与进口商品价格之间的对比关系，一般常用来衡量一国贸易的利弊。通常用一国在一定时期（如一年）内的出口商品价格指数同进口商品价格指数对比进行计算。其公式为

贸易条件＝出口价格指数÷进口价格指数×100

例如，以1997年为基准年，其进出口价格指数均为100；而2007年出口价格指数上涨7%，进口价格指数下降3%，即2007年出口价格指数为107，进口价格指数为97，则

贸易条件＝107÷97×100＝110.3

即贸易条件改善10.3%。所谓贸易条件改善是指进出口时期与基期相比较而言，交换比价上升，即同等数量的出口商品能换回比基期更多的进口商品；反之，就叫贸易条件恶化。

## 五、贸易差额

贸易差额（Balance of trade）是指在一定时期内（通常为一年），一个国家的出口总值与进口总值之间的差额。如果出口值大于进口值，就会出现贸易盈余，称为“贸易顺差”或“出超”。如果进口值大于出口值，则出现贸易赤字，称为“贸易逆差”或“入超”。当进口总值等于出口总值时，称为“贸易平衡”。通常用正数来表示贸易顺差，负数表示贸易逆差。例如，2010年我国全年出口总额为15779.3亿美元，进口总额为13948.3亿美元，则2010年我国外贸处于顺差地位，顺差额为1831亿美元（即15779.3亿美元－13948.3亿美元）。

为了表明货物贸易和服务贸易各自的进口贸易额和出口贸易额之间的差额，还可再分为货物贸易差额和服务贸易差额。贸易差额是衡量一国对外贸易状况的重要指标。一般说来，贸易顺差表明一国在对外贸易收支上处于有利地位，而贸易逆差则表明一国在对外贸易收支上处于不利境地。单纯从国家收支角度讲，顺差当然比逆差好。但是，长期顺差也不一定是好事。首先，长期顺差意味着大量的资源出口到国外，得到的只是资金积压；其次，巨额顺差往往会使本国货币升值，从而不利于扩大出口，还会造成与其他伙伴国的贸易关系紧张。

## 六、国际贸易商品结构和对外贸易商品结构

国际贸易商品结构是指一定时期内各大类商品或某种商品在整个国际贸易中的构成，即各大类商品或某种商品贸易额与整个世界出口贸易额相比，一般以比例表示，反映的是整个世界的经济发展水平、产业结构状况和科技发展水平。

对外贸易商品结构是指一定时期内一国进出口贸易中各种商品的构成，即某大类或某种商品进出口贸易与整个进出口贸易额之比，以份额表示，反映的是该国的经济发展水平、产业结构状况和科技发展水平。例如，2007年我国出口总值为21738亿美元，其中机电产品出口7011.7亿美元，所占比例为32.3％。发达国家对外贸易商品结构是以进口初级产品、出口工业制成品为主；发展中国家对外贸易商品结构的特征是以出口初级产品、进口工业制成品为主。

## 七、国际贸易地理方向和对外贸易地理方向

国际贸易地理方向亦称“国际贸易地区分布”，它是反映国际贸易地区分布和商品流向的指标，指各个国家（地区）在国际贸易中所处的地位，通常以它们的出口额（进口额）占世界出口额（进口额）的比例来表示。计算各国在国际贸易中的比例时，既可以计算各国的进、出口额在世界进、出口总额中的比例，也可以计算各国的进出口总额在国际贸易总额（世界进出口总额）中的比例。其计算公式为

国际贸易地理方向＝某国(地区)出口或进口总值÷世界出口或进口总值×100％

例如，2006年世界出口总值为120620亿美元，中国出口9690亿美元，其所占比例为8.03％。

对外贸易地理方向又称对外贸易地区分布或国别结构，是指一定时期内各个国家或区域集团在一国对外贸易中所占有的地位，通常以它们在该国进出口总额或进口总额、出口总额中的比例来表示。对外贸易地理方向指明一国出口商品的去向和进口商品的来源，从而反映一国与其他国家或区域集团之间经济贸易联系的程度。其计算公式为

对外贸易地理方向＝对某国(地区)出口或进口总值÷对世界出口或进口总值×100％

例如，2007年中国的出口总值为12180.2亿美元，其中出口至美国为2327亿美元，所占比例为19.1％。

# 任务三　理解国际贸易的分类

## 一、出口贸易、进口贸易及过境贸易

这是按照货物移动方向来划分的。

出口贸易（Export trade）是指将本国生产和加工的货物输往国外市场销售。如果商品先输入本国后，未在本国消费或加工而再出口，则称为复出口（Re-export trade）。

进口贸易（Import trade）是指将国外市场购买的商品在本国市场进行销售。本国输往国外的商品未经加工又输入国内的，称为复进口（Re-import trade）。

过境贸易（Transit trade）是指一国经第三国向另一国运送商品，对第三国来说即为过境贸易。第三国既不是出口国，也不是进口国，仅是商品通过其国境时收取一定费用，这就构成该国的过境贸易。

在国际贸易中，一国往往在同类商品上既有出口又有进口。如果在一定时期内，一国在某种商品上出口额大于进口额，则称为净出口（Net export）；反之，如果进口额大于出口额，则称为净进口（Net import）。

## 二、总贸易体系与专门贸易体系

这是按照贸易统计界限来划分的。

总贸易体系（General trade system）是指以国境为界划分的进出口贸易。凡进入国境的外国商品一律列为总进口，包括进口后国内消费的部分和进口后又出口的或转口过境的部分；凡离开国境的商品一律列为总出口，包括本国出口的产品、外国商品的复出口及转口过境的部分。目前，按照总贸易统计进出口贸易的国家有美国、中国、英国、日本、加拿大、澳大利亚等 90 多个国家或地区。

专门贸易体系（Special trade system）是指以关境为界划分的进出口贸易。一般来说，国家的关境与国境是一致的。但也有许多国家关境与国境并不完全一致，如建有报税仓库、自由贸易区或加入关税同盟的国家。按照专门贸易规定，国外商品进入国境后，如不进入关境而暂时存放在报税仓库等，一律不列入进口；只有国外商品进入关境才列入专门进口。从国内运出关境的本国商品及进口后未经加工又运出关境的商品，即使没有运出国境，也列入专门出口。目前，采用专门贸易统计方法的国家有德国、法国、瑞士、意大利等 80 多个国家或地区。

总贸易和专门贸易说明的是不同问题，前者说明一国在国际货物流通中所处的地位和所起的作用；后者说明一国作为生产者和消费者在国际货物贸易中具有的意义。由于各国在编制统计时采用的方法不同，所以联合国发表的各国对外贸易额的资料，一般都注明按何种贸易体系编制。世界各国的服务贸易额进入国际收支统计，不计入海关统计。因此，总贸易和专门贸易只用于货物贸易统计。

## 三、商品贸易和服务贸易

商品贸易和服务贸易是按商品形态划分的。

商品贸易又称货物贸易，是指物质商品的进出口。由于物质货物商品是看得见、摸得着的，因此又称有形贸易。目前，联合国为了便于统计，把有形商品分为 10 大类、63 章、233 组、786 个分组和 1924 个基本项目，几乎包括了国际贸易的所有商品。

服务贸易是指服务商品的进出口。它是以提供活劳动的形式满足消费者需求并获取报酬的一种国际劳务活动。由于服务商品是看不见、摸不着的，因此又称为无形贸易。按照WTO的分类，国际服务贸易有4种提供方式：过境提供，如电信服务；境外消费，如旅游；商业存在，如在国外建立独资或合资企业等；自然人移动，如劳务人员出国。服务行业分为商业、通信、建筑和相关工程、销售、教育、环境、金融、卫生、旅游、娱乐、运输和其他共12个部门。

有形商品贸易和无形商品贸易的主要区别在于：前者的进出口都要办理海关手续，并表现在海关的贸易统计上，是一国国际收支的主要构成部分；后者通常不办理海关手续，在海关贸易统计上不体现，而是反映在该国国际收支平衡表中，是一国国际收支的重要构成部分。

## 四、直接贸易、间接贸易和转口贸易

这是按贸易有无第三方参加来划分的。

直接贸易（Direct trade）是指商品生产国与商品消费国之间的贸易。生产国商品输出到消费国，从生产国来说，是直接出口；从消费国来说，是直接进口。

间接贸易（Indirect trade）是直接贸易的对称。它是指商品生产国与商品消费国之间的贸易，经由第三国商人之手进行。对生产国来说是间接出口，对消费国来说是间接进口。

转口贸易是指国际贸易中进出口货物的买卖，不是在生产国与消费国之间直接进行，而是通过第三国转手进行的贸易。这种贸易对中转国来说就是转口贸易。交易的货物可以由出口国运往第三国，在第三国不经过加工（改换包装、分类、挑选、整理等不作为加工论）再销往消费国；也可以不通过第三国而直接由生产国运往消费国，但生产国与消费国之间并不发生交易关系，而是由中转国分别同生产国和消费国发生交易，仍属于转口贸易范畴。

## 课后训练题

### 一、选择题

1. 在人类历史上，对外贸易产生于（　　）。

A. 原始社会早期　　B. 原始社会末期　　C. 奴隶社会末期　　D. 奴隶社会早期

2. 一定时期内，若一国一定量商品出口所能换回的进口商品量增加，则该国贸易条件（　　）。

A. 恶化　　B. 不变　　C. 改善　　D. 不确定

3. 转口贸易的商品从生产国运往消费国（　　）。

A. 只能间接运输　　B. 只能直接运输

C. 既可直接运输，也可间接运输　　D. 只能过境运输

4. 某年世界出口货物贸易额为1.5万亿美元，出口服务贸易额为1.8万亿美元，则该年世界出口贸易总额为（　　）。

A. 1.5万亿美元　　B. 3.3万亿美元　　C. 0.3万亿美元　　D. 1.8万亿美元

5. 2008年某国的出口贸易额为1840亿美元，进口贸易额为1400亿美元，该国的国民生产总值为20000亿美元，则该国的对外贸易依存度为（　　）。

A. 14.7%　　B. 12.8%　　C. 18.5%　　D. 16.2%

6. 2009年，某国出口贸易额为220亿美元，进口额为170亿美元，则该年的贸易差额为（　　）。

A. 净出口 50 亿美元　　B. 贸易顺差 50 亿美元
C. 贸易逆差 50 亿美元　　D. 贸易差额 390 亿美元

7. 我国某高校聘请外教到本校进行讲学属于（　　）。

A. 过境提供　　B. 境外消费　　C. 商业存在　　D. 自然人移动

8. 以国境和关境作为标准，国际贸易分为（　　）。

A. 进口贸易与出口贸易　　B. 水平贸易与垂直贸易
C. 有形贸易与无形贸易　　D. 总贸易与专门贸易

9. 日本某公司向欧盟出口商品，货物经香港地区转船，这种贸易可称为（　　）。

A. 直接贸易　　B. 间接贸易　　C. 第三国贸易　　D. 转口贸易

10. 一国的进出口贸易收支状况用（　　）表示。

A. 对外贸易　　B. 贸易顺差　　C. 有形贸易　　D. 贸易差额

## 二、计算题

1. 已知：某年世界贸易额为 45000 亿美元，该年甲国的出口总额为 5500 亿美元，进口总额为 5800 亿美元，国民生产总值 85000 亿美元。问：(1) 甲国在世界贸易额中所占的比例是多少？(2) 甲国该年的对外贸易依存度是多少？

2. 2009 年，我国的对外贸易总额达到 22072.7 亿美元，其中出口总额 12016.7 亿美元，进口总额 10056 亿美元。而 2009 年我国的国内生产总值为 34090.3 亿美元。试计算 2009 年我国的对外贸易依存度。

3. 设某国以 2007 年为基期（即 2007 年该国出口价格指数为 100），2008 年和 2009 年该国的出口价格指数分别为 100.05 和 99.02。同期出口额分别为 6250.74 亿美元和 6886.97 亿美元。请通过计算对外贸易量判断该国 2009 年相对于 2008 年出口的实际规模是扩大了还是缩小了。

4. 2003～2012 年全世界出口贸易值及出口价格指数如下表所示。

| 年份 | 2003 | 2005 | 2010 | 2011 | 2012 |
|---|---|---|---|---|---|
| 我国出口值(亿美元) | 4383.7 | 7620 | 15779.3 | 18986 | 20489.3 |
| 我国出口价格指数(2003 年＝100) | 100 | 113 | 152 | 183 | 199 |

请计算其余各年份相对于 2003 年的对外贸易量并做分析说明。

## 三、实训题

1. 2009 年世界出口贸易总额为 123180 亿美元，进口贸易总额为 125770 亿美元。而 2009 年美国、中国、德国的进出口数据分别为：美国出口 10455.8 亿美元，进口 15625.5 亿美元；中国出口 12016.6 亿美元，进口 10055.6 亿美元；德国出口 11203 亿美元，进口 9304.7 亿美元。试分析 3 个国家在 2009 年的国际贸易地理方向。

2. 2010 年我国对外贸易总额为 29727.6 亿美元，其中出口总额为 15779.3 亿美元，进口总额为 13948.3 亿美元。出口至香港地区 2183.2 亿美元，从香港地区进口 122.6 亿美元；出口至日本 1210.6 亿美元，从日本进口 1767.1 亿美元；出口至美国 2833 亿美元，从美国进口 1020.4 亿美元；出口至欧盟 3112.4 亿美元，从欧盟进口 1684.8 亿美元；出口至东盟 1382.1 亿美元，进口 1545.7 亿美元。试分析 2010 年我国的对外贸易地理方向。

3. 2010 年我国对外贸易总额为 29727.6 亿美元，其中出口总额为 15779.3 亿美元，进口总额为 13948.3 亿美元。主要出口商品：电器及电子产品出口 3887.9 亿美元，机械设备出口 3098.3 亿美元，服装出口 1294.8 亿美元，纺织纱线、织物及制品出口 770.5 亿美元，箱包出口 180.2 亿美元，玩具出口 100.8 亿美元；主要进口商品：进口机电产品 6603.1 亿美元，进口铁矿砂及精矿 794.3 亿美元，进口大豆 250.8 亿美元，原油进口 1351.51 亿美元，进口汽车及底盘 36.6 亿美元，进口钢材 201.1 亿美元。试分析 2010 年我国的对外贸易商品结构。

4. 请上网搜集 2013 年美国对外贸易的相关数据（例如国内生产总值，进出口总额，各类商品的进出口额，国别贸易进出口额等），分析这些数据来说明美国 2013 年的外贸依存度、对外贸易商品结构及对外贸易地理方向等相关贸易情况。

# 项目二

# 对外贸易政策

**能力目标**

通过本章的学习，学生应该能够：

① 了解国际贸易政策的含义与类型；

② 掌握绝对利益理论、比较利益理论和 H-O 理论；

③ 熟悉重商主义思想、保护幼稚工业理论和对外贸易乘数理论；

④ 了解贸易自由化和新贸易保护主义。

## 任务一　了解对外贸易政策的含义、类型与制定

### 一、对外贸易政策的含义

当今国际经济中，对外贸易政策在各国经济增长和经济发展中起到重要的作用，它已经成为国际贸易环境的重要组成部分。对外贸易政策是指一国在一定时期内对商品进出口贸易和服务贸易所实行的各种政策的总和，包括①根据本国经济发展战略制定的、在较长时期内实行的对外贸易总政策；②根据对外贸易总政策和本国经济结构、国内市场状况和竞争能力制定的进出口商品政策和服务贸易政策；③根据对外政治、经济关系和对外贸易总政策制定的国别地区政策。

### 二、对外贸易政策的类型

根据各国对商品与服务的进口贸易和出口贸易实施的措施不同，对外贸易政策可分为两种基本类型：自由贸易政策和保护贸易政策。

**1. 自由贸易政策**

自由贸易政策的主要内容是：国家取消对进出口商品和服务贸易等的限制和障碍，取消对本国进出口商品和服务贸易等的特权和优待，使商品自由进出口，服务贸易自由经营，在国内外市场上自由竞争。自由贸易政策实质上是一种“不干预”政策。

**2. 保护贸易政策**

保护贸易政策的主要内容是：国家广泛利用各种限制进口和控制经营领域与范围的措施，保护本国产品和服务在本国市场上免受外国商品和服务等的竞争，并对本国出口商品和

服务贸易给予优待和补贴。保护贸易政策是以保护本国民族利益为目的，其实质是“奖出限入”。

## 三、对外贸易政策的制定与执行

**1. 对外贸易政策的制定**

对外贸易政策属于上层建筑，它既反映了经济基础和当权阶级的利益与要求，同时又反过来维护和促进了经济基础的发展。各国在制定贸易政策过程中，要考虑到以下因素：本国经济结构和比较优势；本国产品在国际市场上的竞争能力；本国与别国经济、投资的合作情况；本国国内物价、就业情况；本国与他国的政治关系；本国在世界经济贸易组织中享有的权利和应尽的义务；各国政府领导人的经济思想与贸易理论。

各国对外贸易政策的制定和修改是由国家立法机构进行的。最高立法机关在制定和修改对外贸易政策及有关规章制度前，要征询各个利益集团的意见。如发达资本主义国家一般要征询大垄断集团的意见。各垄断集团通过各种机构协商共同立场，向政府提出各种建议，甚至派人参与制定或修改有关对外贸易政策的法律草案。

最高立法机关所颁布的对外贸易各项政策，既包括一国较长时期内对外贸易政策的总方针和基本原则，又规定某些重要措施以及给予行政机构的特定权限。例如，美国国会往往授予美国总统在一定的范围内制定某些对外贸易法令、进行对外贸易谈判、签订贸易协定、增减关税和确定数量限额等权利。

**2. 对外贸易政策的执行**

对外贸易政策的执行方式包括：①通过海关对进出口贸易进行管理；②国家广泛设立各种机构，负责促进出口和管理进口；③国家政府出面参与各种国际经济贸易等国际机构与组织，进行国际经济贸易方面的协调工作。

# 任务二　掌握自由贸易政策的理论

自由贸易理论形成于资本主义自由竞争时期，始于英国，之后随着其他国家经济发展水平的提高以及经济发展的需要，也开始接受并实施自由贸易政策。资本主义进入垄断阶段后，自由贸易政策的发展受到阻碍，并持续到第二次世界大战。第二次世界大战战后，贸易政策总的发展趋势是自由化，虽然中间有些停滞，但大方向没有变化，在环境允许的条件下继续得到更深程度和更广范围的发展。

自由贸易理论最早是由一些法国的重农主义学者与英国学者休谟提出的，完成于古典学派政治经济学。古典学派首先由亚当·斯密在其代表作《国富论》中，提出国际分工，实行自由贸易。后来由大卫·李嘉图继承并发展了这一学说。

## 一、绝对利益理论

亚当·斯密是18世纪英国工场手工业到机器大工业时期著名的古典政治经济学家，是研究国际贸易产生原因的创始人，是古典学派自由贸易理论的奠基人。在1776年出版的他的代表作《国民财富的性质和原因的研究》（简称《国富论》）一书中，提出了“绝对利益理论”或译为“绝对成本理论”或“绝对优势理论”。

### （一）绝对利益理论的主要观点

所谓绝对利益是指在某一商品的生产上，一国所耗费的劳动成本绝对低于另一国，在生产效率上占有绝对优势；如耗费的劳动成本绝对高于另一国，在生产效率上占有绝对劣势。斯密的绝对利益理论，就是从生产成本的绝对差别出发来发展国际分工和国际贸易，即一国生产某种商品的成本比别国的生产成本绝对的低，在利益上具有绝对优势，则该国就应专门生产该商品并对外出口，反之就该进口。

绝对利益理论的主要内容如下。

首先，斯密提出了分工可以提高劳动效率的主张。他认为，人类有一种天然的倾向，就是交换，而人类交换的倾向又会引起分工，分工可以大大提高劳动效率。斯密在《国富论》中举了个例子，在没有分工的情况下，一个粗工每天最多只能制造 20 枚针，有时甚至一枚也制造不出来。而在分工以后，平均每人每天可以制造 4800 枚针。每个工人的劳动生产率提高了几百倍，这显然是分工带来的结果。究其原因：第一，分工能增进劳动者的熟练程度，专业化使劳动者的生产技能不断提高；第二，分工使每个人专门从事某项工作，避免了不同工作之间进行的转移，可以节省与生产没有直接关系的时间；第三，分工可以使专门从事某项操作的劳动者比较容易改良工具和发明机械，提高劳动效率。

其次，斯密提出了分工的基础是绝对优势。所谓绝对优势是指某国利用相同资源所能够生产的某种商品比另一国生产的这种商品多。他提出，分工的原则应该是各自集中生产具有优势的产品，然后进行交换。斯密认为，既然分工可以提高劳动效率，那么就应该专门从事某种具有优势产品的生产，然后彼此进行交换，这对每个人都是有利的。他以家庭之间的分工为例说明，如果一件物品购买所花的费用比在家庭内生产所需费用少，那么就应该购买而不应该在家庭内生产，这是每个精明的家长都知道的常识。之所以，裁缝不为自己缝制衣服，鞋匠不为自己制作靴子，农场主既不为自己缝制衣服，也不为自己制作靴子，就是因为他们都知道，只有集中全部精力生产自己具有优势的某种产品，并用这些产品去交换自己所需要的其他物品，才能比自己生产一切物品得到更多的利益。如此对家庭是合算的事情，对整个国家也同样是合理的。

斯密把适用于家庭之间或一国内部的分工原则推广到国家之间，主张各国应本着发挥各自优势的原则进行国际分工。即各国都应该利用自己生产条件上的绝对优势，生产实际成本小于其他国家的优势商品，然后去交换别国具有优势的商品，这样就比各国生产自己所需要的一切商品更为有利，同时也会使进行贸易的双方国家较之各自在闭关自守时获得更多的商品量。

再次，斯密提出国际分工的基础是有利的自然禀赋或后天的有利条件。绝对优势来自于自然禀赋或是后天的有利条件。自然禀赋是指超乎人力范围的气候、土壤、矿产等自然条件的优势。一国生产特定产品所具有的自然优势有时是非常巨大的，其他国家无法与其竞争。后天的有利条件是指在经济发展过程中逐步形成的特殊技术或有利条件，如特有的生产工艺等。斯密提出，有利的自然禀赋或后天的有利条件可以使一国生产某种商品的成本绝对低于另一国，从而在竞争中处于绝对优势地位。

最后，斯密提出了确定绝对优势的依据。根据他的观点，一国绝对优势的确定可以用劳动生产率或是生产成本来衡量。如果一国生产某种商品的单位劳动成本比别国生产相同商品的单位劳动成本要少，即为前者的劳动生产率高于后者，或是前者的生产成本低于后者。此时前者所在产业与后者所在产业相比处于绝对优势。各国应按照绝对成本差异进行分工，集中生产本国具有绝对优势的产品，然后用来交换本国生产处于绝对劣势的产品，这将会使各国的资源、劳动力和资本得到最有效的利用，从而极大地提高劳动生产率和增加物质财富。

### （二）绝对利益理论的定量分析

为了充分理解这一理论观点，可以从下面的实例加以论证。斯密假定，世界上只有两个国家：英国和法国。两个国家在现有的生产技术条件下都生产两种商品：小麦和生铁。生产要素抽象为只有劳动力一种；劳动力在国内自由流动，而在国际不能自由流动；每单位产品的投入用劳动天数来衡量。

**1. 劳动天数表**

在国际分工前，每单位产品两国分别投入的劳动天数如表2-1所示。

**表2-1　分工前两国生产单位产品所需劳动天数表**

| 产品<br>国家 | 小麦<br>劳动天数/单位 | 生铁<br>劳动天数/单位 |
|---|---|---|
| 英国 | 200天 | 100天 |
| 法国 | 100天 | 200天 |

从表2-1可以看出，在国际分工前，两国都生产两种商品小麦和生铁，但英国在生产生铁上占绝对优势，而法国在生产小麦上占绝对优势。

**2. 产品总量表**

在国际分工后，两国产品总量的变化情况如表2-2所示。

**表2-2　分工后两国生产产品总量情况表**

| 产品<br>国家 | 小麦<br>劳动天数/单位 | 生铁<br>劳动天数/单位 |
|---|---|---|
| 英国 | 0 | (100＋200)/100＝3 |
| 法国 | (100＋200)/100＝3 | 0 |

从表2-2可以看出，在国际分工后，英国专门生产生铁，放弃小麦生产；而法国专门生产小麦，放弃生铁生产。其结果两国投入的劳动总量未变，但两国产品的总量却增加了。分工前两国共生产小麦和生铁各2个单位，而分工后变成了各3个单位，都比分工前增加了1个单位。这就是分工带来的利益。然后两国间以1个单位的小麦换1个单位的生铁，因为这两种商品都花费了同等的100天劳动。

**3. 利益情况表**

在国际交换后，两国之间利益的变化情况如表2-3所示。

**表2-3　交换后两国利益情况表**

| 产品<br>国家 | 小麦<br>劳动天数/单位 | 生铁<br>劳动天数/单位 |
|---|---|---|
| 英国 | 1 | 3-1＝2 |
| 法国 | 3-1＝2 | 1 |

从表2-3可以看出，在国际交换后，英国有2个单位的生铁和1个单位的小麦，比分工前多得1个单位的生铁；而法国有2个单位的小麦和1个单位的生铁，比分工前多得1个单位的小麦。

可见，通过国际贸易两国都从中获得了利益。

### （三）对绝对利益理论的评价

斯密是国际贸易理论的创始人，他的绝对利益理论在古典经济学说取代重商主义思想的过程中起了关键作用，在历史上具有伟大意义。

斯密的绝对利益理论是科学成分和非科学成分的混合，既有其正确性和积极性，也有其错误性和局限性。

**1. 绝对利益理论的正确性**

该理论深刻地揭示出了分工对提高劳动效率的巨大意义，各国之间根据各自优势进行分工，通过国际贸易使各国都能得到利益，从而揭示了国际贸易的利益分配问题。

该理论揭示了国际贸易产生的原因及开展国际贸易的动机和目的。

该理论反对重商主义提倡的国家严格控制的对外贸易政策，主张主要依靠市场调节的自由贸易政策。

**2. 绝对利益理论的错误性**

该理论错误地认为交换引起社会分工，而交换又是由人类本性所决定的。但事实上，交换是以分工为前提的，在历史上分工早于交换。同时，交换也不是人类本性的产物，而是社会生产方式和分工发展的结果。

**3. 绝对利益理论的局限性**

这一理论只说明了生产成本有绝对优势的国家才能通过参加国际分工和国际贸易获得利益，这在国际贸易实践中缺乏普遍性。如果一个经济不发达的国家，所有产品生产的绝对成本都高，能否参加国际分工和国际贸易呢？绝对利益理论无法回答。该理论还未提及国际贸易交换的价格比例问题。故其理论还存在许多不完善的地方。

## 二、比较利益理论

大卫·李嘉图是英国产业革命深入发展时期著名的经济学家，也是英国古典政治经济学的完成者。他继承和发展了“绝对利益理论”，提出了“比较利益理论”或译为“比较成本理论”或“比较优势理论”。他在 1817 年出版的《政治经济学及税赋原理》一书中，提出了完整的比较利益理论。

### （一）比较利益理论的基本观点

比较利益理论，就是通过比较两种产品在两国间的劳动成本相对数量的方法，来决定一个国家应该生产交换哪种产品。其基本观点是：在国际贸易中，起决定性作用的不是绝对利益，而是比较利益，应本着“两优相权取其重、两劣相权取其轻”的分工和贸易原则进行，即在国际商品生产分工中，各种商品生产都占优势的国家，应集中生产优势相对大的商品，放弃优势相对小的商品生产；而在各种商品生产都处于劣势的国家，应集中生产劣势相对较小的商品，放弃劣势相对较大的商品生产；然后通过国际贸易，使贸易双方获利。

**1. 按照比较利益进行生产的国际分工，可以提高劳动生产率，节约社会劳动**

李嘉图在阐述比较利益理论时，采取了由个人推及国家的办法。他举例说，如果两个人都生产鞋和帽，其中一个人在这两种手艺上都比另一个人强，不过制帽要强 1/5，而制鞋则强 1/3，那么，让这位手艺较强的人专门制鞋，而让那位手艺较差的人专门制帽，其结果对双方都是有利的。因此，李嘉图认为国家之间也应该按照此种方法进行分工，即国家之间通过形成相互有利的国际分工，可以发展专业化生产，提高专业水平，从而提高劳动生产率，使劳动力、资本和其他生产要素都得到最充分的利用，并通过分工与协作，扩大生产规模，从而更加节省获得同样产品所需的社会劳动时间。

**2. 在两国耗费的劳动总量不变的条件下，通过国际分工和国际贸易，可以增加产品产量，提高两国消费水平**

李嘉图认为，在资本与劳动力在国家间不能自由流动的前提下，各个国家不一定要专门生产劳动成本绝对低的产品，而只要专门生产劳动成本相对较低的产品，这样，即使在资本、劳动力生产要素不变的情况下，一个国家也可以增加其商品总量，并且可以通过对外贸易获益，形成的国际分工对国际贸易双方都有利。而且，在自由贸易下，还可以降低进出口商品价格，减少消费者支出，提高福利。

### （二）比较利益理论的定量分析

比较利益理论分析仍然沿用绝对利益理论中“两个国家、两个商品、一种要素”的假设。李嘉图假设英国和葡萄牙两个国家都生产葡萄酒和毛呢。

**1. 劳动天数表**

在国际分工前，每单位产品两国分别投入的劳动天数如表 2-4 所示。

**表 2-4　分工前两国生产单位产品所需劳动天数表**

| 产品<br>国家 | 葡萄酒<br>劳动天数/单位 | 毛呢<br>劳动天数/单位 |
|---|---|---|
| 英　国 | 120 天 | 100 天 |
| 葡萄牙 | 80 天 | 90 天 |

从表 2-4 可以看出，在国际分工前，两国都生产两种商品葡萄酒和毛呢。英国在两种商品的生产都占绝对劣势，但在酒的生产占劣势更大，法国在两种商品的生产都占绝对优势，但生产葡萄酒上占优势更大。因为英国生产 1 个单位毛呢的劳动为葡萄牙的 1.1 倍（100/90），而生产 1 个单位葡萄酒的劳动为葡萄牙的 1.5 倍（120/80）。

在没有分工时，两国各投入 220 天（120＋100）和 170 天（80＋90）的劳动，各生产 1 个单位的葡萄酒和 1 个单位的毛呢，即两国总共生产 2 个单位的葡萄酒和 2 个单位的毛呢。

**2. 总量情况表**

在国际分工后，两国产品总量的变化情况如表 2-5 所示。

**表 2-5　分工后两国生产产品总量情况表**

| 产品<br>国家 | 葡萄酒<br>劳动天数/单位 | 毛呢<br>劳动天数/单位 |
|---|---|---|
| 英　国 | 0 | (120＋100)/100＝2.2 |
| 葡萄牙 | (80＋90)/80＝2.125 | 0 |

从表 2-5 可以看出，在国际分工后，英国专门生产比较劣势较小的毛呢，放弃比较劣势较大的葡萄酒生产；而法国专门生产比较优势较大的葡萄酒，放弃生产比较优势较小的毛呢生产。其结果两国投入的劳动总量未变，但两国产品的总量却增加了。分工前两国共生产葡萄酒和毛呢各 2 个单位，而分工后英国用 220 天劳动生产了 2.2 个单位的毛呢，比分工前增加了 0.2 个单位；而葡萄牙用 170 天劳动生产了 2.125 个单位的葡萄酒，比分工前增加了 0.125 个单位。就是分工带来的利益。

**3. 利益情况表**

在国际交换后，两国之间利益的变化情况如表 2-6 所示。

**表 2-6　交换后两国利益情况表**

| 产品<br>国家 | 葡萄酒<br>劳动天数/单位 | 毛呢<br>劳动天数/单位 |
|---|---|---|
| 英　国 | 1 | 2.2-1＝1.2 |
| 葡萄牙 | 2.125-1＝1.125 | 1 |

表 2-6 中，如果国际交换比例为 1 个单位的毛呢换 1 个单位的葡萄酒，在国际交换后，英国有 1 个单位的葡萄酒和 1.2 个单位的毛呢，比分工前多得 0.2 个单位的毛呢；葡萄牙有 1 个单位的毛呢和 1.125 个单位的葡萄酒，比分工前多得 0.125 个单位的葡萄酒。

可见，尽管英国两种商品都处于劣势，但通过国际贸易也能获得贸易利益。当然葡萄牙两种商品都处于优势，通过国际贸易从中获得利益是理所当然的。

### （三）对比较利益理论的评价

比较利益理论是李嘉图贸易思想的核心，是国际贸易的重要概念，是国际贸易理论研究的基础。从总体上讲，比较利益理论既有其合理的科学成分，但也存在一些不足之处和缺陷。

**1. 比较利益理论的科学合理性及历史进步意义**

① 比较利益理论使绝对利益理论得到了拓展，对当时国际贸易及其理论的发展均起到了积极的推动作用，它使绝对利益理论更具有普遍性，更坚定了推行自由贸易的立场。

② 比较利益理论在历史上曾起过促进资本主义资本积累和生产力发展的进步作用。它为英国工业资产阶级争取自由贸易提供了有力的理论武器，在这一理论的影响下，英国的《谷物法》被废除，自由贸易的胜利加速了社会经济的发展，使英国在 19 世纪的世界经济贸易中占据首要地位。

③ 比较利益理论的科学性在于它揭示了比较利益定律。这一理论是人类认识对外贸易现象的一次突破，它论证了国际贸易的产生不仅在于绝对利益的差异，而且还在于比较利益上的差异，不论是生产力水平高的国家还是生产力水平低的国家，只要按照比较利益优势的思想参与分工与贸易，都可以获得更多的利益。这一理论为世界各国特别是落后国家参与国际分工和贸易的必要性作了理论上的证明，这也是 100 多年来它一直是西方国际贸易理论基础的原因。

**2. 比较利益理论的不足和历史局限性**

① 比较利益理论并没有从根本上揭示出国际分工形成、发展的原因。该理论片面地认为成本差异是国际分工形成和发展的根本原因。而事实上，成本差异对国际分工的形成和发展有一定的影响，但并不是主要的、根本的，社会生产力才是国际分工形成和发展的最主要原因。

② 比较利益理论与现实的国际贸易在某些方面不相符合。首先，按照这一理论，比较利益越大，则发生贸易的可能性越大，从这一点出发，贸易最容易发生在发达国家和发展中国家之间，而现实中，国际贸易最主要的还是在发达国家之间进行的。其次，按照这一理论，在自由贸易条件下，参加贸易的双方均可获利，因而世界各国为获得贸易的比较利益都应该自觉地实行自由贸易，但在现实的国际贸易中，不论什么样的国家都在不同程度上实行了某种贸易保护政策，这说明比较利益理论所揭示的贸易各国所取得的利益只是一种短期的利益，不一定符合一国的长期利益。再次，按照这一理论，国际贸易双方是互利的，不存在国际剥削，甚至相对落后国家通过国际贸易也可以得到更多的实惠，这与目前国际贸易中富国剥削穷国的事实相悖。

③ 比较利益理论建立在许多假设前提的基础上，与经济现实条件不相符，大大削弱了它的适用性。

## 三、赫克歇尔—俄林理论

赫克歇尔—俄林理论，又称为要素禀赋论或要素禀赋学说。该理论是由当代著名的瑞典经济学家赫克歇尔和俄林提出的。赫克歇尔于 1919 年发表了《对外贸易对收入分配的影响》

的著名论文，提出了要素禀赋论的基本论点。俄林在继承其老师赫克歇尔的理论基础上，1933年出版了《域际贸易和国际贸易》一书，创立了要素禀赋理论。

赫克歇尔和俄林从各国资源禀赋即生产要素供给情况不同的角度出发，具体分析了国际分工的原因、国际贸易的格局和国际贸易的商品结构。他们的理论被称为“赫克歇尔—俄林理论”，简称赫—俄（H—O）理论。

### （一）与赫克歇尔—俄林理论有关的几个概念

**1. 生产要素和要素价格**

生产要素是指从事生产活动时所必须投入的主要因素或必须使用的主要手段。一般我们把土地、劳动和资本称为生产的“三要素”，如果再加上企业家的管理才能，就构成了“四要素”。也有人把技术知识和经济信息称为“第五要素”。要素价格指的是为了使用生产要素而支付的费用，也可以说是要素参与生产所应该获得的报酬。例如，土地的租金、劳动的工资、资本的利息、管理的利润率等都可以称为要素价格。

**2. 要素密集度和要素密集度产品**

要素密集度是指产品生产中某种要素投入比例的大小，如果某要素投入的比例大，称为该要素密集度程度高。根据产品生产所投入的生产要素中所占比例最大的生产要素种类不同，可把产品划分为不同种类的要素密集度产品。如果产品生产投入的土地比例高，则为土地密集型产品，比如各种农产品；如果产品生产投入的劳动比例高，则为劳动密集型产品，比如纺织品；如果产品生产投入的资本比例高，则为资本密集型产品，比如电子产品。

**3. 要素禀赋和要素丰富程度**

要素禀赋是指一国拥有各种生产要素的数量。要素丰富程度指的是在国际要素禀赋的比较中，如果一个国家的某种要素的供给比例大于别国同种要素的供给比例，那么该种要素的相对价格就应低于别国同种要素的相对价格。我们可以用两种方法来衡量要素的丰富程度：一是以生产要素的供给总量来衡量，这种方法只考虑了要素的供给，有一定的片面性；另一种则是以要素的相对价格来衡量，这种方法不仅考虑了要素的供给，还考虑了要素的需求，因此比较科学。

### （二）赫克歇尔—俄林理论的假设条件

① 两个国家分别生产两种产品，每种产品的生产至少需要劳动力和资本这两种生产要素的投入，而且两国相同数量的劳动或资本在相同时间内生产量是一样的。

② 商品市场和要素市场都是完全竞争的，生产要素在各个领域里或各个国家内部可以自由转移，但在各个领域或各个国家之间不能自由转移。

③ 生产要素是可以完全分割的，并且单位生产成本不会随生产的增减而变化，因此也不产生规模经济利益。

④ 两国的技术水平和生产函数都是相同的，产量只和生产要素的投入量有关。

⑤ 两国的消费偏好相同。

⑥ 没有运费，没有关税或其他贸易限制。

### （三）赫克歇尔—俄林理论的内容

赫克歇尔—俄林理论主要通过对相互依存的价格体系的分析，用生产要素的丰缺来解释国际贸易的产生和一国的进出口贸易类型。

根据该理论，同种商品在不同国家的相对价格差异是国际贸易的直接基础，商品的价格差异则是由各国生产要素禀赋不同、要素相对价格不同决定的，所以要素禀赋差异是国际贸易产生的根本原因。

**1. 商品价格的国际绝对差异直接导致了国际贸易的产生**

商品价格的国际绝对差异就是同种商品在不同国家用同一货币表示的价格差异。如果两国间的价格差比运输商品的费用还大，那么商品就会从价格低的国家流向价格高的国家，贸易双方都能从交换中获利，得到比自己生产更多的商品。举个例子，假设美国和中国都能生产A、B两种商品，美国生产A、B两种商品的国内价格分别为3美元和4美元，中国生产A、B两种商品的国内价格分别为32元人民币和24元人民币。单从这个角度，我们无法确定两个国家的价格究竟孰高孰低。如果规定1美元可以交换8元人民币，那么经过换算，我们可以得出A商品在美国、中国两国间的价格比为3∶4；B商品在美国、中国的价格之比是4∶3，从中我们可以看出同一种商品在不同国家是存在绝对差异的。

**2. 各国商品价格比例不同是国际贸易产生的必要条件**

俄林还指出，商品间存在国际价格差异额只是发生国际贸易的必要条件，要产生国际贸易还必须要求交换的两种商品国内价格交换比例是不同的，就是说商品在两国间具有不同的比较利益优势。在上例中，如果A、B商品在美国和中国两国内价格之比不是3∶4和4∶3，而是1∶2和3∶6，那么由于比较利益不存在，国际贸易就不会发生。

**3. 国内要素价格比例不同决定商品价格比例不同**

要素价格比例是指生产要素用本国货币表示的单位价格比例。俄林假设各国生产的物质条件或生产函数是相同的，因为商品价格等于生产要素乘以生产函数，所以他得出结论，商品价格比是由要素价格比决定的。

**4. 要素供给比例不同决定要素价格比例不同**

在要素需求一定的情况下，由于各国的要素禀赋不同，导致要素价格也不同。在供给和需求的相互作用下，丰富的生产要素价格便宜，稀缺的生产要素价格昂贵。

基于上述逻辑，俄林得出结论，一个国家应生产和出口由本国丰富要素生产的产品，进口由本国稀缺要素生产的商品，这样国家才能在贸易中获得比较利益，这就是生产要素供给比例理论。

### （四）对赫克歇尔—俄林理论的评价

**1. 积极性方面**

① 比较利益论假设两国间的交易是物物交换，由劳动生产率的差异引起了国际贸易，而赫克歇尔—俄林理论是用等量产品不同货币价格和两国不同的商品价格进行比较，试图用生产要素禀赋的差异来解释国际贸易产生的原因、国际贸易商品结构以及国际贸易对要素价格的影响，这种研究比李嘉图的比较利益论更深入和全面。

② 这一理论对生产要素在各国进出口贸易中占据的重要地位进行了肯定。应该承认，在各国的进出口贸易中，土地、劳动、资本、技术和管理等要素确实起着重要作用，它们结合构成的商品价格，的确对一国对外贸易有着重要影响。

③ 这一理论是建立在三要素论基础之上的。在三要素论中，劳动、土地和资本的投入决定了商品的生产，劳动的价格是工资，资本的价格是利息，土地的价格是租金，这些共同决定了商品的价值。三要素论比用惟一要素进行分析更符合实际情况，它启发了后人从更广泛的角度探寻国际贸易问题。

④ 这一理论是从一个国家最基本的经济资源出发，用资源禀赋的差异说明国际贸易的产生、贸易的产品结构与地理方向，分析了贸易本身对经济结构的影响，在一定程度上反映

了经济的客观实际情况。

**2. 局限性和不足方面**

① 这一理论掩盖了国际分工和国际贸易发生的最重要原因。要素禀赋论认为，生产要素禀赋的差异是决定国际分工和国际贸易的重要原因，这就忽视了社会生产力，尤其是科学技术对国际分工和国际贸易产生发展的决定性作用。事实上，自然禀赋条件只提供了国际分工和贸易产生的可能性，只有社会生产力的发展才是国际贸易产生的根本原因。

② 这一理论没有认真分析来自需求方面的因素。要素禀赋论认为，要素价格比例是由要素供给比例决定的，而没有认真分析要素需求对其价格的影响。事实上，在现代经济中，需求和供给对国际贸易格局的影响同等重要，甚至需求的影响更大。

③ 这一理论的某些假设前提与实际不符合。比如该理论不考虑生产力和科学技术的进步对经济的影响，研究的是一种静态经济；也没有考虑需求对国际贸易产生的影响。另外，理论中假设的完全自由竞争在现实中也是不存在的，这些都对结论的科学性和实用性造成了很大的影响。

④ 这一理论的结论和现实并不符合。因为如果按照这个理论，发展中国家在贸易中将永远处于不利的地位，其贸易结构也将保持不变，而实际上只要一个国家采取合理的贸易战略，是可以实现贸易结构的转变和优化的，“亚洲四小龙”就是一个典型的例子。

# 任务三　掌握保护贸易政策的理论

## 一、重商主义

重商主义是“对现代生产方式的最早的理论探讨”，它产生于15世纪，盛行于16世纪和17世纪上半叶，衰落于17世纪下半叶和18世纪初。它最早出现于意大利，后来流行于西班牙、葡萄牙、英国和法国等。16世纪末叶以后，它在英国和法国得到了重大发展，出现了一些较为重要的重商主义思想家和著作。

15世纪以后，西欧国家的社会分工得以发展，手工业和商业开始与农业分离，封建自然经济不断瓦解，商品货币经济不断发展和壮大。在这种情况下，流通中所需的货币急剧增加。当时的印刷术比较落后，信用制度还不够发达，充当交易媒体和结算工具的主要是黄金、白银和铜等铸成的金属货币。货币需求的不断扩大导致对金银需求增加，但是当时西欧大多数国家都不产金银，少数产银国如法国的产量又较小，而它们在与东方国家进行贸易时每每总是出现逆差，因而输出的金银远远大于输入量，结果金银需求矛盾极其尖锐，造成西欧各国普遍的金银荒，使人们产生出强烈的“黄金渴望”。于是，为了促进财富的积累，西欧各国在重商主义的影响下，实行强制性的贸易保护政策。

### （一）重商主义的内容

重商主义经历了两个发展阶段，大约从15世纪到16世纪中叶为早期重商主义或重金主义阶段，16世纪下半叶至17世纪为晚期重商主义阶段。

早期重商主义的代表主要有英国的海尔斯和斯坦福、法国的博丹和蒙克莱田、意大利的桑奇斯等。

早期重商主义也称为重金主义，注重货币的差额，主张扩大出口，减少进口或不进口。因为出口增加货币收入，进口必须支付货币。因此，他们规定一切金银只许流入，不许流出，绝对禁止金属货币出口。外国商人来做生意时，所得钱财一律不准带出，只能购买货物带走。所以早期的重商主义又被称为重金主义或货币差额论。这种思想的代表人物是英国人威廉·斯塔福（William stafford），他认为一切进口都是有害的，都会减少货币，从而减少财富。

托马斯·孟（Thomas·Mun）是英国晚期重商主义者的突出代表和贸易差额论的典型代表，其主要著作有1664年出版的《英国得自对贸易的财富》等。马克思指出，《财富》这本书"在100多年之内，一直是重商主义的福音书。因此，如果说重商主义具有一部划时代的著作，那就是托马斯·孟的著作。"

晚期重商主义者主张通过奖励出口，限制进口，保证贸易出超，以达到金银货币流入的目的。在出口方面，对本国出口商品给予补贴；商品出口时，退还已缴纳的国内捐税的一部分或全部；减征或免征出口税；禁止重要原料出口以保证在国内加工后再出口；鼓励外国技术工匠移入，禁止本国工匠出国；压低工资，扶持出口工业；设立有独占特权的殖民地贸易公司，使殖民地成为本国商品的销售市场。在进口方面课征高额进口关税，限制外国商品进口，禁止消费品，特别是奢侈品的进口。

重商主义的共同特点如下。

① 绝大多数人把货币看成是财富的惟一形态，认为国内贸易只是一种货币的转手活动，并不能增加国家财富，除了开采金银矿外，获得财富的惟一途径就是发展国际贸易。

② 大力主张国家干预经济活动，要求政府用法律手段保护国内工商业，为其提供各种便利条件，促进其发展，壮大国际贸易。

③ 主张少买多卖的原则，力争贸易顺差，以便吸收更多的外国货币，增加国家财富和增强国力。

④ 以流通领域为研究对象，认为利润或利益来自流通过程，而不是来自生产过程。

#### （二）对重商主义的评价

重商主义的理论体系和政策主张，属于保护贸易的范畴。但重商主义学说是建立在对国际贸易作用错误理解基础之上的。它把金银货币看作是财富的惟一形态，认为开展对外贸易的目的就是为了获得金银货币，通过对外贸易并不能使双方互利，一方之所得必然是另一方之所失。因此，重商主义的保护贸易政策也必然是以损人利己为目的的"奖出限入"。

重商主义的理论和措施在历史上曾起过进步作用。它们促进了资本的原始积累，推动了资本主义生产方式的形成和发展。马克思对重商主义的保护贸易政策曾有这样的评价："保护关税制度是制造业工厂主剥夺独立劳动者、使国民生产资料和生活资料变成资本、强行缩短从旧生产方式向现代生产方式过渡的一种人为手段。"

重商主义对社会经济现象的探索只局限于流通领域，而未深入到生产领域，因而其经济理论是不科学的。马克思指出："现代经济的真正科学，是在理论考察由流通过程过渡到生产过程时开始的。"

### 二、保护幼稚工业学说

李斯特是著名的德国经济学家，资产阶级政治经济学历史学派的主要先驱者，保护贸易的倡导人。其主要的代表作是1841年出版的《政治经济学的国民体系》一书。古典经济学从亚当·斯密到李嘉图研究的对象都是交换价值，是财富。李斯特认为一个国家的富强不在于掌握交换价值，而在于掌握生产力，财富来源于生产力。

#### （一）保护幼稚工业论提出的历史背景

19世纪初，德国还是一个政治上分裂、经济上落后的农业国。在政治上，拿破仑战争后虽然封建割据局面有所改善，使德意志境内依然小邦林立（尚有38个邦），邦与邦之间关卡重重，各邦内省之间也因地方税率的差异而彼此分割。这种情况大大妨碍了商品流通的发展和全国市场的形成。直到1834年各邦才建立起统一的关税同盟。由于共同税界的确定，大工业特别是纺织工业获得了比较迅速的发展，1835年建筑了第一条铁路，但是国内政治上还没完成统一，工业的发展还远远落后于英国和法国。由于在对外经济政策上缺乏保护，英国廉价的工业品潮水般地涌入德国，使其在国际分工中处于不利地位。到1848年时，还没有建立起自己的机器制造业。工业上仍以工场手工业和分散的小手工业为主，工厂生产的比例很小。在对外贸易方面，它主要出口原料和食品，进口半制成品和制成品。这种状况反映了其落后的经济受到外来经济力量的巨大冲击和对外的严重依赖。为了发展德国经济，国内围绕对外贸易政策的选择展开了激烈的论战。一派主张实行自由贸易政策；另一派主张实行保护关税制度。前者的势力很大，且有一套理论，即“古典学派的自由贸易理论”，认为贸易的任何限制都会提高国内成本，使国内财富减少，所以主张自由贸易。后者以1819年成立的德国工商业协会为核心，势力较弱，并缺乏理论基础。在这样的时代背景下，作为德国工商业协会顾问和保护贸易学派旗手的李斯特从民族利益出发，以生产力理论为基础，以意大利、荷兰、英国、西班牙、葡萄牙、法国、美国等经济兴衰史为佐证，猛烈抨击了古典学派的自由贸易说，建立了一套以保护关税制度为核心，以幼稚工业为保护对象，为经济落后国家服务的国际贸易学说—幼稚工业保护论。

### （二）保护幼稚工业论的理论基础

生产力理论是李斯特保护幼稚工业论的理论基础。李斯特早年主张自由贸易政策，1825年出使美国后，受汉密尔顿的影响，并亲眼看到美国实施保护关税制度的成效，转而主张保护贸易政策。李斯特从德国工业资产阶级的利益出发，主张提高生产力，特别是关心德国工业生产力的提高。在他看来，财富本身固然重要，但发展生产力更为重要。他指出：“财富的生产力比之财富本身不晓得要重要多少倍；它不但可以使已有的和已经增加的财富获得保障，而且可以使已经消失的财富获得补偿。”他还把生产力与财富的关系喻为果树与果实的关系。生产力犹如结果实的果树，而财富则是果树结出的果实。生产力是创造财富的源泉，财富是生产力的结果。他认为一个国家开展对外贸易，也应着眼于提高生产力，而不能着眼于财富存量的多少。

### （三）保护幼稚工业论的理论依据

经济发展阶段论是李斯特保护幼稚工业论的理论依据。李斯特根据他的生产力理论，批评古典政治经济学没有考虑到各个国家的性质以及它们各自的特有利益和情况，是忽视民族特点的世界主义经济学，他认为自由贸易和自由贸易产生的互利只能在各国工业发展水平大致相同时才能实现，这一点只能在世界同盟和世界持久和平的基础上才可能成立，事实上这些条件不能存在。李斯特提出了经济发展阶段论。他认为从经济方面看来，国家都必须经过如下各发展阶段：原始未开化时期、畜牧时期、农业时期、农工业时期、农工商业时期。在不同的阶段，应实行不同的对外贸易政策。一个国家的经济由原始未开化转入畜牧、农业时期，对比较先进的国家实行自由贸易是大有好处的。因为通过自由贸易可为其猎场、牧场或森林及农产品和其他原料谋得出路，并可换回更好的衣料、用具、机器以及贵金属等，以促进本国农业的发展，并培育工业基础。在一个国家进入农工商业时期以后，实行自由贸易也是可取的，因为国内工业品已具备国际竞争力。通过自由贸易，可以“在国外市场上进行无所限制的竞争，使从事于农工商业的人们在精神上不致松懈，并且可以鼓励他们不断努力保持既得的优势地位。”唯有处于农工业时期才需保护，因为本国农业已取得较大成就且工业已有发展，但“由于还存在着一个比它们更先进的工业国家的竞争力量，使它们在前进的道路上受到了阻碍——只有处在这样的情况下的国家，才有理由实行商业限制以便建立并保护它们自己的工业。”如果实行自由贸易政策就永远不可能发展到经济发达国家的水平。李斯特说：“在自由竞争下一个无保护的国家想成为一个新兴的工业国已经没有可能。”这时“比较落后的国家将普遍屈服于工商业与海军强国的优势之下。”

李斯特认为，当时的葡萄牙和西班牙处于农业时期，德国和美国处于农工业时期，法国仅靠农工商业时期的边缘而尚未进入农工商业时期，只有英国实际达到了农工商业时期。李斯特据其经济发展阶段论，为各国的贸易政策进行了历史主义的解释，并为德国及其他一些经济落后国家实行保护贸易政策提供了理论依据。

### （四）保护幼稚工业论的主要论点

李斯特在生产力理论和经济发展阶段论的基础上，提出了保护幼稚工业论，主张经济相对落后国家应实行保护贸易政策，使其幼稚工业经过保护能够成熟，与国外竞争者匹敌。

**1. 保护的国家**

李斯特认为，只有那些在农业、工业、社会和政治上已较充分发展，具备精神上和物质上的必要条件和手段，即已进入农工业发展阶段的国家，如德国和美国，可以把本国建成工业国家，只是由于世界上有一个比它更先进的国家的竞争使它在前进道路上受到阻碍，才有理由实行保护贸易政策。

**2. 保护的对象**

李斯特还认为，保护制度，并非保护一切产品，不是闭关自守，而是区别情况，分别对待。(1) 粮食和原料等贸易无须保护，因为它们受到自然保护，不怕竞争。(2) 以奢侈品为主的精制品贸易也不用保护或只需轻度保护，因为这些物品的国外竞争不会对国家经济发展造成威胁。(3) 只有与国家工业发展有关的幼稚工业，即经过保护能自立，能与外国产品相抗衡，但刚刚发展且有强有力的国外竞争者的工业才需要保护。(4) 对复杂的先进机器的输入应当允许免税或征收极轻的进口关税。(5) 对那些没有强有力竞争的工业，即使本国工业基础比较薄弱，也不需要加以保护。

**3. 保护的期限**

这些工业经过相当一段时间（大约30年）保护而成熟就不再需保护，到那时就应取消保护制度。

**4. 保护的手段**

为保护幼稚工业，李斯特提出“对某些工业品可以实行禁止输入，或规定的税率事实上等于全部，或至少部分地禁止输入。”同时，“凡是在专门技术与机器制造方面还没有获得高度发展的国家，对一切复杂机器的输入应当允许免税，或只征收轻微的进口税。”强调保护关税只是一种手段，目的是促进和保护本国工业的发展，以便将来在国际范围内进行自由竞争。

李斯特承认，实行保护关税政策，会使国内工业品价格提高，本国在价值方面有些损失。但他认为这种损失是暂时的，是发展本国工业所必须付出的代价，牺牲的只是眼前利益，而得到的则是生产力的提高。他说：“必须牺牲眼前利益，使将来的利益获得保障。……的确，保护关税在初行时，会使工业品价格提高；但是同样正确的，而且也为流行经济学派认可的是，经过相当时期，国家建成了自己的充分发展的工业以后，这些商品由于在国内生产成本较低，价格是会低落到国外进口价以下的。保护关税如果使价值有所牺牲的话，它却可使生产力有了增长，足以抵偿损失而有余，由此使国家不但在物质财富的量上获得无限增进，还可以保有工业的独立地位。”国家出于实行保护关税所遭受的损失不管怎么说只是一些价值，相反的，它赢得了力量，利用这些力量，可以生产难以估量的价值。由此可见，价值的这种消耗只能看成是国家进行工业教育所付出的代价。

**5. 主张国家干预**

李斯特主张保护贸易政策应通过国家干预经济来实行。如果国家新建工业的初期不予保护，脆弱的幼稚工业在强大的外国竞争压力下必遭夭折，本国的民族工业体系将无法建立。李斯特把国家喻为国民生活中慈父般的有力引导者，国家在必要时，应限制国民经济活动的一部分，如干预对外贸易，以促进国民经济的发展。

### （五）对李斯特幼稚工业保护理论的评价

（1）幼稚工业保护理论的提出，确立了保护贸易理论在国际贸易理论体系中的地位，标志着自由贸易学派和保护贸易学派的完全形成。

（2）幼稚工业保护理论具有积极的意义，对落后国家制订对外贸易政策也有一定的借鉴意义。①“财富的生产力比财富本身不晓得要重要多少倍”的思想是深刻的，具有不可能动摇的说服力。②关于经济发展的不同阶段应采取不同的对外贸易政策的观点是科学的。尤其是为落后国家制定对外贸易政策提供了理论依据。③关于“以保护贸易为过渡和仅以幼稚工业为保护对象”的主张是积极的，说明了他同时承认国际分工和自由贸易的利益。④对“保护贸易政策的得失分析”是实事求是的，提示了建立本国高度发展的工业以提高生产力水平是关键。在德国工业资本主义发展进程中起了积极的作用。在保护贸易政策的扶植下，经过1843年、1846年两次提高关税，德国经济确实在短期内有了迅速发展，终于赶上了英、法等国。

（3）李斯特的幼稚工业保护理论也有其缺陷。①对影响生产力发展的各种因素的分析是十分混乱的，例如：“一夫一妻制，基督教、奴隶制与封建领地的取消，王位的继承，印刷、报纸、邮政、货币、警察等事物和制度的发明，交通工具的采用等”都是生产力的丰富源泉。②以经济部门为划分经济发展阶段的基础，实际上是把社会历史的发展归结为国民经济部门的变迁，而撇开了生产关系这个根本原因，因而是错误的。

## 三、超保护贸易理论

在19世纪末到第二次世界大战期间，西方各国家处于垄断时期，在这一时期，垄断代替了自由竞争，成为一切社会经济生活的基础。此时，各国普遍完成了产业革命，工业得到迅速发展，世界市场的竞争开始变得异常激烈。尤其是1929～1933年世界性的严重经济危机，使资本主义国家垄断国内市场和争夺国外市场的矛盾更为尖锐。于是，西方各国为了垄断国内市场和争夺国外市场，纷纷推行了带有垄断性质的超保护贸易政策。

### （一）超保护贸易政策的特点

超保护贸易政策是一种侵略性的贸易保护政策，与自由贸易政策相比有着明显的区别。

（1）保护的对象范围扩大了，保护的目的变了　不仅是防御性地保护国内幼稚工业，培养其自由竞争的能力，而且保护国内高度发展或逐渐衰退的垄断工业，以巩固和加强国内外市场的垄断地位。

（2）保护的方式变了，由防御性转入进攻性　资本主义自由竞争时期的贸易保护主义是利用高关税防御性地限制进口，而这时的超保护贸易主义是在垄断国内市场的基础上对国外市场进行进攻性的扩张。

（3）政策措施发生了变化　除了传统的关税和贸易条约外，还出现了非关税壁垒和其他

“奖出限入”的措施，而且各个国家纷纷采取措施加强联系。例如，1931 年后主要资本主义国家各自组成了排他性的相互独立的货币集团，借助于集团力量，重新瓜分市场。

(4) 保护的阶级由一般的工业资产阶级转向垄断资产阶级。

### (二) 凯恩斯的超保护贸易学说

在上述历史背景下，各国经济学者提出了各种支持超保护贸易政策的理论根据，其中有重大影响的是凯恩斯主义的学说。

凯恩斯 (John Maynard Keynes) 是超保护贸易政策理论的代表人物。20 世纪 30 年代，资本主义经济和资产阶级经济理论陷入严重危机，出现了大量失业人员，凯恩斯认为原来的自由贸易理论已经过时，于是他在 1936 年出版的代表作《就业、利息与货币通论》中，抛弃传统的经济理论，提出了一套以缓和资本主义经济危机、解决就业问题为目的，以有效需求不足为基础，以边际消费倾向、边际资本效率和灵活偏好三个所谓心理规律为核心，以国家干预为政策目标的新学说，受到资产阶级的青睐。

#### 1. 凯恩斯提倡采取保护贸易措施

凯恩斯曾敦促英国政府放弃自由贸易政策，力主恢复保护关税制度，采取直接措施来限制输入，奖励输出。他认为，保护关税制度有 3 个好处：一是促使人们增加对国内产品的消费，从而增加就业；二是解决了贸易差额方面的压力以后，就可以腾出一部分资金，用来偿还必要的进口量，并可使伦敦对贫困的债务国家进行贷款；三是最能得到社会舆论的支持。因此，他设计了两种保护税率供英国政府采用，一种是针对制成品和半制成品的，税率为 15%，不能免征，另一种是针对食品和原料的，税率是 5%，在特殊情况下可以减免。

#### 2. 凯恩斯对自由贸易理论的批评

凯恩斯与其追随者认为古典学派的自由贸易理论已经过时，原因是 20 世纪 30 年代出现了大量失业，自由贸易理论“充分就业”的假设前提已经不存在。其次，古典学派自由贸易论者虽然以“国际收支自动调节说”来说明贸易顺差和贸易逆差最终均衡的过程，但忽视了在调节过程中对一国国民收入和就业的影响。他认为，贸易顺差能增加国民收入，扩大就业，而贸易逆差则会减少国民收入，加重失业。凯恩斯指出，总投资包括国内投资和国外投资。国内投资额的大小由“资本边际效率”和“利息率”来决定，对外投资量由贸易顺差大小来决定。贸易顺差可为一国带来黄金，扩大支付手段，降低利息率，刺激物价上涨，扩大投资，有利于缓和国内危机和扩大就业量。因此，他赞成贸易顺差，反对贸易逆差。

#### 3. 对外贸易乘数理论

凯恩斯把反映投资和国民收入扩大之间的依存关系称为乘数理论。它的意思是说，新增加的投资引起对生产资料的需求增加，从而引起从事生产资料生产的人们收入增加，他们收入的增加又会引起对消费品需求的增加，从而导致从事消费品生产的人们收入的增加。如此推演下去，结果由此增加的国民收入总量会等于原来增加投资的若干倍。凯恩斯认为，增加的倍数取决于“边际消费倾向”。如果“边际消费倾向”为零，一点也不消费，那么，国民收入就不会增加。如果“边际消费倾向”为 1，即人们把收入全部用于消费，那么国民收入增加的倍数将是无限大。如果“边际消费倾向”介于两者之间，那国民收入增加的倍数将介于 1 和无限大之间。乘数 $K$ 的计算公式如下

$$K=1/(1-\text{边际消费倾向})$$

$$\text{国民收入增加量}(\Delta Y)=\text{乘数}(K)\times\text{投资增加量}(\Delta I)$$

在国内投资乘数理论的基础上，凯恩斯的追随者们引申出了对外贸易乘数理论。他们认为，一国的出口和国内投资一样，有增加国民收入的作用；一国的进口，则与国内储蓄一

样，有减少国民收入的作用。当商品与劳务出口时，从国外得到的货币收入，会使出口产业部门收入增加，消费也增加。它必然引起其他产业部门生产增加，就业增多，收入增多……。如此反复下去，收入增加量将为出口增加量的若干倍。当商品与劳务进口时，必然向国外支付货币，于是收入减少，消费随之下降，与储蓄一样，成为国民收入中的漏洞。他们得出结论，只有当贸易为出超或国际收支为顺差时，对外贸易才能增加一国就业量，提高国民的收入，此时，国民收入的增加量将为贸易顺差的若干倍。这就是对外贸易乘数理论的含义。

对外贸易乘数理论的公式如下。

$$\Delta Y=[\Delta I+(\Delta X-\Delta M)]\times K$$

其中，$\Delta Y$ 代表国民收入增加量，$\Delta I$ 代表投资增加量，$\Delta X$ 代表出口增加量，$\Delta M$ 代表进口增加量，$K$ 代表乘数。

当 $\Delta I$ 和 $K$ 一定时，则贸易顺差越大，$\Delta Y$ 就越大；反之，如果贸易差额是逆差，$\Delta Y$ 就会缩小。因此，一国越是扩大出口，减少进口，贸易顺差就越大，对本国经济发展作用就越大。由此，凯恩斯及其追随者们的对外贸易乘数理论就为超保护贸易政策提供了理论依据。

**4. 理论不足**

① 假定国内已经处于充分就业状态，这时出口继续增加意味着总需求的进一步增加，从而将出现过度需求，引起通货膨胀。这时，出口增加所引起的总需求增加与投资增加所引起的总需求增加有所不同。增加投资虽然会引起通货膨胀，但是过一段时间以后会形成新的生产力，供给将增加，从而在一定程度上抵消过度需求。但是，出口所形成的过度需求本身并不能形成生产能力，只会引起通货膨胀。因此，在国内充分就业时，如果扩大出口，就应当相应的增加进口，以避免出现过度需求引起的通货膨胀。

② 从世界市场的角度出发，假定其他一切条件不变，包括世界的总进口价值不变，这时，除非降低出口商品的价格，否则出口将无法增加。但是，如果降低出口商品价格，那么私人企业就会因利润率的下降而不愿意扩大产量。这就是说，只有世界总进口值增加了，国家才能连续扩大出口，并通过出口来增加本国国民收入和国内就业。

③ 不可否认，对外贸易顺差在一定条件下可以增加国民收入、增加就业。但如果为了追求贸易顺差，不加节制地实行“奖出限入”政策，势必导致关税和非关税壁垒盛行，使贸易障碍增多，发生各种贸易战，从而阻碍整个国际贸易的发展。

# 任务四　了解贸易自由化和新贸易保护主义

第二次世界大战以后，随着世界经济的恢复、发展和经济全球化，相继出现贸易自由化、新贸易保护主义和贸易自由化的深入发展。

## 一、贸易自由化

贸易自由化是指国家之间通过多边或双边贸易条约与协定，削减关税壁垒，抑制非关税壁垒，取消国际贸易中障碍与歧视，促进世界货物和服务的交换与生产。

### （一）贸易自由化的主要表现

**1. 大幅度削减关税**

首先，在关贸总协定成员国范围内大幅度降低关税，各缔约国的平均进口关税税率从50％左右下降到5％以下。

其次，欧共体实行关税同盟，对内取消关税，对外通过谈判，达成关税减让协议，导致关税大幅度下降。

再次，通过普惠制，发达国家对来自发展中国家和地区的制成品和半制成品的进口给予普遍的、非歧视和非互惠的关税优惠。这是1968年在联合国贸易和发展会议第二届会议上通过了普遍优惠制决议后实施的。

**2. 降低或撤销非关税壁垒**

第二次世界大战战后初期，发达资本主义国家对许多商品进口实行严格的进口限额、进口许可证和外汇管制，来限制商品进口。随着经济恢复和发展，这些国家在不同程度上放宽了进口数量限制，扩大了进口自由化，增加了自由进口的商品；放宽或取消了外汇管制；实行货币自由兑换，促进了贸易自由化的发展。到20世纪60年代初，关贸总协定成员国之间的进口数量限制被取消了90%。

**3. 放宽外汇管制**

随着经济恢复和国际收支状况改善，发达资本主义国家在不同程度上放宽或解除了外汇管制，恢复了货币自由兑换，实行外汇自由化。

### （二）贸易自由化的特点

**1. 美国积极推行**

第二次世界大战战后，美国成为了世界上经济最强大的国家。为了对外经济扩张，美国积极主张削减关税，取消数量限制，成为贸易自由化的积极推行者。

**2. 战后贸易自由化是有选择的贸易自由化**

发达国家往往根据自身经济实力的变化和垄断集团的利益需要，有选择的实行和调整贸易自由化政策，这使得该时期的贸易自由化具有选择性和不平衡的特点。

首先，发达国家之间的贸易自由化超过了它们和发展中国家之间的贸易自由化。发达国家之间根据各种国际规则和多边协议，较大幅度地降低了彼此之间的关税，放宽了相互之间的数量限制。但对发展中国家的一些商品，特别是劳动密集型商品却征收了较高的关税，并实施其他进口限制。

其次，区域性经贸集团内部的贸易自由化超过了集团对外的贸易自由化。如欧共体对内取消了关税和其他限制进口措施，商品在成员国之间自由流通，实行完全的贸易自由化；而对外却是在区域贸易壁垒基础上有选择、有限度地实行贸易自由化。

再次，不同商品的贸易自由化程度有较大差别。工业制成品的贸易自由化超过了农产品的贸易自由化，机器设备的贸易自由化超过了工业消费品的贸易自由化。这反映了战后科学技术的发展带来的部门内分工的规模经济要求。

## 二、新贸易保护主义

新贸易保护主义是对历史上的贸易保护主义和贸易自由化而言。1973～1974年，世界性经济危机爆发，市场问题相对紧张，出现了新贸易保护主义。

### （一）新贸易保护主义的特点

**1. 被保护的商品不断增加**

被保护的商品从传统产品、农产品转向高级工业品和劳务部门。1977年，欧共体对钢铁进口实行限制；20世纪80年代，美国对日本汽车实行进口限制。此外，加强了劳务上的保护主义，如签证申请、投资条例、限制收入汇回等。

**2. 限制进口措施从关税壁垒进一步转向非关税壁垒**

非关税壁垒的种类明显增多，在20世纪60年代末70年代初，发达资本主义国家采用的非关税壁垒由约850种增加到1000多种。

**3. 加强了征收反补贴和反倾销税的行动**

近年来，发达资本主义国家采取的征收反倾销和反补贴税的行动有增无减。1983～1992年，欧共体对第三国的出口产品进行反倾销调查案达345起，其中中国占35起，列第一位。20世纪90年代以来，国外对我国反倾销调查急剧增加，仅1993年1年国外对我国出口产品反倾销调查就有37起。

**4. 贸易保护制度日益合法化、系统化**

许多发达资本主义国家重新修订和补充原有的贸易法规，使对外贸易保护有法可依。同时贸易法规与国内法进一步结合，使各种管理制度和行政部门更好的配合与协调，加强对出口贸易更为系统的保护。

**5. 奖出限入措施的重点从限制出口转向鼓励出口**

20世纪70年代中期以来，随着发达资本主义国家之间贸易竞争的日益加剧，各国政府仅靠贸易壁垒来限制进口不但难以满足本国垄断资本对外扩张的需要，而且往往会遭到其他国家的报复。因此，许多发达资本主义国家把奖出限入措施的重点从限制进口转向鼓励出口，从财政、组织、精神等方面鼓励出口，促进商品输出。

### （二）新贸易保护主义加强的原因

**1. 发达国家失业率高**

20世纪80年代以来，主要工业国家经济处于低速发展状态，失业率一直较高。

**2. 主要工业发达国家的对外贸易发展不平衡**

20世纪70年代中期以后，美国对外贸易逆差不断增加，为减少贸易逆差，美国一方面迫使对它有巨额贸易顺差的日本等国开放市场，另一方面加强限制和报复的进口措施。

**3. 国际货币关系失调**

汇率长期失调影响了国际贸易的政策发展，带来了巨大的贸易保护压力。汇率过高与过低都容易产生贸易保护主义的压力。

**4. 贸易政策的相互影响**

随着世界经济相互依赖的加强，贸易政策的连锁反应也更敏感。美国采取了许多贸易保护措施，它反过来又遭到其他国家的报复措施，使得新贸易保护主义蔓延与扩张。

随着关贸总协定"乌拉圭回合"谈判结束，世界贸易组织成立，最后文件的生效与执行，新贸易保护主义得到抑制。

**5. 贸易自由化向纵深发展**

20世纪90年代以来，随着世界经济的好转和经济全球化的加速，贸易自由化在已有基础上，进一步向纵深发展，成为世界各国对外贸易政策的主流，其主要标志是：世界贸易组织的建立；区域性经贸集团主动推行贸易自由化；发展中国家和地区以及转型国家也主动推行贸易自由化措施。

## 课后训练题

**一、单选题**

1. 亚当·斯密认为两国进行贸易的基础是（　　）。

A. 两国商品的价格绝对差异　　B. 两国商品的价格相对差异

C. 两国商品的绝对成本差异　　D. 两国商品的相对成本差异

2. 晚期重商主义的主要政策主张是（　　）。

A. 保护幼稚工业　　B. 绝对禁止货币外流

C. 奖出限入，保证顺差　　D. 国家不干预贸易

3. H-O 理论认为，中国与西方发达国家相比，中国应出口（　　）产品。

A. 土地资源密集型　B. 技术密集型　C. 劳动密集型　D. 资本密集型

4. 比较利益理论认为国际贸易的驱动力是（　　）。

A. 劳动生产率差异　B. 产品品质差异　C. 价格差异　D. 技术水平差异

5. 世界贸易组织将（　　）作为允许发展中国家对某些产业进行保护的依据。

A. 超保护贸易理论　　B. 保护幼稚工业理论

C. 重商主义　　D. 对外贸易乘数理论

**二、分析题**

1. 根据下表中假设，运用李嘉图比较利益论的基本观点计算并说明两国的分工格局和贸易利益。

英国和葡萄牙的生产成本构成状况（单位：人劳动 1 年/单位产品）

| 国家＼产品 | 呢绒 | 酒 |
| --- | --- | --- |
| 英　国 | 120 | 140 |
| 葡萄牙 | 180 | 150 |

2. 甲乙两国因生产要素的丰裕程度不同，所以生产要素的价格也各不相同，甲国每单位土地的价格为 5 元，每单位劳动力的价格为 1 元，乙国每单位土地的价格为 1 元，每单位劳动力的价格为 2 元。假设两国生产力水平完全一样，即生产每单位小麦均需 10 个单位的土地和一个单位的劳动力，生产每单位棉布均需要 1 单位土地和 10 个单位的劳动力。试用俄林的生产要素比例说计算两国生产这两种产品的比较成本，并说明两国如何分工。

**三、实训题**

通过网络搜集了解某国家（如中国、美国、日本等）制定和执行某一产业（如纺织品、汽车、石油等）的贸易政策措施的主要内容。

# 项目三

# 对外贸易措施

**能力目标**

通过本章的学习，学生应该能够：

① 掌握关税措施、非关税壁垒的概念；

② 理解鼓励出口措施；

③ 了解经济特区措施。

## 任务一　掌握关税措施

### 一、关税的概念与作用

**1. 关税的概念**

关税是进出口货物经过一国关境时，由政府设置的海关向进出口商人所征收的一种税。进口货物的收货人、出口货物的发货人是关税的纳税义务人。关税的征收对象包括应税货物和应税物品两类，征税对象和进出口方向不同其适用的税率也不同。关税是世界各国普遍征收的一个税种。早在欧洲古希腊和雅典时代关税就已经出现，我国在西周时开始设立“关卡”，对来自其他属地的产品征收内地关税。但统一国境关税是在第一次产业革命后，封建社会开始解体，资本主义生产方式建立以后产生的。这种关税制度一直延续至今。

关税作为国家税收的一种，一方面具有和其他税负相同的特点，即强制性、无偿性、固定性等。强制性是指关税是由海关凭借国家权力依法征收，纳税人必须无条件服从；无偿性是指海关代表国家单方面从纳税人方面征收，而国家无须给予任何补偿；固定性是指关税是由海关根据预先规定的法律和规章加以征收，海关与纳税人双方都不得随意变动。另一方面，关税又有其自身的特点。第一，关税是以进出境货物和物品为征收范围；第二，关税具有涉外性，是国家对外贸易政策的重要手段；第三，关税的征收范围是以关境为界，海关是关税征收的管理机关。海关是设立在关境上的对进出口金银、行李、邮件和运输工具等进行监督管理、征收关税、查禁走私、临时保管通关货物和编制进出口统计等的政府职能部门。海关执行其职能的领域叫关境。一般情况下，关境和国境是一致的，但也有不一致的情况，如有些国家在国境内设有自由贸易区、出口加工区或保税仓库，此时关境小于国境；另一种情况是几个国家结成关税同盟，成员国内部取消关税，而对外实行统一的关税，这些成员国的关境就大于国境。

**2. 关税的作用**

(1) 关税是执行对外贸易政策的重要手段之一，可以调整进出口。在出口方面，可以通过低税、免税来鼓励商品出口。在进口方面，针对不同商品制定不同税率，以便对不同商品的国内市场实施不同程度的保护或鼓励不同商品的进口满足国内的需求。

(2) 关税是国家财政收入的一部分。关税作为国家税收的一种，是国家财政收入的重要组成部分。

(3) 通过关税调整贸易差额。当逆差过大时，提高关税或征收进口附加税可以限制商品进口，缩小贸易差距。当贸易顺差时，通过减免进口关税，征收或提高出口关税缩小贸易顺差，以缓解与有关国家的贸易摩擦与矛盾。

## 二、关税的种类

### (一) 按征税对象划分

**1. 进口税**

进口税是一国海关以进入本国关境或从自由港、出口加工区、保税仓库进入本国市场的货物和物品为征税对象所征收的关税，又称为正常关税。在国际贸易中，通常所说的关税壁垒就是指进口关税。因此，进口关税一直被各国公认为是一种重要的经济保护手段。

各国制定进口税税率要考虑多方面的因素。从有效保护和经济发展出发，应对不同商品制定不同的税率。一般来说，进口税税率随着进口商品加工程度的提高而提高，即工业制成品税率最高，半制成品次之，原料等初级产品税率最低甚至免税，这称为关税升级。进口国同样对不同商品实行差别税率，对国内紧缺而又急需的生活必需品和机器设备予以低关税或免税，而对国内能大量生产的商品或奢侈品则征收高关税。另外，由于各国政治经济关系的需要，会对来自不同国家的同一种商品实行不同的税率。由于各国征收进口税的目的不同，其所起的作用也不同，因此，有着各种类型或名目的进口税。

(1) 普通关税　如果进口国未与该进口商品的来源国签订任何关税互惠贸易条约，则对该进口商品按普通税率征税。普通税率是一国税率中的最高税率。一般比优惠税率高 1～5 倍，少数商品甚至高达 10 倍、20 倍，目前仅有个别国家对极少数（一般是未建交）国家的出口商品实行这种税率，大多数只是将其作为本国优惠税率减税的基础。因此，普通税率并不是普遍实施的税率。

(2) 最惠国税率　最惠国税率是一种优惠税率，往往和双边或多边最惠国待遇相关。所谓最惠国待遇（most-favored-nation treatment，MFNT），是指缔约国各方实行互惠，凡缔约国一方现在和将来给予任何第三方的一切特权、优惠和豁免，也同样给予对方。最惠国待遇的内容很广，但主要是关税待遇。最惠国税率是互惠的且比普通税率低，有时甚至差别很大。例如，美国对进口玩具征税的普通税率为 70%，而最惠国税率仅为 6.8%。由于世界上大多数国家都加入了签订有多边最惠国待遇条约的关贸总协定（现由世界贸易组织继承其协定），或者通过个别谈判签订了双边最惠国待遇条约（如中国和美国之间）医而这种关税税率实际上已成为正常的关税税率。

值得一提的是，最惠国税率并非是最低税率。在最惠国待遇中往往规定有例外条款，如在缔结关税同盟、自由贸易区或有特殊关系的国家之间规定更优惠的关税待遇时，最惠国待遇并不适用。

(3) 特惠税　特惠税是对来自特定国家或地区的进口商品给予特别优惠的低关税或免税

待遇。使用特惠税的目的是为了增进与受惠国之间的友好贸易往来。特惠税有的是互惠的，有的是非互惠的，税率一般低于最惠国税率和协定税率。

特惠税最早开始于宗主国与其殖民地及附属国之间的贸易。目前仍在起作用的且最有影响的是 2000 年 6 月 23 日欧盟 15 国与非洲、加勒比海及太平洋地区 77 国（简称非加太集团）签订的科托努协定（前身为《洛美协定》）的特惠税，它是欧共体向参加协定的非洲、加勒比海和太平洋地区的发展中国家单方面提供的特惠关税。根据协定，在协定的 8 年过渡期中，非加太集团国家 96%的农产品和全部工业产品可免税进入欧盟市场，而不要求受惠国给予反向优惠。

（4）普惠制关税　普惠制是普遍优惠制（generalized，system of preferences，GSP）的简称，是发达国家给予发展中国家出口的制成品和半制成品（包括某些初级产品）普遍的、非歧视的、非互惠的一种关税优惠制度。它是在最惠国税率的基础上进行减税和免税，按最惠国税率的一定百分比征收。

普遍性、非歧视性和非互惠性是普惠制的三项基本原则。普遍性是指发达国家对所有发展中国家出口的制成品和半制成品给予普遍的关税优惠待遇；非歧视性是指应使所有发展中国家都无歧视、无例外地享受普惠制待遇；非互惠性即非对等性，是指发达国家应单方面给予发展中国家做出特殊的关税减让而不要求发展中国家对发达国家给予对等待遇。普惠制的目的是通过给惠国对受惠国的受惠商品给予减、免关税优惠待遇，使发展中的受惠国增加出口收益，促进其工业化水平的提高，加速国民经济的增长。

普遍优惠制是发展中国家在联合国贸易与发展会议上长期斗争的成果。从 1968 年联合国第二届贸发会议通过普惠制决议至今，普惠制已在世界上实施了 30 余年。目前，全世界已有 190 多个发展中国家和地区享受普惠制待遇，给惠国则达到 38 个，它们是欧盟 25 国（英国、法国、德国、意大利、荷兰、比利时、丹麦、卢森堡、希腊、爱尔兰、葡萄牙、西班牙、瑞典、芬兰、奥地利、塞浦路斯、匈牙利、捷克、爱沙尼亚、拉脱维亚、立陶宛、马耳他、波兰、斯洛伐克、斯洛文尼亚）、挪威、瑞士、日本、加拿大、澳大利亚、新西兰、俄罗斯、乌克兰、白俄罗斯、哈萨克斯坦、土耳其、美国和保加利亚。现在，除美国和保加利亚外，其余 36 个给惠国均宣布给予中国普惠制待遇。对不同给惠国，普惠制的具体执行方法不同。各发达国家（即给惠国）分别制定了各自的普惠制实施方案，而欧盟作为一个国家集团给出共同的普惠制方案。因此，目前全世界共有 15 个普惠制方案。从具体内容看，各方案不尽一致，但大多包括了给惠产品范围、受惠国家和地区、关税削减幅度、保护措施、原产地规则、普惠制的有效期 6 个方面。

① 给惠产品范围。一般农产品的给惠商品较少，工业制成品或半制成品只有列入普惠制方案的给惠商品清单，才能享受普惠制待遇。一些敏感性商品，如纺织品、服装、鞋类以及某些皮制品、石油制品等常被排除在给惠商品之外或受到一定限额的限制。例如，欧盟 1994 年 12 月 31 日颁布的对工业产品的新普惠制法规（该法规于 1995 年 1 月 1 日开始执行），将工业品按敏感程度分为 5 类，并分别给予不同的优惠税率。具体地说，对第一类最敏感产品，即所有的纺织品，征正常关税的 85%；对第二类敏感产品，征正常关税的 70%；对第三类半敏感产品，征正常关税的 35%；对第四类不敏感产品，关税全免；而对第五类部分初级工业产品，将不给优惠税率，照征正常关税。又如美国的普惠制方案规定，纺织品协议项下的纺织品和服装、手表、敏感性电子产品、敏感性钢铁产品、敏感性玻璃制品或半制成品及鞋类不能享受普惠制待遇。

② 受惠国家和地区。发展中国家能否成为普惠制方案的受惠国是由给惠国单方面确定的。因此，各普惠制方案大都有违普惠制的三项基本原则。各给惠国从各自的政治、经济利益出发，制定了不同的标准要求，限制受惠国家和地区的范围。例如，美国就曾以我国不是

关贸总协定成员为由拒绝把普惠制待遇给予我国的出口产品。

③ 给惠商品的关税削减幅度。给惠商品的减税幅度取决于最惠国税率与普惠制税率之间的差额，即普惠制减税幅度＝最惠国税率－普惠制税率，并且减税幅度与给惠商品的敏感度密切相关。一般说来，农产品减税幅度小，工业品减税幅度大，甚至免税。例如，日本对给惠的农产品实行优惠关税，而对给惠的工业品除其中的“选择性产品”给予最惠国税率的50％优惠外，其余全都免税。

④ 保护措施。各给惠国为了保护本国生产和国内市场，从自身利益出发，均在各自的普惠制方案中制定了程度不同的保护措施。保护措施主要表现在例外条款、预定限额及毕业条款三个方面。

所谓例外条款（Escape clause)，是指当给惠国认为从受惠国优惠进口的某项产品的数量增加到对其本国同类产品或有竞争关系的商品的生产者造成或将造成严重损害时，给惠国保留对该产品完全取消或部分取消关税优惠待遇的权利。很明显，例外条款表明，发达国家给予发展中国家普惠制待遇的前提条件是其国内市场不会因给惠而受到干扰。如加拿大曾对橡胶鞋及彩电的进口引用例外条款，对来自受惠国的这两种商品停止使用普惠制税率，而恢复按最惠国税率征收进口税。给惠国常常引用例外条款对农产品进行保护。

所谓预定限额（Prior limitation)，是指给惠国根据本国和受惠国的经济发展水平及贸易状况，预先规定一定时期内（通常为一年）某项产品的关税优惠进口限额，达到这个额度后，就停止或取消给予的关税优惠待遇，而按最惠国税率征税。给惠国通常引用预定限额对工业产品的进口进行控制。

所谓毕业条款（Graduation clause)，是指给惠国以某些发展中国家或地区由于经济发展，其产品已能适应国际竞争而不再需要给予优惠待遇和帮助为由，单方面取消这些国家或产品的普惠制待遇。毕业标准可分为国家毕业和产品毕业两种，由各给惠国自行具体确定。例如，美国规定，一国人均收入超过8500美元或某项产品出口占美国进口的50％即为毕业。美国自1981年4月1日开始启用毕业条款，至1988年底，终止了16个国家的受惠国地位，免除了来自141个发展中国家和地区约3000多种进口商品的普惠制待遇。

毕业条款是一项最敏感、最严格的保护措施。其实施会对相关国家的出口贸易产生很大的影响。具体地说，“已毕业”的国家和产品因为不能再享受优惠待遇，一方面不得不在进口国市场上与发达国家同类产品竞争，另一方面又面临其他发展中国家乘势取而代之打入进口国市场的严峻挑战。以亚洲“四小龙”为例，1987年它们享受美国普惠制的受惠额占美国所给全部受惠额的60％，达到美国规定的毕业标准。于是美国政府1988年1月29日宣布，亚洲“四小龙”已从不发达国家和地区中毕业，从1989年起取消其向美国出口商品所享受的普惠制待遇。这样，亚洲“四小龙”被迫在不享受普惠待遇的情况下同美国市场上的德国、日本等发达国家同类产品竞争。同时，泰国、马来西亚、印度尼西亚、菲律宾等国从中得益甚多，向美国市场扩大出口。

毕业条款同样也困扰着中国产品的出口。在欧盟新的普惠制方案中，被取消普惠制待遇的中国产品，涉及《协调制度》37个章节，共七大类商品，占了近41％。从1993年的出口金额看，这七大类产品对欧出口为177亿欧洲货币单位，占中国对欧洲总出口额的60％。可见，欧盟新普惠制方案的毕业条款会对中国向欧出口产生很大的消极影响。

⑤ 原产地规则。为了确保普惠制待遇只给予发展中国家和地区生产和制造的产品，各给惠国制定了详细和严格的原产地规则。原产地规则是衡量受惠国出口产品能否享受给惠国给予减免关税待遇的标准。原产地规则一般包括3个部分：原产地标准、直接运输规则和书面证明书。所谓原产地标准，是指只有完全由受惠国生产或制造的产品，或者进口原料或部件在受惠国经过实质性改变而成为另一种不同性质的商品，才能作为受惠国的原产品享受普

惠制待遇。所谓直接运输规则，是指受惠国原产品必须从出口受惠国直接运至进口给惠国。制定这项规则的主要目的是为了避免在运输途中可能进行的再加工或换包。但由于地理或运输等原因确实不可能直接运输时，允许货物经过他国领土运转，条件是货物必须始终处于过境国海关的监管下，未投入当地市场销售或再加工。所谓书面证明书，是指受惠国必须向给惠国提供由出口受惠国政府授权的签证机构签发的普惠制原产地证书（FORM A），作为享受普惠制减免关税优惠待遇的有效凭证。

⑥ 普惠制的有效期。普惠制的实施期限为10年，经联合国贸易与发展会议全面审议后可延长。目前正处于普惠制第四个实施期。

**2. 出口税**

出口税是出口国家的海关在本国产品输往国外时对出口商所征收的关税。目前大多数国家对绝大部分出口商品都不征收出口税。因为征收出口税会抬高出口商品的成本和国外售价，削弱其在国外市场的竞争力，不利于扩大出口。但目前世界上仍有少数国家（特别是经济落后的发展中国家）征收出口税。征收出口税的目的如下。

① 对本国资源丰富、出口量大的商品征收出口税，以增加财政收入。

② 为了保证本国的生产，对出口的原料征税，以保障国内生产的需要和增加国外商品的生产成本，从而加强本国产品的竞争能力。例如，瑞典、挪威对木材出口征税，以保护其纸浆及造纸工业。

③ 为保障本国市场的供应，除了对某些出口原料征税外，还对某些本国生产不足而又需求较大的生活必需品征税，以抑制价格上涨。

④ 控制和调节某些商品的出口流量，防止盲目出口，以保持在国外市场上的有利价格。

⑤ 为了防止跨国公司利用“转移定价”逃避或减少在所在国的纳税，向跨国公司出口产品征收高额出口税，维护本国的经济利益。

我国历来采用鼓励出口的政策，但为了控制一些商品的出口流量，采用了对极少数商品征收出口税的办法。被征收出口税的商品主要有生丝、有色金属、铁合金、绸缎等。

**3. 过境税**

过境税又称通过税或转口税，是一国海关对通过其关境再转运第三国的外国货物所征收的关税。其目的主要是增加国家财政收入。过境税在重商主义时期盛行于欧洲各国。随着资本主义的发展，交通运输事业的发达，各国在货运方面的竞争日趋激烈，同时，过境货物对本国生产和市场没有影响，于是到19世纪后半期，各国相继废除了过境税。第二次世界大战战后，关贸总协定规定了“自由过境”的原则。目前，大多数国家对过境货物只征收少量的签证费、印花费、登记费、统计费等。

### （二）按差别待遇和特定实施情况划分

**1. 进口附加税**

（1）反补贴税　反补贴税又称反津贴税、抵消税或补偿税，是指进口国为了抵消某种进口商品在生产、制造、加工、买卖、输出过程中所接受的直接或间接的任何奖金或补贴而征收的一种进口附加税。征收反补贴税的目的在于增加进口商品的价格，抵消其所享受的补贴金额，削弱其竞争能力，使其不能在进口国的国内市场上进行低价竞争或倾销。

《关贸总协定》中《补贴与反补贴税守则》规定，征收反补贴税必须证明补贴的存在及这种补贴与损害之间的因果关系。如果出口国对某种出口产品实施补贴的行为对进口国国内某项已建的工业造成重大损害或产生重大威胁，或国内某一工业的新建产生严重阻碍时，进口国可以对该种产品征收反补贴税。反补贴税税额一般按奖金或补贴的数额征收，不得超过该产品接受补贴的净额，且征税期限不得超过5年。另外，对接受补贴的倾销商品，不能既征收反倾销税，同时又征收反补贴税。

（2）反倾销税　反倾销税是对实行商品倾销的进口货物所征收的一种进口附加税，其目的在于抵制商品倾销，保护本国同类产品的国内市场。《关贸总协定》第六条对倾销与反倾销作了规定，凡用倾销手段将一国产品以低于正常价格的办法挤入另一国贸易的，如因此对某一缔约国领土内已建立的某项工业造成重大损害或产生重大威胁，或者对某一国工业的新建产生严重阻碍，这种倾销应该受到谴责。并规定正常价格是指相同产品在出口国用于国内消费时在正常情况下的可比价格；如果没有这种国内价格，则使用相同产品在正常贸易情况下向第三国出口的最高可比价格；或产品在原产国的生产成本加合理的推销费用和利润。反倾销税税额一般按倾销差额征收，由此抵消低价倾销商品价格与该商品正常价格之间的差额。而且，征收反倾销税的期限也不得超过为抵消倾销所造成的损害必需的期限。一旦损害得到弥补，进口国应立即停止征收反倾销税。另外，若被指控倾销其产品的出口商愿做出“价格承诺”，即愿意修改其产品的出口价格或停止低价出口倾销的做法，进口国有关部门在认为这种方法足以消除其倾销行为所造成的损害时，可以暂停或终止对该产品的反倾销调查，不采取临时反倾销措施或者不予以征收反倾销税。

**2. 差价税**

它是当本国生产的某种商品的国内价格高于同类进口商品的价格时，为了削弱进口商品的竞争能力，保护本国生产和国内市场，按照国内价格与进口价格之间的差额征收的关税。由于差价税是随着国内外市场价格差异的变动而变动的，因此，它是一种滑动关税。典型表现为欧盟对进口农畜产品的做法。

关税按照差别待遇划分还可以分成特惠税和普遍优惠制关税等种类，在前面已经详细介绍过了，这里就不再说明了。

### （三）按照关税的征收方法划分

**1. 从量税**

从量税是以进口货物的重量、数量、长度、容量和面积等计量单位为标准计征的关税。计算公式为进口关税税额＝商品进口数量×从量关税税额。其中，重量单位是最常用的从量税计量单位。例如，美国对薄荷脑的进口征收从量税，普通税率为每磅50美分，最惠国税率为每磅17美分。

以重量为单位征收从量税必须注意，在实际应用中各国计算重量的标准各不相同，一般采用毛重、净重和净净重。毛重指商品本身的重量加内外包装材料在内的总重量。净重指商品总重量扣除外包装后的重量，包括部分内包装材料的重量。净净重则指商品本身的重量，不包括内外包装材料的重量。采用从量税计征关税有以下特点：①手续简便。不需审定货物的规格、品质、价格，便于计算，可以节省大量征收费用。②税负并不合理。同一税目的货物，不管质量好坏、价格高低，均按同一税率征税，税负相同。因而对质劣价廉进口物品的抑制作用比较大，不利于低档商品的进口，对防止外国商品低价倾销或低报进口价格有积极作用；对质优价高的商品，税负相对减轻，关税的保护与财政收入作用相对减弱。③不能随价格变动做出调整。当国内物价上涨时，税额不能随之变动，使税收相对减少，保护作用削弱；物价回落时，税负又相对增高，不仅影响财政收入，而且影响关税的调控作用。④难以普遍采用。征收对象一般是谷物、棉花等大宗产品和标准产品，对某些商品如艺术品及贵重物品（古玩、字画、雕刻、宝石等）不便使用。

在工业生产还不十分发达，商品品种规格简单，税则分类也不太细的一个相当长时期内，不少国家对大多数商品使用过从量税。但第二次世界大战战后，随着严重通货膨胀的出现和工业制成品贸易比例的加大，征收从量税起不到关税保护作用，各国纷纷放弃了完全按从量税计征关税的做法。目前，完全采用从量税的发达国家仅有瑞士一个。

**2. 从价税**

从价税是以进口货物完税价格作为计税依据而征收的。从价税的税率表现为货物价格的百分值。例如，美国规定对羽毛制品的进口，普通税率为60%，最惠国税率为4.7%。计算公式为进口关税税额＝进口商品总额×从价税率。例如，到2006年我国的汽车关税率为25%，如果进口一辆价值2万美元的汽车，关税额为5000美元。

征收从价税的一个重要问题是确定进口商品的完税价格（Dutiable value）。所谓完税价格，是指经海关审定的作为计征关税依据的货物价格，货物按此价格照章完税。长期以来，世界各国往往采用不同的估价方法来确定完税价格，目前大致有以下3种：出口国离岸价格（FOB）、进口国到岸价格（CIF）和进口国的官方价格。如美国、加拿大等国采用离岸价格来估价，而西欧等国采用到岸价格作为完税价格，不少国家甚至故意抬高进口商品完税价格，以此增加进口商品成本，把海关估价变成一种阻碍进口的非关税壁垒措施。

为了弥补各国确定完税价格的差异且减少其作为非关税壁垒的消极作用，关贸总协定东京回合达成了《海关估价协议》，规定了六种应依次使用的海关估价方法。其中采用进口商品或相同商品的实际价格作为估价的主要依据，即以进口国立法确定的某一时间或地点，在正常贸易过程中于充分竞争的条件下，某一商品或相同商品出售或兜售的价格为依据，而不能以臆断或虚构的价格为依据。当实际价格不能确定时，应以可确定的最接近实际价格的相当价格作为确定完税价格的依据。

征收从价税有以下特点：①税负合理。同类商品质高价高，税额也高；质次价低，税额也低。加工程度高的商品和奢侈品价高，税额较高，相应的保护作用较大。②物价上涨时，税款相应增加，财政收入和保护作用均不受影响。但在商品价格下跌或者别国蓄意对进口国进行低价倾销时，财政收入就会减少，保护作用也会明显减弱。③各种商品均可适用。④从价税率按百分数表示，便于与别国进行比较。⑤完税价格不易掌握，征税手续复杂，大大增加了海关的工作负荷。

**3. 混合税**

混合税又称复合税。复合税是指征税时同时使用从量、从价两种税率计征，以两种税额之和作为该种商品的关税税额。复合税按从量、从价的主次不同又可分为两种情况：一种是以从量税为主加征从价税，即在对每单位进口商品征税的基础上，再按其价格加征一定比例的从价税。例如，美国进口小提琴每把征税1.25美元，另加征35%的从价税。另一种是以从价税为主加征从量税，即在按进口商品的价格征税的基础上，再按其数量单位加征一定数额的从量税。我国进口征税以从价税为主，1999年起对部分商品征收复合税。例如，对完税价格低于或等于2000美元/台的录像机执行单一的从价税，普通税率是130%，优惠税率是45%（2002年降到36%）；但对完税价格高于2000美元/台的录像机征收复合税，普通税率每台20600元人民币的从量税，再加征6%的从价税，优惠税率是每台7000元（2002年降到5480元）人民币的从量税，再加3%的从价税。

**4. 选择税**

选择税是指对某种商品同时制订从量和从价两种税率，征税时由海关选择其中一种征税，作为该种商品的应征关税额。一般是选择税额较高的一种税率征收，在物价上涨时使用从价税，物价下跌时使用从量税。有时，为了鼓励某种商品的进口，或给某出口国以优惠待遇，也有选择税额较低的一种税率征收关税的。

## 三、海关税则与通关手续

### （一）海关税则

各国征收关税的依据是海关税则。海关税则又称关税税则，是一国对进出口商品计征关税的规章和对进出口应税与免税商品加以系统分类的一览表。海关税则是关税制度的重要内容，是国家关税政策的具体体现。

海关税则一般包括两个部分：一部分是海关课征关税的规章条例及说明；另一部分是关税税率表。其中，关税税率表主要包括税则号列、商品分类目录及税率三部分。商品分类目录将种类繁多的商品或按加工程度，或按自然属性、功能和用途等分为不同的类。随着经济的发展，各国海关税则的商品分类越来越细，这不仅是由于商品日益增多而产生技术上的需要，更主要的是各国开始利用海关税则更有针对性地限制有关商品进口和更有效地进行贸易谈判，将其作为实行贸易歧视的手段。

海关税则中的同一商品，可以一种税率征税，也可以两种或两种以上税率征税。按照税率表的栏数，可将海关税则分为单式税则和复式税则两类。

单式税则（Single tariff）又称一栏税则，是指一个税目只有一个税率，即对来自任何国家的商品均以同一税率征税，没有差别待遇。目前只有少数发展中国家如委内瑞拉、巴拿马、刚比亚等仍实行单式税则。

复式税则（Complex tariff）又称多栏税则，是指同一税目下设有两个或两个以上的税率，即对来自不同国家的进口商品按不同的税率征税，实行差别待遇。其中，普通税率是最高税率，特惠税率是最低税率，在两者之间，还有最惠国税率、协定税率、普惠制税率等。目前大多数国家都采用复式税则。这种税则有二栏、三栏、四栏不等。我国目前采用二栏税则，美国、加拿大等国实行三栏税则，而欧盟等国实行四栏税则。通常，对同一税目所设置的税率栏次越多，税则的灵活性和区别对待的特性越强，同时，表现出的歧视性越强。

在单式税则或复式税则中，依据制订税则的权限又可分为自主税则或国定税则和协定税则。前者是指一国立法机构根据关税自主原则单独制定而不受对外签订的贸易条约或协定约束的一种税率。后者则指一国与其他国家或地区通过贸易与关税谈判，以贸易条约或协定的方式确定的关税率。协定税则是在本国原有的国定税则以外，通过与他国进行关税减让谈判而另行规定的一种税率，因此要比国定税率低。

### （二）通关手续

征收关税的程序即通关手续，又称报关手续，通常包括申报、查验、征税、放行等基本环节。具体来说，是指进出口商在进出口商品时首先要向海关申报出口或进口，提交进出口货物的报关单以及有关证明，接受海关的监督与检查，履行海关规定的手续；然后，海关按照有关法令和规定，查验审核有关单证和货物，计算进出口税额；最后，进出口商结清应征税额和其他费用，海关在有关单证上盖章，表示货物可以通关放行。

# 任务二　掌握非关税壁垒

## 一、非关税壁垒的含义

非关税壁垒是指关税以外限制进口的各种措施。

从20世纪60年代开始，随着关税与贸易总协定缔约方进口关税税率的下降，贸易壁垒的重点从关税壁垒转向非关税壁垒。

## 二、非关税壁垒的特点

**1. 非关税壁垒具有更大的灵活性和针对性**

一般来说，各国关税税率的制定必须通过立法程序，要求一定的延续性，同时，在同等条件下关税还受到最惠国待遇条款的约束，从有协定的国家进口同种商品就适用同样的税率，因而较难在税率上作灵活的调整。然而，非关税壁垒通常采用行政程序来制定和实施，程序和手续较为简便迅速，具有较大的灵活性和针对性。

**2. 非关税壁垒更能达到限制进口的目的**

如果出口国采用出口补贴、倾销等办法来降低出口商品成本和价格，则关税就较难以起到限制商品进口的作用。但是，一些非关税壁垒如进口配额制等预先规定进口的数量和金额，这样就把超额的商品拒之门外，起到了关税无法达到的目的。

**3. 非关税壁垒更具有隐蔽性和歧视性**

关税税率确定后，往往以法律形式公布于众，这是公开透明的。但是，一些非关税壁垒往往不公开，或者规定极为烦琐复杂的标准和手续，使出口商难以适应和对付。出口商品往往由于某一个规定不符合进口国的某项要求而不能进入进口国的国内市场销售。同时，一些国家往往针对某个国家采取相应的限制性的非关税壁垒，结果，这大大加强了非关税壁垒的差别性和歧视性。

## 三、非关税壁垒的种类

### （一）进口配额制

进口配额又称进口限额，是一国政府在一定时期内对某种商品的进口数量或金额加以直接的限制。在规定的期限内，限额以内商品可以进口，超过限额就不准进口，或征收较高的关税或罚款。进口配额主要有两种：绝对配额和关税配额。

**1. 绝对配额**

是指在一定的时期内，对某种商品的进口数量或金额规定一个最高额，达到这个数额后，不准进口。在实施中又主要分为两种：全球配额和国别配额。

（1）全球配额　这是属于全球范围内的绝对配额，即对于来自任何国家和地区的商品一律适用。进口国主管当局通常按进口商申请先后或过去某一时期的实际进口额批给一定的额度，直至总配额使用完为止，超过总配额就不准进口。

（2）国别配额　是在总配额内按国别或地区分配给固定的配额，超过给各国或地区规定的配额便不准进口。实行国别配额可以使进口国根据它与有关国家或地区的政治经济关系分配给不同的额度。进口商必须提交原产地证书以区分来自不同的国家或地区的商品。

国别配额又可以分为自主配额和协议配额。自主配额又称单方面配额，是由进口国完全自主地、单方面强制规定一定时期内从某个国家或地区进口某种商品的配额。协议配额又称双边配额，是由进口国家或出口国家政府或民间团体之间协商确定的配额。

**2. 关税配额**

即对进口商品的绝对数量和金额不加限制，在规定的时期内，对关税配额以内的进口商品，给予低税或减免税待遇，超过配额的进口商品则征收较高的关税、附加税或罚款。例如，澳大利亚从1979年起对来自中国的呢绒实施关税配额，年度配额是全毛精纺200万平方米，混纺呢绒150万平方米，超过上述配额就要征收高关税。韩国对大米、玉米等67种

（2001年减至60种）农产品实行关税配额管理，对其中的部分产品征收很高的配额外关税，其税率一般在200%以上。另外，韩国的配额管理还缺乏足够的透明度，影响了我国相关产品的对韩国出口。日本关税配额的分配采取“事前分配方式”。日本关税配额管理程序复杂，例如，日方以经验不足为由拖延公布配额分配结果，影响了贸易的正常开展，而且日方仅公布获得配额的企业名单，并不标明各企业获得配额数量，配额申请人无法通过横向比较评估分配结果的公正性，配额外税率也设置过高。

### （二）“自愿”出口配额制

“自愿”出口配额制是出口国在进口国的要求或压力下，“自愿”规定在某一时期内某种商品对该国的出口配额，在限定的配额内自行控制出口，超过配额即禁止出口。“自愿”出口限制往往是出口国在面临进口国采取报复性贸易措施的威胁时被迫做出的一种选择。它是在20世纪60年代出现的一种非关税壁垒措施，实际上是进口配额制的变种，所不同的是，出口配额是由出口国控制的，出口商可以利用出口配额提高出口价格，使由于配额产生的租金流入出口商手中。

“自限协定”的条款和内容主要包括：规定在协定有效期内第一年度的出口额和其他各年度的增长率，即配额水平；“自动”限制出口的商品分类；协调各种自限商品限额相互融通使用的权限；保护条款，即进口国有权通过一定程序，限制或停止某种造成“市场混乱”的商品进口。

“自愿”出口配额制一般有以下两种形式。

**1. 非协定的“自愿”出口配额**

即不受国际协定的约束，而是出口国迫于进口国的压力，单方面规定出口配额，限制商品出口。这种配额有的是由政府有关机构规定配额，出口商必须向有关机构申请配额，领取出口授权书或出口许可证才能出口。有的是由本国大的出口厂商或协会“自愿”控制出口，以控制恶性竞争。

**2. 协定的“自愿”出口配额**

即双方通过谈判签订“自限协定”或有秩序的销售安排。在协定中规定有效期内的某些商品的出口配额，出口国应根据此配额实行出口许可证或出口配额签证制，自行限制这些商品的出口。进口国则根据海关统计进行检查，“自愿”出口配额大多数属于这一种。《纺织品服装协定》就是发达国家为阻止来自发展中国家日益增长的纺织品进口而采取的一种有秩序销售安排，它于2005年1月1日全面中止。

出口国企业可以通过转移生产国别来回避“自愿”出口配额。例如，在美国要求日本对汽车实行“自愿”出口限额后，日本大量的汽车制造公司到美国本土设厂生产，使“自愿”出口限额失效。20世纪60年代中期，美国迫使香港地区实行纺织品“自愿”出口限额，因为当时新加坡向美国出口纺织品还不受配额限制，造成香港地区纺织品企业纷纷去新加坡投资设厂，后来新加坡也被迫规定出口限额时，这些公司又转移到不受配额限制的泰国和马来西亚投资设立子公司，继续向美国出口。

### （三）进口许可证制

进口许可证制是一国规定某些商品的进口必须申领许可证，没有许可证海关不予进口的制度，是国际贸易中一项应用较为广泛的非关税措施。

从进口许可证与进口配额的关系上看，进口许可证可以分为两种。一种是有定额的进口许可证，进口国管理机构预先规定一定的配额，然后根据进口商的申请发放。另一种是无定额的进口许可证，即进口许可证的发放不与配额结合，进口国在个别考虑的基础上，决定对某种商品的进口发给许可证。由于这种个别考虑没有公开的标准，所以能起到更大的限制进口的作用。

从进口商品的许可证程度上看，进口许可证一般可分一般许可和特种许可两种。前者又称公开一般许可证，凡是列明属于公开一般许可证的商品，进口商只要填写许可证，有关当局应立即批准和发给进口许可证，不包括对进口的任何限制，而只是一种申报程序。各国政府通过一般许可证管理，可以不用很多人力财力就能得到进口统计数字和其他必要的信息。后者称为特种进口许可证，政府有关机构对进口商品进行严格的监督和控制，只对允许进口的商品的数量发给许可证。在关贸总协定（GATT）乌拉圭回合谈判中，以上两种许可证又被称为自动许可证和非自动许可证。

进口许可证制是与 WTO 的基本原则相违背的，这种作法运用不当，不仅会妨碍贸易的公平竞争，又容易导致对出口国实行歧视性待遇。而且特种许可证的发放如果没有法律保障，很容易成为进口国有关机构腐败的温床。WTO 要求，如果有关成员国因特殊情况要采用，也要使用公开一般许可证，并且发放程序要透明。

### （四）外汇管制

外汇管制是一国政府通过法令对外汇的收支、结算、买卖和使用所采取的限制措施。其目的是控制外汇的使用，限制外汇资本流动，稳定货币汇率，改善或平衡国际收支。

在外汇管制下，进口商必须向外汇管制机构（比如我国的外汇管理局）指定的银行购买外汇，本国货币的携带出入国境也受到严格的限制等。政府通过控制外汇的供应数量来掌握进口商品的种类、数量和来源国别，从而起到限制进口的作用。

外汇管制一般可分为以下 3 种。

**1. 数量性外汇管制**

指国家外汇管理机构对外汇买卖的数量直接进行限制和分配。一些国家实行数量性外汇管制时，往往与进口许可证相结合。

**2. 成本性外汇管制**

是指国家外汇管理机构对外汇买卖实行复汇率制，利用外汇买卖成本的差异，间接影响不同商品的出口。实行外汇管制的国家对国内需要但又供应不足或不生产的重要原料、机器设备和生活必需品，用较为优惠的汇率；对国内可大量供应和非重要的原料和机器设备用一般的汇率；对奢侈品和非必需品适用最不利的汇率。

**3. 混合性外汇管制**

是指同时使用数量性和成本性的外汇管制，对外汇实行更为严格的控制，以控制商品的进出口。

第二次世界大战战后，由于外汇储备短缺，国际收支长期失衡，许多国家实行外汇管制政策。20 世纪 50 年代以后，许多国家的国际收支逐渐改善，于是逐步放宽了外汇管制，最后实现了货币自由兑换。一般来说，现在实行外汇管制的国家，有的因本国金融体系不健全，不能马上实现货币自由兑换，例如 20 世纪 90 年代后期的中国；有的因频繁经历金融危机，国际收支长期失衡，不得已实行进口外汇管制，例如一些拉美国家。

### （五）最低限价制

最低限价制即指一国政府规定某种进口商品的最低价格，若进口商品低于最低价，则禁止进口或征收进口附加税。例如，1985 年智利对绸坯布进口规定每千克的最低限价为 52 美元，低于此限价，将征收进口附加税。20 世纪 70 年代，美国曾实行所谓“启动价格制”来限制欧洲国家和日本的低价钢材和钢制品，启动价格是以当时世界上效率最高的钢材生产者的生产成本为基础计算出来的最低限价，当进口价格低于这一限价时，便自动引发对该商品征收进口附加税或罚金。

### （六）进口押金制

进口押金制又称进口存款制。进口商若要进口商品，要预先按照进口金额的一定比率，在规定时间到指定银行无息存入一笔现金，以增加进口商的资金负担，达到限制进口的目的。例如，第二次世界大战战后，意大利政府曾规定某些商品不管从任何国家进口，必须先向中央银行交纳相当于进口值半数的现款押金，无息冻结 6 个月。据估计，这项措施相当于征收 5%以上的进口附加税。芬兰、新西兰、巴西等国也曾实行过这种措施。

### （七）专断的海关估价

海关估价是指海关按照规定对申报进口的商品价格进行审核，以确定或估定其完税价格。专断的海关估价措施是指有些国家根据国内某些特殊规定，违背《海关估价协议》，提高某些进口货的海关估价，增加进口货的关税负担，来阻碍商品的进口。

《海关估价协议》规定，海关估价应以货物的成交价格为标准。所谓成交价格是货物出口到进口方时实付或应付的价格（如发票价格），并视情况进行调整，包括由买方支付的某些费用，如包装费和集装箱费、辅助费用、专利费和许可证费。只有在海关认定第一种标准无法使用的情况下，方可按顺序根据下述标准进行海关估价。①相同货物的成交价格。②相似货物的成交价格。上述两种方法中，所选择的交易必须是向进口方输出的进口货物，货物出口的时间应大致相同。③扣除价格。应税的进口商品在其国内市场的单位销售价格，或其相同或类似商品在其国内市场的单位销售价格，扣除相关的利润、关税和国内税、运输费和保险费，以及在进口时产生的其他费用。④推算价格。被估价货物的生产成本，加上“利润和相当于反映在由该出口国生产者向进口方出口与被估价货物同等级和同品种货物的销售环节中的大致费用”。⑤合理确定。如果上述四种方法均不能确定价格，那么，在符合 1994 年《关贸总协定》第七条的情况下，可以灵活地使用上述任何一种方法来确定价格。但是，价格无论如何也不得依据下述方法加以确定：出口到第三国市场的货物价格；海关最低限价；武断的或虚假的价格。

### （八）技术性贸易壁垒

技术性贸易壁垒是指进口国对外国进口商品，制定强制性和非强制性的苛刻烦琐的技术法规、标准以及检验商品的合格评定程序，从而提高进口产品要求，增加进口难度，最终达到限制进口的目的。这类壁垒以技术面目出现，属于人为的、技巧性的，而不是实质上的、自然科学意义上的技术。

世界贸易组织 1994 年《技术性贸易壁垒协议》（WTO/TBT 协议）承认技术性贸易措施存在的合理性和必要性，允许各国可以基于维护国家安全、人类安全与健康、动植物安全与健康、环境保护、防止欺诈行为等正当理由而采取技术性贸易措施。

根据《技术性贸易壁垒协议》，技术性贸易措施可分为三类，即技术法规、技术标准和合格评定程序，并把符合《技术性贸易壁垒协议》原则的技术法规、标准和合格评定程序视为合理的、允许的，不构成贸易壁垒，而把不符合《技术性贸易壁垒协议》原则的技术法规、标准作为贸易壁垒，要求消除。

### （九）绿色贸易壁垒

绿色贸易壁垒是指以保护人类和动植物的生命、健康或安全，保护生态或环境为由而采取的直接或间接限制甚至禁止贸易的法律、法规、政策和措施。绿色贸易壁垒的产生和发展主要是出于保护生态环境的要求。以保护环境为目的的绿色贸易壁垒从总体上来说是合理的，符合国际环境保护潮流，但它仅仅从环境保护的角度出发，没有或很少考虑对贸易的影响，没有很好地协调贸易与环境的关系。在具体的实施过程中，绿色贸易壁垒很容易被贸易保护主义所利用。尤其是在很多情况下，很难辨别一种绿色壁垒是出于环境保护的目的还是出于贸易保护的目的，因此将不可避免地影响贸易的发展。

绿色贸易壁垒主要有 4 种形式：环境技术法规与标准，产品检疫、检验制度与措施，绿色标志，绿色包装和标签要求。

## 任务三　理解出口鼓励和出口管制措施

### 一、鼓励出口措施

#### (一) 出口信贷

出口信贷指一个国家为了鼓励商品出口，增强商品的竞争能力，通过银行对本国出口商品所提供的一种信贷资助。它是一国的出口商利用本国银行的贷款扩大商品出口，特别是金额较大、期限较长，如成套设备、船舶等出口的一种重要手段。对银行而言，就是出口信贷业务，用于促进和扩大出口。

**1. 卖方信贷**

它是出口方银行向本国出口厂商即卖方提供的贷款。这种贷款协议由出口厂商与银行之间签订。卖方信贷通常用于机器设备、船舶等的出口。由于这些商品出口所需的资金较大、时间较长，进口厂商一般都要求采用延期付款的办法。出口厂商为了加速资金周转，往往需要取得银行的贷款。出口厂商付给银行的利息、费用有的包括在货价内，有的在货价外另加，转嫁给进口厂商负担。因此，卖方信贷是银行直接资助本国出口厂商向外国进口厂商提供延期付款，以促进商品出口的一种方式。

在采用卖方信贷的条件下，通常在签订买卖合同后，进口厂商先支付贷款的 5%～15% 的订金，作为履约的一种保证金；在分批交货、验收和保证期满时，再分期支付 10%～15%的货款，其余的货款在全部交货后若干年内分期返还，并付给延期付款期间的利息。出口厂商把所得的款项与利息按贷款协议的规定偿还给本国的贷款银行。所以，卖方信贷实际上是出口厂商从贷款银行取得贷款后，再向进口厂商提供延期付款的一种商业信用。

**2. 买方信贷**

它是出口方银行直接向外国的进口厂商（即买方）或进口方的银行提供的贷款。其附带条件就是贷款必须用于购买债权国的商品，起到促进商品出口的作用，这就是所谓的约束性贷款。

在采用买方信贷的条件下，当出口方供款银行直接贷款给外国进口商时，进口厂商先用本身的资金，以即期付款方式向出口厂商交纳买卖合同金额的 15%～20%为订金，其余货款以即期付款的方式将银行提供的贷款付给出口厂商，然后按贷款协议所规定的条件，向供款银行还本付息；当出口方供款银行贷款给进口方银行时，进口方银行也以即期付款的方式代进口厂商支付应付的货款，并按贷款协议规定的条件向供款银行归还贷款和利息等。至于进口厂商与本国银行的债务关系，则按双方商定的办法在国内结算。买方信贷不仅使出口厂商可以较快地得到货款和减少风险，而且使进口厂商对货价以外的费用比较清楚，以便他与出口厂商进行讨价还价。因此，这种方式在目前较为流行。

### （二）出口信贷国家担保制

一些国家的出口商，为了多做买卖，有时不是卖货后立即要求付款，而是允许外国买方内销商品，在一定时期以后，再付款。外国买方到期不付款，出口商便要受到损失。出口信贷国家担保制是国家为了扩大出口，对本国出口商或商业银行向国外进口商或银行提供的信贷，由国家设立的专门机构出面担保。当国外债务人拒绝付款时，这个国家机构即按照承保的数额给予补偿。如：英国的出口担保局、美国的进出口银行、日本的输出入银行、法国的对外贸易银行等。我国的中国进出口银行，除要办理出口信贷业务外，也办理出口信用保险和信贷担保业务。

出口信贷国家担保制的特点：担保金额大，有时达信用额的70%～80%，有时达到100%；范围不断扩大，除一般商业性风险外，还包括政治风险、其他经济风险；整个出口贸易中，国家信贷担保额比例不断增加；国家出口信贷担保基金也不断扩大。出口信贷国家担保是国家替出口商承担风险，扩大出口和争夺国外市场的一个重要手段。

### （三）出口补贴

出口补贴（Export Subsides）又称出口津贴，是指政府在商品出口时给予出口厂商的现金补贴或财政上的优惠，目的在于降低出口商品的价格，加强其在国外市场上的竞争力。

**1. 直接补贴**

即出口某种商品时，直接付给出口商的现金补贴。直接补贴的办法包括价格补贴和收入补贴。如：韩国在20世纪60年代初就制定过非常具体的补贴标准，出口补贴共分4等，特等25韩元/美元，一等为20韩元/美元，二等为15韩元/美元，三等为10韩元/美元。另外，政府设立保证价格，保证支付出口产品国际市场和国内市场的差价也是一种价格补贴。美国和欧盟的农产品出口补贴就是例子之一。

收入补贴则包括对企业的出口亏损进行补偿等。例：中国的外贸企业在改革之前都是国营的，出口的亏损由政府承担。

**2. 间接补贴**

即政府对某些商品的出口给予财政上的照顾。如给予某些商品的出口商减免出口税和国内损失税的优待，对为加工出口商品而进口的原料、半成品实行暂时免税或退税，对出口商品减低运费等，这些方法都是为了减少出口成本，扩大销路。

出口补贴的具体形式很多，有的很明显，容易招致报复；有的则较为隐蔽，不易察觉。GATT规定，把出口补贴视作“不公平竞争”，它允许进口国在本国同类产业遭到受补贴产品的进口冲击，造成重大损害时，征收反补贴税。

### （四）商品倾销

商品倾销是资本主义国家的垄断组织在控制国内市场的条件下，以低于国内市场的价格，甚至低于商品生产成本的价格在国外市场上大量销售商品的行为。这种倾销通常与政府的支持是分不开的。政府或限制有关商品进口，使企业在国内市场取得垄断利润以贴补出口，或给予某种贴补以弥补其亏损，或以其他方式直接、间接给予支持。措施一经核实，且有证据证明已对进口国同类工业造成实质性损害，二者之间有因果关系，则允许进口国报复，征收反倾销税。

商品倾销按照倾销的具体目的和时间的不同，商品倾销可以分为偶然性倾销、掠夺性倾销、长期性倾销、隐蔽性倾销等。

### （五）外汇倾销

外汇倾销是垄断企业利用本国货币对外贬值，以争夺国外市场的一种特殊手段。当一国货币贬值后，出口商品以外国货币表示的价格降低，从而提高了竞争力，有待于扩大出口。一个国家的货币贬值后，进口商品的价格就会上涨，从而又起到限制进口的作用。但是，倾销要达到扩大出口的目的，必须具备两个条件：一是货币贬值的程度要大于国内物价上涨的程度；二是其他国家不同时实行同等程度的货币贬值或采取其他报复性措施。

### （六）促进出口的行政组织措施

**1. 成立专门组织，研究和制定出口战略，扩大出口**

例如，为了研究与制定出口战略，扩大出口，美国在1960年成立了“扩大出口全国委员会”，其任务就是向美国总统和商务部长提供有关改进鼓励出口的各项措施的建议和资料。1978年又成立了出口委员会和跨部门的出口扩张委员会，附属于总统国际政策委员会。为了进一步加强外贸机构的职能，集中统一领导，1979年5月成立了总统贸易委员会，负责领导美国对外贸易工作。此外，还成立了一个贸易政策委员会，专门定期讨论、制定对外贸易政策与措施。欧洲国家和日本为了扩大出口都成立了类似组织。

**2. 建立商业情报网，加强商业情报的服务工作**

为加强商业情报的服务工作，许多国家都设立了官方的商业情报机构，在海外设立商情网，负责向出口厂商提供所需的情报。例如，英国设立出口情报服务处，装备有计算机情报收集与传递系统。情报由英国220个驻外商务机构提供，由计算机进行分析，分成近5000种商品和200个地区或国别市场情况资料，供有关出口厂商使用，以促进商品出口。

**3. 组织贸易中心和贸易展览会**

贸易中心是永久性的设施。在贸易中心内提供陈列展览场所、办公地点和咨询服务等。贸易展览会是流动性的展出，许多国家都十分重视这项工作。有些国家一年组织15～20次国外展出，费用由政府补贴。例如意大利对外贸易协会对它发起的展出支付80%的费用，对参加其他国际贸易展览会的公司也给予30%～35%费用的补贴。

**4. 组织贸易代表团和接待来访**

许多国家为了发展对外贸易，经常组织贸易代表团出访，其出国的费用大部分由政府津贴，例如加拿大政府组织的代表团出访，政府支付大部分费用。许多国家设立专门机构接待来访团体，例如英国海外贸易委员会设有接待处，专门接待官方代表团和协助公司、社会团体接待来访工商界，从事贸易活动。

**5. 组织出口商的评奖活动**

第二次世界大战战后，许多国家对出口商给予精神奖励的做法日益盛行。对扩大出口成绩卓著的厂商，国家授予奖章、奖状，并通过授奖活动推广他们扩大出口的经验。例如美国设立了总统“优良”勋章和“优良”星字勋章，得奖厂商可以把奖章样式印在它们公司的文件、包装和广告上。日本政府把每年6月28日定为贸易纪念日，每年在贸易纪念日，由通商产业大臣向出口贸易成绩卓著的厂商和出口商社颁发奖状。

## 二、出口管制措施

一些国家，尤其是发达资本主义国家，为了达到一定的政治、军事和经济目的，对某些商品，特别是战略物资与先进技术资料，实行限制出口或禁止出口，称为出口管制。

### （一）出口管制的商品

① 战略物资及其有关的先进技术资料；
② 国内生产所需的原材料、半成品及国内市场供应不足的某些必需品；
③ 为了缓和与进口国在贸易上的摩擦，在进口国的要求下，“自动”控制出口的商品；
④ 为了有计划安排生产和统一对外出口而实行出口许可证制的商品；
⑤ 为了实行经济制裁而对某国或地区限制甚至禁止出口的商品；
⑥ 某些重要的文物、艺术品、黄金、白银等特殊商品。

### （二）出口管制的形式

**1. 单方面出口管制**

指一国根据本国的出口管制法案，设立专门机构对本国某些商品出口进行审批和颁发出口许可证，实行出口管制。以美国为例，美国政府根据国会通过的有关出口管制方案，在美国商务部设立外贸管制局，专门办理出口管制的具体事务，美国绝大部分受出口管制的商品的出口许可证都由这个机构办理。

**2. 多边出口管制**

指几个国家政府，通过一定的方式建立国际性的多边出口管制机构，商讨和编制多边出口管制货单和出口管制国别，规定出口管制的办法等，以协调彼此的出口管制政策和措施，达到共同的政治和经济目的。

1949 年 11 月成立的巴黎统筹委员会（简称“巴统”）就是一个国际性的多边出口管制机构，主要是对社会主义国家实行出口管制。其主要工作是编制禁运货单、规定禁运国别或地区、确定审批程序、加强转口管制、讨论例外程序、交换情报等。但有关出口管制商品的申报手续和具体管理仍由各参加国自行实施。随着国际形势的变化，这个委员会的管制逐步放宽，直至 1994 年 4 月宣布解散。

## 三、经济特区政策

经济特区是一个国家或地区在其关境以外所划出的一定范围内，修建或扩建码头、仓库、厂房等基础设施和实行免除关税等优惠待遇，吸引外国企业从事贸易与出口加工工业等业务活动的区域。经济特区的目的是促进对外贸易发展，鼓励转口贸易和出口加工贸易，繁荣本地区和邻近地区的经济，增加财政收入和外汇收入。

第二次世界大战战后，许多国家为了加强本国的经济实力和扩大对外贸易，不仅在现有经济特区内放宽了对外国投资的限制，而且增设了更多的经济特区，以促进贸易的发展。

### （一）自由港或自由贸易区

自由港（Free Port）有的称为自由口岸。自由贸易区（Free Trade Zone）有的称为对外贸易区、自由区、工商业自由贸易区等。无论是自由港或是自由贸易区都是划在关境以外，对进出口商品全部或大部分免征关税，并且准许在港内或区内开展商品自由储存、展览、拆散、改装、重新包装、整理、加工和制造等业务活动，以便于本地区的经济和对外贸易的发展，增加财政收入和外汇收入。

一般说来，自由港或自由贸易区可以分为两种类型：一种是把港口或设区的所在城市都划为自由港或自由贸易区，如香港地区整个是自由港。在整个香港地区，除了个别商品外，绝大多数商品可以自由进出，免征关税，甚至允许任何外国商人在那里兴办工厂或企业。另一种是把港口或设区的所在城市的一部分划为自由港或自由贸易区。例如，汉堡自由贸易区是由汉堡市的两部分组成的，而只有划在卡尔勃兰特（Kohlprand）航道以东的归自由港和划在卡尔勃兰特航道以西的几个码头和邻近地区才是汉堡自由贸易区。这个自由贸易区位于港区的中心，占地5.6平方英里[1]。因此，外国商品只有运入这个区内才能享有免税等优惠待遇，不受海关监督。2013年9月29日挂牌的上海自由贸易园区也是这种类型。

许多国家对自由港或自由贸易区的规定大同小异，归纳起来，主要有以下几点。

**1. 关税方面的规定**

对允许自由进出自由港或自由贸易区的外国商品，不必办理报关手续，免征关税。少数已征收进口税的商品如烟、酒等的再出口，可退还进口税。但是，如果港内或区内的外国商品转运入所在国的国内市场上销售，即必须办理报关手续，缴纳进口税。这些报关的商品，既可以是原来货物的全部，也可以是一部分；既可以是原样，也可以是改样；既可以是未加工的，也可以是加工品。有些国家对在港内或区内进行加工的外国商品往往有特定的征税规定。例如，美国规定，用美国的零配件和外国的原材料装配或加工的产品，进入美国市场时，只对该产品所包含的外国原材料的数量或金额征收关税。同时，对该产品的增值部分也可免征关税。又如奥地利规定，外国商品在其自由贸易区内进行装配或加工后，商品增值1/3以上者，即可取得奥地利原产地证明书，可免税进入奥地利市场；增值1/2以上者，即可取得欧洲自由贸易联盟原产地证明书，可免税进入奥地利市场和其他欧洲自由贸易联盟成员国市场。

**2. 业务活动的规定**

对允许进入自由港或自由贸易区的外国商品，可以储存、展览、拆散、分类、分级、修理、改装、重新包装、重新贴标签、清洗、整理、加工和制造、销毁、与外国的原材料或所在国的原材料混合、再出口或向所在国国内市场出售。

由于各国情况不同，有些规定也有所不同。例如在加工和制造方面，瑞士规定储存在区内的外国商品不得进行加工和制造，如要从事这项业务，必须取得设立在伯尔尼的瑞士联邦海关厅的特别许可，方可进行。但是，在第二次世界大战战后，许多国家为了促进经济与对外贸易的发展，都在放宽或废除这类规定。

**3. 禁止和特别限制的规定**

许多国家通常对武器、弹药、爆炸品、毒品和其他危险品以及国家专卖品如烟草、酒、盐等禁止输入或凭特种进口许可证才能输入；有些国家对少数消费品的进口要征收高关税；有些国家对某些生产资料在港内或区内使用也应缴纳关税，例如意大利规定在的里雅斯特自由贸易区内使用的外国建筑器材、生产资料等也包括在应征关税的商品之内。此外，有些国家如西班牙等，还禁止在区内零售。

### （二）保税区

保税区（Bonded Area）又称保税仓库区。是海关所设置的或经海关批准注册的特定地区和仓库。外国商品存入这些保税区内，可以暂时不缴纳进口税，如再出口，不缴纳出口税。运入区内的商品可以进行储存、改装、分类、混合、展览、加工和制造。设置保税区主要是为了发展转口贸易，增加各种费用收入，并给予贸易商经营上的便利。

保税区是中国借鉴国外自由贸易区、出口加工区的成功经验，并结合中国国情而创办的特殊的经济区域，其主要功能与自由贸易区和出口加工区相似。自1990年5月以来，中国已建成了上海外高桥、天津港、大连、青岛黄岛、张家港、宁波、厦门象屿、福州、海口、

[1] 1平方英里＝2589988.11平方米。

汕头、珠海、广州、深圳福田、沙头角和盐田港及重庆寸滩等16个保税区。

### （三）出口加工区

出口加工区是一个国家或地区在其港口或邻近港口、国际机场的地方，划出一定的范围，新建和扩建码头、车站、道路、仓库和厂房等基础设施以及提供免税等优惠待遇，鼓励外国企业在区内投资设厂，生产以出口为主的制成品的加工区域。

出口加工区是在20世纪60年代后勤和70年代初，在一些发展中国家会地区建立和发展起来的。其目的在于吸引外国投资，引进先进技术和设备，促进本地区的生产技术和经济的发展，促进加工工业和出口的发展，增加外汇收入。

出口加工区脱胎于自由港和自由贸易区，采用了自由港和自由贸易区的一些做法，但它又与自由港和自由贸易区有所不同。自由港和自由贸易区以发展转口贸易、取得商业方面的收益为主，是面向商业的；而出口加工区是以发展出口加工工业、取得工业方面的收益为主，是面向工业的。

我国从2000年开始批准出口加工区试点，目前共有出口加工区60多个，这些加工区的功能比较单一，仅限于产品外销的加工贸易，区内设置出口加工企业及相关仓储、运输企业。加工区对出口产品免征增值税和消费税，有力地促进了产品的出口。区内实行封闭式的区域管理模式，海关在24小时实行监管的同时，提供更快捷的通关便利，实现出口加工货物在主管海关“一次申报、一次审单、一次查验”的通关要求。

### （四）自由边境区

自由边境区过去也称自由贸易区，一般设在国家的一个省或几个省的边境地区。对在区内使用的生产设备、原材料和消费品可以免税或减税进口，但若从区内转运到本国其他地区出售，则需照章纳税。外国货物可在区内进行储存、展览、混合、包装、加工和制造等业务活动。设置自由边境区的目的在于利用外国投资开发边区的经济，也可通过这些地区自由出口一些商品。美洲的一些国家设有自由边境区，我国在中俄过境、中越边境也有少量的自由边境区。

自由边境区和自由贸易区的主要区别在于：自由边境区的进口商品加工后大多是在区内使用，只有少数用于出口。由于建立自由边境区的目的是开发边区的经济，因此有些国家对优惠待遇规定了期限，当这些边区生产能力发展后，就逐渐取消某些商品的优惠待遇，直至废除自由边境区。例如墨西哥在设立的一些自由边境区期限届满时，就取消了原有的优惠待遇。

### （五）多种经营的经济特区

多种经营的经济特区是指一国在其港口或港口附近等地划出一定的范围，新建或扩建基础设施和提供减免税收等优惠待遇，吸引外国或境外企业在区内从事外贸、加工工业、农畜业、金融保险和旅游业等多种经营活动的区域。我国设立的经济特区就属于这一种。

从1979年以来，我国先后在深圳、珠海、厦门、汕头和海南省设立这种经济特区。这种中国式的经济特区具有以下几个基本特点。

① 它是综合性多种经营的经济特区，包括工业、农业、商业、房地产、旅游、金融、保险和运输等行业。

② 经济特区的经济发展资金主要利用外资，产品主要供出口。

③ 对前来投资的外商，在税收和利润汇出等方面给予特殊的优惠和方便，改善投资环境，以便吸引较多外资，促进特区的经济与对外贸易的发展。

### （六）过境区

沿海国家为了便利内陆邻国的进出口货运，开辟某些海港、河港或国境城市作为货物过境区。过境区规定，对过境货物，简化海关手续，免征关税或只征小额的过境费用。过境货物一般可在过境区内作短暂储存，重新包装，但不得加工。

## 课后训练题

### 一、单选题

1. 进口国在总配额内按照国别和地区分配一定的配额，超过该配额就不准进口，这是（　　）。

A. 全球配额　　B. 关税配额　　C. 国别配额　　D. 自动出口配额

2. 欧盟向参加洛美协定的国家单方面提供的是（　　）。

A. 普惠制关税　　B. 特惠税　　C. 最惠国关税　　D. 普通关税

3. 下列不属于商品倾销的是（　　）。

A. 偶然性倾销　　B. 长期性倾销　　C. 外汇倾销　　D. 间歇性倾销

4. 进口关税的纳税主体是（　　）。

A. 本国进口商　　B. 外国出口商　　C. 外国进口商　　D. 进口商品

5. 对一种进口商品所征收的混合税额等于（　　）。

A. 从价税额与选择税额之和　　B. 从量税额与选择税额之和

C. 从价税额与从量税额之差　　D. 从价税额与从量税额之和

6. 关贸总协定规定，构成商品倾销的条件之一是出口价格（　　）。

A. 低于国际价值　　B. 低于该国的正常价格

C. 低于进口国国内价格　　D. 高于出口国国内价格

7. 普惠制下，受惠商品减税幅度的大小取决于（　　）。

A. 普通税率与普惠制税率之间的差额　　B. 最惠国税率与普惠制税率之间的差额

C. 普通税率与特惠税率之间的差额　　D. 普通税率与最惠国税率之间的差额

8. 目前各国在征收关税时采用的最普遍的征税方法是（　　）。

A. 从价税　　B. 从量税　　C. 复合税　　D. 选择税

9. 出口直接补贴的形式是（　　）。

A. 提供给厂商比其在国内销售货物时更优惠的运费

B. 退还或减免出口商品的直接税

C. 超额退还间接税

D. 给予厂商现金补贴

10. 下面的各种措施中，不属于非关税壁垒的是（　　）。

A. 进口配额制　　B. 自动配额制　　C. 进口许可证制　　D. 增加关税制

### 二、判断题

1. 进口关税是由进口商直接向海关交纳的，它是一种直接税。（　　）

2. 在从价税率不变的情况下，从价税额与商品价格的涨落成正比关系。（　　）

3. 第二次世界大战战后发达国家广泛设立出口加工区，以扩大制成品和半制成品的出口。（　　）

4. 一般来说，最惠国税是资本主义国家对进口商品所征收的最优惠关税。（　　）

5. 非关税壁垒比关税更加能够直接控制进口。(　　)

**三、分析题**

在20世纪60年代，韩国将进口商品分为禁止进口类、限制进口类和自由进口类。为了实施奖出限入的政策，实行配额和许可证的进口商品比例不断提高。20世纪70年代中后期，随着韩国出口产品竞争力的提高，自由进口类商品比例不断提高，占进口商品种类的50%左右。1978年后，韩国取消了禁止进口类商品，1991年有进口数量限制的进口商品品种缩小为283个，只占进口商品种类总数量的2.8%，进口自由化率达到97.2。外汇制度也从60年代的多重汇率制逐步调整到1990年的外汇市场平均汇率制。请回答以下问题：韩国进口自由化率为什么会逐步提高？其主要措施是放宽关税壁垒还是非关税壁垒？

**四、实训题**

通过查询资料，试了解我国的出口退税制度，说明我国出口退税历年的调整情况，并从某一产业的角度分析出口退税的调整对行业的影响。

# 项目四

# 国际贸易组织

**能力目标**

通过本章的学习，学生应该能够：

① 了解 GATT 与 WTO 的产生与发展；

② 了解 WTO 协议的主要内容；

③ 掌握世界贸易组织的运行机制。

## 任务一　了解从关贸总协定（GATT）到世贸组织（WTO）的历史

### 一、GATT 的产生与发展

关税与贸易总协定（GATT），简称关贸总协定，是在美国倡议下由 23 个国家于 1947 年 10 月 30 日在瑞士日内瓦签订并于 1948 年正式生效的关于调整缔约国对外经济贸易政策的相互权利、义务的国际多边协定。

**1. GATT 的产生**

第二次世界大战期间，美国经济发展较快，战后初期在经济上处于领先地位。为了称霸世界，美国积极策划在战后世界经济、政治领域中建立霸权地位，从国际金融、投资和贸易各方面进行对外扩张。为此美国提出“贸易自由化”口号，首先倡议建立一个以实现贸易自由化为目标的国际贸易组织（ITO），把它作为与国际货币基金组织、国际复兴与开发银行并重的，专门协调各国对外贸易政策和国际经济贸易关系的第三个国际性的组织机构。1946 年 2 月，联合国经济和社会理事会开始筹建该组织，并于 1947 年 4 月在日内瓦举行的第二次筹备会议上通过了“国际贸易组织宪章”草案，在这次会议上，为了尽快进行关税减让谈判，参与会议的代表根据这项草案的有关关税的条文汇编成一个文件，称为关税与贸易总协定，并经过谈判达成一项“临时适用议定书”，作为总协定的组成部分，于 1947 年 10 月 30 日在日内瓦由 23 个国家签署，并于 1948 年 1 月 1 日正式生效。

**2. GATT 主持的多边贸易协定**

在 GATT 主持下，从 1947～1994 年共完成八轮多边贸易谈判。

第一轮谈判时 1947 年 4～10 月在日内瓦举行的，包括中国在内的 23 个公家参加了谈判。第二轮谈判时1949年4月至9月在法国的安纳西举行的，有33个国家参与。第三轮谈判有39个国家参加，于1950年9月至1951年4月在英国的托尔基举行。第四轮谈判于1956年1～5月在瑞士日内瓦举行。第五轮谈判是1960年9月至1961年7月在日内瓦举行的，称为“狄龙回合”。第六轮谈判于1964年5月至1967年6月在日内瓦举行，称为“肯尼迪回合”。第七轮谈判是1973年9月在日本东京召开的部长级会议，通过了“东京宣言”。第八轮谈判于1986年9月15日在乌拉圭首都埃斯特角开始举行，称为“乌拉圭回合”。这次谈判有128个国家和地区参加，至1993年12月15日在日内瓦完成。于1994年4月15日在摩洛哥马拉喀什举行会议，由“乌拉圭回合”的谈判方草签了“乌拉圭回合”最后文件以及建立世界贸易组织的协议，宣告正式结束。

**3. GATT的作用**

GATT从1948年开始至1994年末正式结束的47年内，其内容及其活动所涉及的范围不断扩大，正式成员已由原来的23个增加到1994年年底的128个，这些缔约方的总贸易额约占世界贸易额的90%以上。它在国际贸易领域内的作用主要表现在以下几个方面。

① 对战后国际贸易的发展起到了一定的促进作用。

② 形成了一套国际贸易政策和措施的规章。

③ 暂时缓和成员国之间在国际贸易中的某些矛盾。

④ 对发展中国家的经济发展有一定的促进。

四十多年来，GATT在促进国际商品贸易发展等方面起到了一定的积极作用，但是，由于它的法律地位、职权范围和管辖内容等方面的局限性，使它的作用难以进一步扩大。

## 二、WTO的产生与发展

### （一）WTO产生的原因

在1986年9月“乌拉圭回合”发动时，15项谈判议题中没有关于建立世界贸易组织的问题，只是设立了一个关于修改和完善总协定体制职能的谈判小组。但是由于“乌拉圭回合”谈判不仅包括了传统的货物贸易问题，而且还涉及知识产权保护和服务贸易以及环境等新议题，这样1947年GATT如何有效地贯彻执行“乌拉圭回合”形成的各项协议就自然而然地提到了多边贸易谈判的议事日程上。无论从组织结构还是从协调职能来看，总协定面对庞杂纷繁的“乌拉圭回合”多边谈判协议均显示出其先天不足，有必要在其基础上创立一个正式的国际贸易组织来协调、监督和执行新一轮多边贸易谈判的成果。

### （二）WTO产生与发展的过程

1990年年初，意大利首先提出建立世界贸易组织的倡议，同年7月欧共体把这一倡议以12个成员国的名义向“乌拉圭回合”体制职能小组正式提出，随后得到加拿大、美国的支持。1990年12月“乌拉圭回合”布鲁塞尔部长会议正式作出决定，责成体制职能小组负责“多边贸易组织协议”的谈判。该小组经过一年的谈判于1991年12月形成一份“关于建立多边贸易组织协议”草案，并成为同年底“邓克尔最后案文”的一部分。后经过两年的修改、完善和磋商，最终于1993年11月形成了目前的“多边贸易组织协议”（后改名为世界贸易组织）。世界贸易组织协议于1994年4月15日在马拉喀什部长会议上获得通过，被

104个参加方政府代表签署。世界贸易组织（World Trade Organization，WTO）成立于1995年1月1日，正式取代之前的关税与贸易总协定，成为世界上唯一处理国与国之间贸易规则的国际组织。

## 三、WTO的特点

世界贸易组织是在关贸总协定基础上建立起来的，并形成了一整套较为完备的国际法律规则，它与关贸总协定相比，主要具有以下特点。

**1. 组织机构的正式性**

关税与贸易总协定，是在美国策动下由23个国家于1947年10月30日在日内瓦签订并于1948年临时生效的关于调整缔约国对外贸易政策和国际贸易关系方面的相互权利、义务的国际多边协定。它原来只是一项多边协定，但是随着形势的发展才在总协定基础上逐步形成了一个临时性国际经济组织。而世界贸易组织的成立，改变了关贸总协定临时适用和非正式的状况，它建立了一整套的组织机构，成为具有法人地位的正式国际经济组织。从法律地位上看，它与国际货币基金组织、世界银行具有同等地位，都是国际法主体，其组织机构及有关人员，均享有外交特权和豁免权。这三个组织也并称“当今世界经济的三大支柱”。

**2. 世界贸易组织协议的法律权威性**

关贸总协定与世界贸易组织都是国际多边协定，但从法律程序和依据上有所不同。关贸总协定是通过行政程序，由有关国家的行政部门签订的一项临时性协定，并未经签字国立法机构批准，从法律角度上看是不完整的，一般将其视为行政性规定，而非公约。世界贸易组织协议则要求各国代表草签后，还须通过立法程序，经本国立法机构批准才能生效，因而世界贸易组织协议更具有完整性和权威性。

**3. 管辖内容的广泛性**

关贸总协定的多边贸易体制及其所制定的一整套国际贸易规则，适用于货物贸易。而实际贸易组织的多边贸易协定，不仅包括货物贸易，还包括服务贸易、知识产权保护和投资措施等领域，管辖内容更为广泛。

**4. 权利与义务的统一性**

关贸总协定在1979年东京回合谈判中达成的成果是有选择性的，可由缔约方和非缔约方自行选择签署参加，如果不参加无须履行该协议义务，因而缔约方在关贸总协定中的权利与义务就不完全平衡。世界贸易组织则要求缔约方必须无选择地以“一揽子”方式签署“乌拉圭回合”有关协议，不能接受一部分，拒绝一部分。所以，它是完整的、不可选择的、不可分割的统一体。权利和义务的平衡是在所有协议的基础上达成的，从而加强了缔约方的权利和义务的统一性和约束性，维护了多边贸易体制的完整性。

**5. 争端解决机制的有效性**

关贸总协定原有的争端解决机制存在一些缺陷，例如，争端解决的时间拖得很长，专家小组的权限很小，监督后续行动不力等，因而这种争端解决机制不甚健全。世界贸易组织所实施的综合争端解决机制是一套完善的机制，自世贸组织成立以来，平均每年处理30多起争端；而关贸总协定平均每年仅处理5起。

**6. 与有关的国际经济组织决策的一致性**

作为世界贸易组织的职能之一，它应协调与国际货币基金组织、世界银行的关系，以保障全球经济决策的一致性。因此，它将与这两个国际组织在决策方面加强合作和协调，为国际经济和贸易的发展创造更为有利的条件。

# 任务二　了解 WTO 协定的主要内容

## 一、世界贸易组织的宗旨、职能和机构设置

### （一）世界贸易组织的宗旨

《建立世界贸易组织的协议》的序言中阐述了世界贸易组织的宗旨：提高世界范围内人民的生活水平，保证充分就业和大幅度稳步提高实际收入和有效需求，扩大货物及服务的生产和贸易，为持续发展的目的扩大对世界资源的充分利用，保护和维护环境，并以符合不同经济发展水平下各自需要的方式，加强采取各种相应的措施；确保发展中国家，尤其是最不发达国家，在国际贸易增长中获得与其经济发展相应的份额；为了达到互惠互利的目的，切实降低关税和其他贸易壁垒，在国际贸易关系中消除歧视待遇，建立一个完整的、更有活力的和持久的多边贸易体系。

### （二）世界贸易组织的职能

根据《建立世界贸易组织的协议》第三条规定，其职能主要有以下 6 个方面。

**1. 管理职能**

管理职能，即实施 WTO 和各项协议。WTO 首要的和最重要的职能是促进《建立世界贸易组织的协议》和多边贸易协议的执行、管理、实施和运作，实现各协议的目标，并对多边贸易协议的执行、管理和运作提供框架。

**2. 谈判职能**

谈判职能，即提供谈判场所。它包括两类谈判：第一类谈判是对《建立世界贸易组织的协议》及所列各项协议涉及事项或议题的多边谈判，这是专门为 WTO 设立的；第二类谈判是 WTO 部长级会议可能决定的、有关多边贸易关系的进一步谈判，即为扩大国际贸易自由化领域的谈判，WTO 可以提供使谈判结果生效的框架。

**3. 解决争端职能**

管理实施争端解决的规则和程序的谅解；协调解决成员间在货物贸易、服务贸易和知识产权领域及相互之间出现的贸易纠纷与争端。WTO 行使着贸易争端“国际法院”的职能。

**4. 贸易政策审议职能**

管理实施贸易政策评审机制，评审成员实施的与贸易有关的国内经济政策。政策审议是贸易政策透明度原则的延伸与具体动作的表现，其目的在于促进各成员严格遵守多边贸易协定及其接受诸边贸易协议的规则、义务和承诺。

**5. 与其他国际组织合作的职能**

为达到全球经济政策的一致性，WTO 将以适当的方式与国际货币基金组织、世界银行及其附属机构进行合作，以更好地协作制定全球经济政策。

**6. 对发展中国家和最不发达国家提供技术援助及培训**

通过对发展中国家和最不发达国家提供技术援助及培训，为促进发展中国家和最不发达国家的对外贸易发展起到了一定的作用。

### （三）世界贸易组织的机构

WTO 总部设在瑞士日内瓦，为执行其职能，设立了以下机构，见图 4-1 所示。

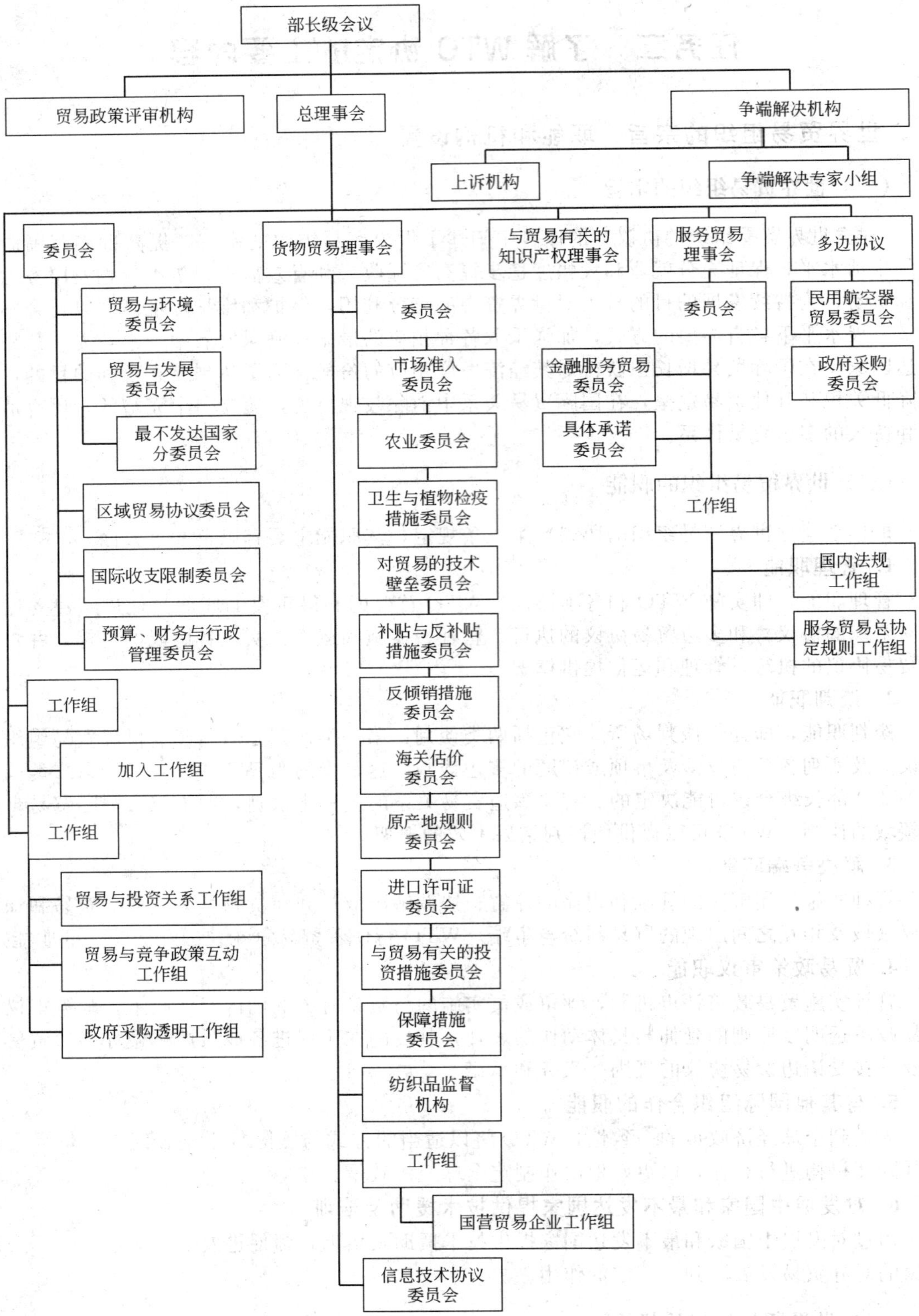


图 4-1 世界贸易组织结构图

**1. 部长级会议**

部长级会议（Ministerial Conference）是世界贸易组织的最高权力机构，由世界贸易组织所有成员的主管经贸的部长、副部长级官员或其全权代表参加，至少每两年召开一次大会。部长级会议的职责是履行世界贸易组织的职能，并为此采取必要的行动或措施。部长级会议有权对各多边贸易协议中的任何事项做出决定。在部长级会议休会期间，其职能由总领事会行使。

**2. 总理事会**

总理事会（General Council）是世界贸易组织的常设机构，负责世界贸易组织的日常会议和工作。由所有成员的代表组成，定期召开会议（一般每年召开6次会议），向部长级会议报告。在部长级会议休会期间，行使部长级会议的各项职能，对WTO实施不间断的管理，监督WTO工作的各个方面，同时它能够处理最重要的紧急事务，并执行《建立世界贸易组织的协议》规定的各项职能。

**3. 理事会**

理事会（Council）是总理事会的第一组下属机构，也是最重要的一组，负责WTO的主要职能。现设3个理事会：货物贸易理事会、服务贸易理事会、知识产权理事会。他们在总理事会的指导下进行工作，分别负责监督与所有成员根据货物贸易、服务贸易、知识产权协定所承担的义务有关的工作。

（1）货物贸易理事会（Council for Trade in Goods） 它主要负责监督执行1994年《关贸总协定》及其配套的各项货物贸易协议和总理事会所赋予的职责。下设市场准入委员会、农业委员会、卫生与植物检疫措施委员会、与贸易有关的投资措施委员会、原产地规则委员会、进口许可证委员会、反倾销措施委员会、补贴与反补贴措施委员会、保障措施委员会、海关估价委员会、技术性贸易壁垒委员会、纺织品监督机构等。

（2）服务贸易理事会（The Council for Trade in Services） 它主要负责《服务贸易总协定》及其相关协议及总理事会赋予的职责。下设金融服务贸易委员会和具体承诺委员会。

（3）与贸易有关的知识产权理事会（The Council for TRIPS） 主要负责《知识产权协定》及总理事会赋予的职责。

每个理事会都向所有希望参加的成员开放。3个理事会根据各自所管辖的贸易领域和职权范围设立相应的下属机构，并规定下属机构的职权和批准其议事程序规则。

**4. 委员会**

委员会（Committee）是总理事会的第二组下属机构，具有跨部门的更广泛的职能。现有五个委员会：预算、财务和行政管理委员会；贸易与发展委员会；国际收支限制委员会；贸易与环境委员会；区域贸易协议委员会。

**5. 秘书处**

世界贸易组织的部长级会议和总理事会都由成员轮值主席。世界贸易组织设立了由总干事领导下的秘书处，是世界贸易组织的日常办事机构，秘书处设总干事一名，总干事由部长级会议任命。秘书处的主要职责如下。

① 为WTO的代表机构进行谈判和执行协议提供行政和技术支持。

② 为发展中国家，特别是最不发达国家提供技术援助。

③ WTO的经济学家和统计学家对贸易实绩和贸易政策进行分析。

④ 在涉及WTO规则和先例解释的贸易争端解决中，由法律雇员提供帮助。

⑤ 处理新成员的加入条件谈判，为准备加入的国家和地区提供咨询。

## 二、世界贸易组织的加入、退出和决策方式

### （一）世界贸易组织的加入

**1. 世界贸易组织的创始成员**

成为创始成员的条件有：①世界贸易组织协议生效时，已是GATT1947年的缔约方，或者接受WTO协议和多边贸易协定的欧共体；②签署参加、一揽子接受“乌拉圭回合”所以协议；③在“乌拉圭回合”中做出关税和非关税减让以及服务贸易的减让。

对联合国承认被列入最不发达国家，只要求按照它们各自发展程序，和它们管理财政和贸易的需要，以及按其体系的能力作出承诺和减让者，也是WTO的创始成员方。

**2. 新加入世界贸易组织的成员**

凡是在世界贸易组织协议生效后，任何国家或在对外商业关系上拥有充分自主权的单独关税区，可以向世界贸易组织提出加入申请，进行全面谈判，按谈判达成的条件加入该组织，成为一般成员。其加入须经部长会议2/3以上多数表决通过。诸边协议新成员的加入，应由该协议规定的程序来管理。

### （二）世界贸易组织的退出

任何成员方可以退出世界贸易组织。退出从递交退出通知被总干事接受6个月后生效。

### （三）世界贸易组织的决策方式

**1. 世界贸易组织继续实行1947年GATT合意决策的做法**

合意的含义是“作出决定的会议上，如果任何一个与会的成员方对拟通过的决议不正式提出反对”，就算达成合意。

**2. 如通过合意未达成决定时，则将以投票决定在部长会议和总理事会上，世界贸易组织成员均有一票投票权**

通常，以多数票为准，除非另有规定，当欧共体投票时，其票数与欧共体参加WTO的成员方票数相当。

**3. 部长会议和总理事会的解释权**

部长会议和总理事会拥有“WTO协定”和多边贸易协议解释的专门权利，采用解释的决定以成员方3/4投票为准，但此条款不应当被用来破坏WTO协定第十条修改的决定，诸边贸易协议的决定与解释的决定，受其协议约束。

**4. 豁免**

除非另有规定，豁免某一成员所应承担的义务，经3/4以上多数通过。但对有的义务在规定的“过渡期”内可暂不履行，在过渡期后如要继续豁免，就须“一致同意”方可修订。

除非另有规定，对有关条款的修订，须经2/3多数票通过。

# 任务三　掌握WTO的运行机制

## 一、世界贸易组织的原则

### （一）非歧视原则

非歧视原则又称无差别待遇原则，它要求缔约双方在实施某种优惠和限制措施时，不要

对缔约对方实施歧视待遇。非歧视原则是WTO成为多边贸易体制的主要根据，是WTO各项规定、协议中最重要的原则，是世界贸易组织的基石，它主要通过最惠国待遇原则和国民待遇原则来实现。

**1. 最惠国待遇原则**

最惠国待遇原则（Most-Favored Nation Treatment）是世界贸易组织成员方处理同其他成员关系的基本准则，是指对任何两个或多个缔约方来说，缔约一方现在或将来给予任何第三方在贸易上的特权、优惠和豁免，也同样立即和无条件地给予缔约方或其他缔约方。换言之，即要求一切外国人和外国企业处于同等地位，享有同样的待遇，不给予歧视待遇。

最惠国待遇原则可以适用于缔约国经济贸易关系的各个方面，也可以只在贸易关系中某些个具体问题上适用。按照世界贸易组织的规定，最惠国待遇原则主要适用于以下5个方面。

① 有关进口、出口、过境商品的关税及其他各种捐税。

② 有关商品进口、出口、过境、存仓和转船方面的海关规定、手续和费用。

③ 进出口许可证发给的行政手续。

④ 船舶驶入、驶出和停泊时的各种税收、费用和手续。

⑤ 关于移民、投资、商标、专利及铁路运输方面的待遇。

最惠国待遇原则还有其适用例外，具体如下。

（1）边境贸易　边境贸易是指毗邻两国边境地区的居民和企业，在距离边境线两边各15公里以内地带从事的贸易活动，目的是方便边境线两边的居民互通有无。世界贸易组织允许成员方为便利边境贸易而只对毗邻国家给予优惠。如在边境线15公里以内无人居住，则边境贸易并不严格局限在15公里范围内。

（2）区域经济安排　以关税同盟和自由贸易区等形式出现的区域经济安排，在这些区域内部实行的是一种比最惠国待遇还要优惠的"优惠制"，区域外世界贸易组织成员无权享受。当然，区域内部的成员，不得对区域外成员设立高于其参加一体化安排前的贸易限制水平。

（3）沿海贸易和内河航行　在航行问题上，对缔约国一方在沿海贸易和内河航行方面给予他国的优惠视为例外。

（4）多边国际条约或协定承担的义务　如缔约国一方参加其他多边国际条约或协定而履行的义务，如涉及最惠国待遇利益者，应视为例外。

（5）其他例外　如沿海捕鱼、武器进口、金银外币的输出入、文物、贵重艺术品的出口限制和禁止等，也视为例外。

**2. 国民待遇原则**

国民待遇原则（National Treatment）的基本要求是缔约国一方的公民和法人在缔约国另一方可以享有与该国公民和法人同等的待遇。该原则一般适用于外国公民的私人经济权利、外国产品所应缴纳的国内捐税、利用铁路运输和转口过境的条件、船舶在港口的待遇、商标注册、版权及发明专利权的保护等。但是，这项条款的应用常有一定范围，并非把本国公民的一切权利均包括在内，例如，沿海航行权、领海捕鱼权、购买土地权、零售贸易权、政治权利等。通常这些权利都不包括在国民待遇条款的范围之内，一般不给予外国侨民。

### （二）自由贸易原则

自由贸易原则是指通过多边贸易谈判，实质性削减关税和减少其他贸易壁垒，扩大成员方之间的货物和服务贸易。主要表现在如下方面。

**1. 通过减让关税来约束成员方的关税**

世界贸易组织在允许成员方使用关税手段的同时，要求成员方逐渐下调关税水平并加以约束，以推动贸易自由化进程。

**2. 减少非关税贸易壁垒**

世界贸易组织就一些可能限制贸易的措施制定了专门协议，以规范成员方的相关行为，减少非关税贸易壁垒，不断推进贸易自由化。

**3. 服务贸易的市场准入**

在服务贸易领域，各成员方通过谈判，按不同的服务部门做出承诺，并明确列入各成员方的市场准入减让表，作为《服务贸易总协定》不可分割的一部分，具有约束力。

### （三）公平竞争原则

公平竞争原则是指在世界贸易组织的框架下，成员方应避免采取扭曲市场竞争的措施，纠正不公平的贸易行为，在货物贸易、服务贸易和与贸易有关的知识产权领域，创造和维护公开、公平、公正的市场环境。世界贸易组织为促进公平竞争采取了以下措施。

① 通过反倾销、反出口补贴措施纠正因倾销和出口补贴而形成的不公平竞争。

② 纺织品服装和农产品贸易逐步取消配额限制和出口补贴，实现公平竞争。

③ 加强对知识产权的保护。

④ 规范政府采购行为。

### （四）透明度原则

透明度原则是指成员方应公布所制定和实施的贸易措施及其变化情况（例如修改、增补或废除等），不公布的不得实施，同时还应将这些贸易措施及其变化情况通知世界贸易组织。成员方所参加的有关影响国际贸易政策的国际协议，也在公布和通知之列。透明度原则的主要内容包括贸易措施的公布和贸易措施的通知。世界贸易组织要求所有成员承担公布和公开有关贸易措施及其变化情况的义务；要求成员方应定期向世界贸易组织秘书处负责的通知登记中心，通知有关贸易政策的制定、实施和变化情况。通知登记中心将收到的所有通知提供给各成员方，并提醒成员方履行义务。

### （五）对发展中国家的优惠待遇原则

根据世界贸易组织相关规定，组织各成员应对发展中国家的贸易与发展应尽量给予关税和其他方面的特殊优待。为此采取以下措施。

① 允许发展中成员方的关税总水平高于发达成员方。

② 允许发展中成员方继续享受普遍优惠制。

③ 在向世界贸易组织负责实施管理的贸易协议与协定的靠拢中，组织中的发展中成员方的过渡期长于发达成员方。

④ 允许发展中成员方在一定限度内可对其出口实行补贴。

⑤ 发展中成员方相互进行关税减让时可以不把达成的减让给予发达成员方。

## 二、世界贸易组织的争端解决机制

### （一）争端解决机制的目的

世界贸易组织“关于争端解决规则和程序的谅解”指出：“世界贸易组织的争端解决机制是保障多边贸易体制的可靠性和可预见性的核心因素”。

世界贸易组织成员承诺，不应采取单边行动以对抗其发现的违反贸易规则的事件，而应在多边争端解决制度下寻求救济，并遵守其规则与裁决。

世界贸易组织争端解决机制的目的在于“确保对争端有积极的解决方法”。因此对成员之间的争端问题，它鼓励寻求与世界贸易组织规定相一致的、各方均可接受的解决方法。

### （二）争端解决的程序

世界贸易组织成员如有争端，应先行协商，在一方提出要求后的30天内，必须开始协商。如60天后未获解决，一方可申请成立专家小组。争端解决机构在接到申请后的第二次会议上必须做出决定，即同意或不同意成立专家小组，只有当争端解决机构全体反对时，专家小组才不能成立。这意味着在世界贸易组织体制下比1947年GATT更容易成立专家小组，因为在原GATT体制下，可以协商未果为借口拖延专家小组的成立。

### （三）争端解决机构、专家组和常设上诉机构

#### 1. 争端解决机构

争端解决机构的职责如下。

① 成立专家组并通过其报告。

② 组建上诉机构并通过其报告。

③ 监督裁决和建议的履行。

④ 根据有关协议授权终止各项减让和其他义务。

#### 2. 专家组

专家组是在磋商未果时，在申诉方的请求下由争端解决机构成立的，有关争端解决完毕，专家组的使命也即告终结。

根据不同的争端，可同时设立多个专家组。被诉方同多个申诉方之间发生的关于同一问题的争端，一般可分别成立专家组，但是由同一专家组对各个争端统一审理。有关程序要求争端解决机构最迟不晚于在它第二次审议建立专家组的要求之前将专家组建立起来。专家组一般由3名专家组成，若争端双方同意，可以扩大至5名。在遴选专家组成员时，世界贸易组织秘书处根据需要从一份合格人选名单中向争端各方建议3名可能的专家组成员。若在选择专家组成员时存在实际困难，专家组成员也可由总干事指定，当选的专家组成员以个人身份提供服务，不接受任何政府的指示。专家组成员应为资深的政府官员或非政府人士，并应具有多种不同的背景和丰富的经验。

#### 3. 常设上诉机构

依照《争端解决谅解》（以下简称《谅解》）的规定，常设上诉机构由7人组成。任期4年，可连任一次。7名成员依一定程序定期轮换。7名成员应在世界贸易组织的成员方中有广泛代表性。7名成员的遴选程序是：各成员方代表团提名，在此基础上，世界贸易组织总干事、争端解决机构主席，总理事会主席以及货物贸易理事会、服务贸易理事会和知识产权理事会的主席联合提出建议名单，争端解决机构正式任命。常设上诉机构的成员必须是在法律和国际贸易领域中公认的权威，并且是对各有关协议具有专业知识的人员。这些人员不隶属于任何国家的政府。

### （四）争端解决的原则

#### 1. 协调解决争端原则

《谅解》规定，每个成员保证对另一成员提出的有关问题应给予考虑，并就此提供充分的磋商机会。

**2. 磋商、调解原则**

世界贸易组织争端解决机制中的调解程序主要规定在《谅解》第五条“斡旋、调解和调停”中。斡旋是第三方以各种方式促成当事方进行谈判的行为；调停是以第三方的中立身份直接参与有关当事方的谈判。在处理国际争端时，调解是将争端提交一个委员会或调解机构，该调解机构的任务是阐明事实，提出报告，提出解决争端的建议，以设法使各方达成一致。斡旋、调解和调停可以在任何时候进行，也可以在任何时候终止。

**3. 多边原则**

世界贸易组织成员承诺，不针对其认为违反贸易规则的事件采取单边行动，而诉诸多边争端解决机制，并遵守其规则与裁决。世界贸易组织鼓励各成员方在遇到争端时，应尽量采用多边机制来进行解决。

**4. 程序上的协商一致原则**

世界贸易组织的争端解决机构在作出决定时，同原GATT一样，遵循协商一致的原则。在此方面，世界贸易组织的争端解决机制比GATT的机制更完善，它引入了“无异议协商一致”和“反向一致”的概念。前一概念指的是在争端解决机构作出决定的会议上，如没有成员就拟议的决定正式提出反对意见，则应认为争端解决机构就提交的争端事项作出决定时意见是一致的；后一概念指的是所有参加争端解决机构的成员对某一问题或程序均持反对意见。例如，只有当争端解决机构“反向一致”时，专家小组才不能成立。

**5. 对发展中成员程序特殊原则**

《谅解》第十二条（专家小组程序）、第二十一条、第二十七条等条文都规定了一些照顾发展中国家的原则和措施。

### （五）专家报告的执行

争端解决程序规定贸易争端各方可以用以下3种方式执行专家报告。

**1. 履行**

违背其义务的一方，必须立即履行专家小组或争端解决机构的建议。如果该方无法立即履行这些建议，该机构可以根据请求给予一个合理的履行期限。

**2. 提供补偿**

若违背义务的一方在合理的履行期限内不履行建议，引用争端解决程序的一方可以要求补偿。或者，违背义务的一方可以主动提出给予补偿。

**3. 授权报复**

当违背义务的一方未能履行建议并拒绝提供补偿时，受侵害的一方可以要求争端解决机构授权采取报复措施，中止协议项下的减让或其他义务。

提供补偿和由争端解决机构授权采取报复是临时性措施，最终的结果应是违背义务的一方实施建议。

## 三、世界贸易组织的贸易政策审议机制

### （一）贸易政策审议的目的

世界贸易组织除了提供争端解决机制之外，还可以对成员方的贸易政策进行定期审议。其审议具有双重目的。首先，了解成员在多大程度上遵守和实施多边贸易协议的规则与承诺。通过定期审议，世界贸易组织作为监督者，要确保规则的实施，以避免贸易摩擦。其次，提供更大的透明度，更好地了解成员的贸易政策和措施。

### （二）贸易政策审议的内容、对象和期限

**1. 审议内容**

成员方的贸易政策与措施；贸易政策的背景，作为审议基础的文件；由接受审议的成员准备全面报告；由秘书处根据自己的职权准备的报告，报告中包括有关成员提供的情况及通过访问该成员得到的其他有关情况。

**2. 审议的对象与期限**

所有成员方均要接受政策定期审议。依据各成员在世界贸易中的比例确定审议期限，世界上最大的4个贸易体每两年接受一次审议；排5～20名的成员每4年接受一次审议，其余成员每6年接受一次审议。

### （三）贸易政策审议的主持机构

总理事会承担贸易政策审议机构工作。在审议结束后，公布国别报告和秘书处准备的报告及讨论的记录。

**阅读材料　世界贸易组织与中国**

2001年11月10日，世界贸易组织第四届部长级会议在卡塔尔首都多哈以全体协商一致的方式，审议并通过了中国加入世界贸易组织的决定。2001年11月11日中国政府代表签署中国加入世界贸易组织协定书，并向世界贸易组织秘书处递交中国加入世界贸易组织批准书。30天后，即2001年12月11日，中国正式成为世界贸易组织成员。

入世后中国的权利和义务如下。

（1）权利

① 享受多边的、无条件的和稳定的最惠国待遇和国民待遇。

② 享受发展中成员方特殊待遇。

③ 在多边贸易体制中享有决策权。

④ 获得市场开放和法规修改的过渡期。

⑤ 享有利用诊断解决机制解决贸易争端的权利。

（2）义务

① 削减关税。

② 逐步取消非关税壁垒。

③ 开放服务业市场。

④ 遵守非歧视原则。

⑤ 确保贸易政策透明度。

⑥ 逐步放开外贸经营权。

⑦ 实施《与贸易有关的投资措施协议》。

⑧ 接受贸易政策审议。

⑨ 接受争端解决机构裁决义务。

⑩ 缴纳会费。

（3）入世后的业绩与作用

① 我国经济贸易持续增长。

② 拓展了我国对外开放的领域和空间。

③ 我国经济增长成为全球经济增长的引擎。

## 课后训练题

### 一、判断题

1. WTO几乎在所有规则上对发展中国家都有照顾。（　　）

2. 最惠国待遇是WTO成员在处理本国与外国的产品、服务和投资关系方面的准则，是非歧视原则的重要体现。（　　）

3. 世界贸易组织的最高权力机关是总理事会。（　　）

4. 欧盟是目前世界上经济一体化程度最高的组织。（　　）

5. 关贸总协定是一个管理世界贸易的多边组织。（　　）

### 二、实训题

2011年是中国加入WTO十周年，试通过网络搜集相关资料，举例说明入世十年来中国经济的一些变化（如产业结构、进出口商品结构、对外贸易地理方向等）。

# 项目五

# 进出口合同标的条款及其缮制

## 能力目标

通过本章的学习，学生应该能够：

① 掌握进出口合同中的品名条款及其制定时的注意点；

② 掌握进出口合同中的品质条款及品质机动幅度条款；

③ 掌握进出口合同中的数量条款及数量机动幅度条款；

④ 熟悉进出口合同中的包装条款。

所谓标的，也就是合同法律关系的客体，是指合同当事人之间权利义务所指向的对象。如果合同没有标的，合同也就不可能成立。合同标的，既可以是物，也可以是行为。合同标的作为物，既可以是有形物，如货物买卖合同中的电视机，也可以是无形物，如供电合同中的电力；合同标的还可以是行为，如整容合同中的整容服务行为。国际货物买卖合同中的标的指的是前者，是进入国际市场的有形物，即货物，在这种情况下，标的也被称之为“标的物”。

在商订国际贸易合同时，首先必须要解决的问题是明确规定标的物及其品质。因为进入国际市场的商品种类繁多，即使是同一种商品，其品种、花色、质量、外观等也会有所不同。标的物及其品质的不同，不仅会影响商品的用途、运输方式，而且会造成价格上的差异。其次，合同的标的必须以一定的量来表示，数量的约定是一项有效的货物买卖合同必不可少的内容。此外，在国际贸易中，商品的包装也是一项不可忽视的重要内容，按照一些国家的法律的规定，合同中的包装内容是商品说明的组成部分。包装不仅是保护商品在流通过程中的品质完好和数量完整的重要条件，而且还会对货物的运输和销售产生影响。这些交易条件都直接关系到买卖双方的利益，因此，都应在买卖合同中做出具体规定以明确责任。

## 任务一　掌握商品品名条款

### 一、商品名称的命名方法

商品的名称或品名是指能使某种商品区别于其他商品的一种称呼或概念。商品名称在一定程度上体现了商品的自然属性、用途以及主要性能特征。

商品命名的方法有许多，概括起来，主要有以下几种。

**1. 以主要用途命名**

这种方法在于突出用途，便于消费者按其需要购买，如洗衣机、护肤霜、去污粉等。

**2. 以使用的主要原材料命名**

这种方法通过突出所使用的主要原材料，来反映出商品的质量，如羽绒服、羊毛衫、玻璃杯等。

**3. 以主要成分命名**

以商品所含的主要成分命名可使消费者了解商品的有效内涵，有利于提高商品的身价，如五粮液、八宝饭、人参蜂王浆、参茸大补丸、裘皮大衣等。

**4. 以外观造型命名**

以商品的外观造型命名，有利于消费者从字义上了解该商品的特征，如喇叭裤、佛手瓜、绿豆等。

**5. 以褒义词命名**

这种命名方法能突出商品的使用效能和特性，有利于促进消费者的购买欲望，如青春宝、太阳神口服液等。

**6. 以人物名字命名**

即以著名的历史人物或传说中的人物命名，其目的在于引起消费者的注意和兴趣，如孔府家酒、张小泉剪刀等。

**7. 以制作工艺命名**

这种命名方法目的在于提高商品的威望，增强消费者对该商品的信任，如二锅头酒、精制油、迷你织布机等。

## 二、买卖合同中的品名条款

在国际贸易中，买卖双方商订合同时，必须列明商品名称，品名条款是买卖合同中不可缺少的一项主要交易条件。

按照有关法律和惯例，对成交商品的描述是构成商品说明（Description）的一个主要组成部分，是买卖双方交接货物的一项基本依据，它关系到买卖双方的权利和义务。若卖方所交货物不符合约定的品名或说明，买方有权要求损害赔偿，直至拒收货物或撤销合同。因此，列明成交商品的具体名称具有重要的法律意义和实践意义。

国际货物买卖合同中的品名条款在实际业务中没有统一的格式，通常都在“商品名称”（Name of Commodity）的标题下列明成交商品的名称。有的合同中也可不加标题，只在合同的开头部分列明交易双方同意买卖某种商品的文句。

品名条款的规定，还取决于成交商品的品种和特点。就一般商品而言，只需列明商品名称即可。但有的商品往往具有不同的品种、型号、等级，为了明确起见，在列明商品名称的同时，还可将商品的品种、型号、等级的概括性描述包括进去，在这种情况下，实际上已把商品的品名条款与品质条款结合在一起。

## 三、订立品名条款时应注意的事项

为了防止履约过程中买卖双方对商品名称产生争议，在买卖合同中规定商品名称条款时应注意以下问题。

**1. 商品名称必须明确、具体**

避免空泛、笼统或含糊的规定，以确切地反映商品的用途、性能和特点。

**2. 商品名称尽可能采用国际上通用的名称**

若使用地方性的名称，交易双方应事先就其含义取得一致意见。对某些新商品的译名，应力求准确、易懂，并符合国际上的习惯称呼。

**3. 确定商品名称时必须考虑其与关税、运费的关系**

每一种商品在海关税则中都有自己的 HS 编码，可便于进出口商人办理海关手续时在海关税则中查询到该商品适用的税率，从而计算出应缴的关税税额。若所选名称不一样，则适用的税率也不相同，缴纳的关税税额也会有高有低。合理选择商品名称，可有利于减低关税，方便进出口和节省运费。

**4. 商品名称必须切实反映商品的实际情况**

凡做不到或不必要的描述性的词句，都不应列入品名条款。

# 任务二　掌握商品品质条款

## 一、商品品质的含义及重要性

商品的品质（Quality of Goods），是指商品的内在质量和外观形态的综合。前者包括商品的物理性能、机械性能、生物特征、化学成分等自然属性；后者包括商品的外形、色泽、款式、味觉和嗅觉等。

合同中的品质条件，是构成商品说明的一项重要组成部分，是买卖双方交接货物的依据。英国《货物买卖法》把品质条件作为合同的要件；《公约》规定卖方交货必须符合约定的质量，如卖方所交货物不符合约定的品质条件，买方有权要求损害赔偿，也可要求修理或交付替换货物，甚至拒收货物或撤消合同，这就进一步说明了商品品质的重要性。

## 二、商品品质的表示方法

国际贸易中交易的商品特点各异，表示品质的方法也多种多样。归纳起来，包括以实物表示和凭文字说明两大类。

### （一）以实物表示商品品质

以实物表示品质（Actual Quality/Sample），包括凭成交商品的实际品质（Actual Quality）和用样品（Sample）表示两种方法，前者指看货买卖，后者指凭样品买卖。

**1. 看货买卖**

看货买卖（Sale by Actual Quality）是指买卖双方根据成交货物的实际品质进行的交易。

当买卖双方采用看货成交时，买方或其代理人通常先在卖方存放货物的场所验看货物，一旦交易达成，卖方就应用对方验看过的商品交货，只要卖方所交货物是对方验看过的，买方就不得对其品质提出任何异议。拍卖、寄售和展卖这样的业务可采用这种方法；具有独特性质的商品，如珠宝、首饰、字画、特定工艺制品（牙雕、玉雕、微雕等）尤为适用。

**2. 凭样品买卖（Sales by Sample）**

样品是指从一批货物中抽出来的或由生产、使用部门设计、加工出来的，足以反映和代表整批货物质量的少量实物。买卖双方按货物样品确定买卖商品的品质并以此作为交货依据的，称为凭样品买卖。

（1）凭样品买卖的种类。按照样品的来源不同，凭样品买卖可分为“凭卖方样品买卖”、

“凭买方样品买卖”以及“对等样品”。

①“凭卖方样品买卖”（Sale by Seller′s Sample）。顾名思义，即以卖方所提交的样品作为买卖双方交货的依据。

在采用凭卖方样品买卖时应注意：一是样品的代表性，即卖方所选择的送交买方确认的样品要有充分的代表性，能代表将来交货的整批货物品质；二是要留样，即卖方在向买方送交代表性样品时，应留存一份或数份相同的样品，即“复样”，以备将来组织生产、交货或处理质量纠纷时作核对之用。

②“凭买方样品买卖”（Sale by Buyer′s Sample）。在我国也称为“来样制作”。由于买方对目标市场的需求状况比较熟悉，因此由买方提供样品往往更能直接地反映出当地消费者的需求，根据买方样品生产出来的商品也比较适销。

实际业务中，凭买方样品买卖时应注意：一是在确认以买方提交的样品成交之前，卖方必须考虑按来样制作特定产品所需的原材料供应、加工技术、生产设备和生产安排的可行性，以确保将来能够正确履约；二是注意工业产权的问题，为防止将来被卷入侵犯第三方工业产权的纠纷，在订立合同时即应规定：“该商品在国际市场销售中不侵犯第三方权益，如构成侵权行为，卖方概不负责，由买方承担。”

③“对等样品”（Counters sample）。在国际贸易中，如卖方认为按买方来样供货没有确切把握，卖方可根据买方来样仿制或从现有货物中选择品质相近的样品提交买方确认。这种样品称为“对等样品”或称“回样”。买方一旦认可，该样品即成为卖方交货的品质依据，实际上也就是变“凭买方样品买卖”为“凭卖方样品买卖”。

(2) 凭样品买卖的基本特点。无论由谁提供样品，一经双方当事人确认便成为交接货物的品质依据，卖方必须承担所交货物品质与样品完全一致的责任（Strictly Same as Sample），这是凭样品买卖的基本特点。

质量稳定、容易掌握的产品可以采用凭样品成交，质量不稳定及交货品质无法与样品绝对相同的产品，如木材、煤、矿产品等天然品则不宜使用凭样品买卖。对那些必须采用样品成交，而难以做到货样一致或无法保证批量生产时质量稳定的产品，可在订立合同时规定一些弹性条款。例如，“质量与样品大致相同”（Quality to be about equal to the sample）或“质量与样品近似”（Quality to be similar to the sample）。

### (二) 以文字说明表示商品品质

在国际贸易中，除部分商品的品质不易用文字说明加以描述而采用凭实物买卖外，大部分采用的是凭文字说明来表示商品的品质，具体可分为以下几种。

**1. 凭规格、等级或标准买卖**

(1) 凭规格买卖（Sale by Specification）　这种方法明确具体，简单方便，是国际贸易中使用最广的一种方法。

规格是指用以反映商品品质的主要指标，如：成分、含量、纯度、大小、长短、粗细、容量、性能等。在国际贸易中，买卖双方凭规格买卖商品时，应提供具体规格来说明商品的基本品质状况。在实际业务中，由于商品及商品用途有所不同，说明商品品质的指标也会有所差异。

| 例：中国大豆 | 含油量（oil content） | 最低（min）17% |
|---|---|---|
| | 水分（moisture） | 最高（max）16% |
| | 杂质（admixture） | 最高（max）1% |
| | 不完善粒（imperfect grains） | 最高（max）8% |

(2) 凭等级买卖（Sale by Grade）是指同一类商品，按质地的差异或尺寸、形状、重

量、成分、构造、效能等的不同，用文字、数字或符号做出分类。如大、中、小；重、中、轻；一、二、三；甲、乙、丙；A、B、C等。适用的商品有茶叶、鸡蛋、生丝等。

例：中国绿茶　特珍一级　货号　0601
　　　　　　　特珍二级　货号　0675

在凭等级买卖时应注意，等级是在贸易实践中产生的，不具有强制性，所以在合同中规定等级时最好同时明确该等级的具体指标系数，以防双方当事人由于对等级的认识不同而产生争议。

(3) 凭标准买卖（Sale by Standard）标准是规格和等级的标准化。国际贸易中，使用某种标准作为说明和评价商品品质的依据，称作凭标准买卖。标准一般由标准化组织、政府机关、行业团体、工商组织、商品交易所等制定、公布，并在一定范围内实施。如国际标准化组织ISO标准，国际电工委员会（IE）制定的标准等。我们应根据具体情况，并权衡利弊，采用国际上通行的标准或我国自己规定的标准。

在国际贸易中，有些农副产品的品质变化较大，难以确定统一的标准，一般采用“良好平均品质”和“上好可销品质”来表示。

“良好平均品质”（Fair Average Quality，F. A. Q.），是指某一季度或者某一装船月份在装运地发运的同一种商品的“平均品质”（指农产品的每个生产年度的中等货）。“上好可销品质”（Good Merchantable Quality，G. M. Q.），指卖方交货品质只需保证为上好的、适合于销售的品质即可。这种标准更为笼统，一般只适用于木材或冷冻鱼类等物品。由于此种方法在执行中容易引起争执，我国在对外贸易中很少使用。

**2. 凭牌名或商标买卖（Sale by Brand Name or Trade Mark）**

牌名或商标是企业给其生产或销售的商品所冠的标志，用于区别其他企业的同类商品。企业在将商品打入进口国之前，务必要注意该国有关商标使用权的法律规定，办理好登记注册手续，以维护自己的商标专用权。

一些知名商标或品牌本身实际上就是一种品质象征，往往能诱发买方或消费者的强烈购买欲望，成为企业强有力的竞销手段。因此对质量稳定，信誉良好，并为消费者所熟悉喜爱的产品，可以凭牌号或商标来规定其品质，这种方法称为“凭牌名或商标买卖”。如红双喜牌乒乓球、中华牌香烟、欧米茄牌手表等。

**3. 凭说明书和图样买卖（Sale by Description and Illustration）**

凭说明书和图样买卖是指以说明书并附以图样、照片、设计图纸、分析表及各种数据来说明货物的具体性能和结构特点，按这种表示品质的方法进行交易，称为凭说明书和图样买卖。在国际贸易中，有些机器、电器和仪表等技术密集型产品，因其结构复杂，对材料和设计的要求严格，用以说明其性能的数据较多，很难用几个简单的指标来表明品质的全貌，对这类商品的品质，通常以说明书图样买卖。按这种表示品质的方法成交，卖方所交货物必须符合说明书和图样的要求。

**4. 凭产地名称买卖（Sale by Name of Origin）**

在国际货物买卖中，有些产品因产区的自然条件、传统加工工艺等因素的影响，在品质方面具有其他产区的产品所不具备的独特风格和特色，对这类产品，一般也可用产地名称来表示品质。如以一个国家为名称的“法国香水”（France Perfume）、“德国啤酒”（German Beer）、“中国梅酒”（China Plum）；以某个国家的某一地区为名称的“中国东北大米”（China Northeast Rice）；以某个国家某一地区的某一地方为名称的“四川榨菜”（Sichuan Preserved Vegetable）、“绍兴花雕酒”（Shaoxin Hua Diao Chiew），“庐山云雾茶”等。这些名称不仅标注了特定的产地，而且无形中对这些产品的特殊品质和品味提供了一定的保障。

## 三、买卖合同中的商品品质条款

### （一）品质条款的基本内容

在实际业务中，表示品质的方法不同，买卖合同中的品质条款的内容也相应不同。在凭样品买卖时，合同中除了要列明商品的品名外，还应订明凭以达成交易的样品的编号，必要时还要列出寄送的日期，如“样品号 612 布娃娃”。在凭文字说明买卖时，应针对不同交易的具体情况在买卖合同中明确规定商品的名称、规格、等级、标准、牌名、商标或产地名称等内容。在以说明书和图样表示商品质量时，还应在合同中列明说明书、图样的名称、份数等内容。

例如：DHG-1215 型数控等离子切割机

技术规格：

切割范围 $Y \times X$：1200×1500mm

最高空程速度：7m/min

最高切割速度：6m/min

切割厚度：1～25mm（注：视选配的切割电源大小而定）

综合画线精度：±0.5mm

工作电压：AC220V±10%　50Hz

额定功率：750VA（不包括等离子电源、空压机）

电流调整方式：无级连续可调

### （二）品质机动幅度条款与品质公差条款

在国际贸易中，有些商品由于生产过程中存在自然损耗，以及受生产工艺、商品本身特点等诸多方面原因的影响，难以保证交货质量与合同规定的完全一致。对这些商品，如果条款规定过死或把质量指标订得绝对化，必然会给卖方交货带来困难。为此，订立品质条款时可规定一些灵活条件，卖方所交货物品质只要在其规定的范围内，即可以认为交货品质与合同相符，买方无权拒收。常见的规定办法有以下两种。

**1. 品质机动幅度条款**

品质机动幅度是指对特定品质指标在一定幅度内可以机动。品质机动幅度主要适用于初级产品，以及某些工业制成品的品质指标。规定品质机动幅度条款主要有以下 3 种方法。

（1）规定范围　对某项货物的品质指标规定允许有一定差异范围。例如：棉布，幅阔“35/36”，即布的幅阔只要在 35～36 英寸[1]的范围内，均作为合格。

（2）规定极限　对有些品质指标，标明上下极限的字样。规定极限的表示方法很多，常用的有：最大、最多、最高（Maximum 或 Max）和最小、最少、最低（Minimum 或 Min）。例如：Rice, Broken grains 20% (max.); Admixtures 1% (max.); Moisture 15% (max.)；大米：碎粒（最高）20%，杂质（最多）1%，水分（最高）15%。

（3）规定上下差异　规定上下差异也是使货物的品质规格具有必要的灵活性的有效方法。例如：C708 Chinese Grey Duck Feather, Down content 90%, 1% more or less（C708 中国灰鸭绒，含绒量为 90%，允许±1%）。

---

[1] 1英寸=2.54 厘米。

**2. 品质公差条款**

品质公差是指国际上公认的产品品质的误差，这种误差若为某一国际同行业公认，即成为“品质公差”。交货品质在此范围内即可认为与合同相符。对国际同行业有公认的“品质公差”，可以不在合同中明确规定。但如果国际同行业对特定指标并无公认的“品质公差”；或者买卖双方对品质公差理解不一致；或者由于生产原因，需要扩大公差范围时，也可在合同中具体规定品质公差的内容，即买卖双方共同认可的误差。

### （三）品质增减价条款

卖方交货品质在品质机动幅度或品质公差允许的范围内，一般均按合同单价计价，不再按品质高低另作调整。但有些商品，也可按交货时的品质状况调整价格，这时就需要在合同中规定品质增减价条款。如出口大豆时规定含油量不低于20%，以20%为基础，含油量每增加1%，价格增加2%。

## 四、订立商品品质条款时应注意的事项

**1. 正确运用各种表示品质的方法**

一般来说，凡能用科学的指标说明其质量的商品，则适用于规格、等级或标准买卖；有些难以规格化和标准化的商品，如工艺品等，则适用于凭样品买卖；某些性能复杂的机器、电器和仪表，则可凭说明书和图样买卖。上述这些表示品质的方法不能随意滥用，而应当合理选择。

**2. 品质条款要有科学性和合理性**

订立品质条款时，要从产、销实际出发，防止规定得过高或过低。一些与品质无关紧要的条件，不宜订入。此外，品质条款应具体明确，不宜采用诸如“大约”、“左右”、“合理误差”之类的笼统含糊字眼，以避免在交货品质上引起争议。

**【例 5-1】** 我国某公司向加拿大出口大豆一批，合同规定水分最高为15%，杂质不超过3%，在成交前我方曾向买方寄过样品，订约后我方又电告买方成交货物与样品相似，当货物到达加拿大后，买方提出货物与样品不符，并出示相应的检验证书证明货物的质量比样品低7%，并以此要求我方赔偿15000美元的损失，我方以该项交易是凭规格买卖而非样品买卖而拒绝赔偿。请问：在此情况下，我方的理由是否恰当？

**分析：**在国际贸易中，凡属既凭样品买卖，又凭规格买卖，卖方所交货物必须既符合规格要求，又要和样品完全一致，否则买方有权拒收并提出索赔。合同规定水分最高15%，杂质不超过3%，从合同规定看，在这笔交易中，双方以商品的规格作为表示商品品质的方法，并以此作为交接商品的依据，属凭规格买卖，只要交货符合合同规定的规格，我方即为履约。但是，成交前我方向对方寄送样品时未声明是参考样品，签约后又电告对方成交货物与样品相似，这样对方有理由认为该笔交易既凭规格又凭样品。由此可见，我方很难以该笔交易并非凭样品买卖为由而不予理赔。

# 任务三　掌握商品数量条款

在国际货物买卖中，商品的数量不仅是国际货物买卖合同中的主要交易条件之一，而且是构成有效合同的必备条件。合同中的数量条款是双方交接货物的数量依据。正确把握成交数量，对买卖双方顺利达成交易、合同的履行以及今后交易的进一步发展，都具有十分重要

的意义。

## 一、商品数量的计算方法和计量单位

在国际贸易中使用的计量单位很多，通常采用的计量单位有以下 6 种。

**1. 重量单位**

按重量计算是当今国际贸易中广为使用的一种，例如，许多农副产品，矿产品和工业制成品，都按重量计量。常用的重量计量单位有：千克（Kilogram or kg.）、吨（Ton or t）、公吨（Metric ton or m/t）、公担（Quintal or q.）克（Gram or gm.）、磅（Pound or lb.）、盎司（Ounce or oz）、长吨（Long ton or 1/t）、短吨（Short ton or s/t）。

**2. 容积单位**

公升（Litre or l.）、加仑（Gallon or gal.）、蒲式耳（Bushel or bu.）等为常用的容积计量单位。各类谷物和液体货物，往往按容积计量。其中，美国以蒲式耳作为各种谷物的计量单位。但蒲式耳所代表的重量则因谷物不同而有差异，例如，每蒲式耳亚麻籽为 56 磅，燕麦为 32 磅，大豆和小麦为 60 磅。公升、加仑则用于酒类、油类商品的计量。

**3. 个数单位**

大多数工业制成品，尤其是日用消费品、轻工业品、机械产品以及部分土特产品，习惯于按个数进行买卖。常用的计量单位有：只（Piece or pc.），件（Package or pkg.），双（Pair），台、套、架（Set），打（Dozen or doz），罗（Gross or gr.），大罗（Great gross or g. gr），令（Ream or rm.），卷（Roll or coil），辆（Unit），头（Head）；有些产品也可按箱（Case）、包（Bale）、桶（Barrel，drum）、袋（Bag）等计量。

**4. 长度单位**

在金属绳索、丝绸、布匹等类商品的交易中，通常采用长度单位来计量。常用的长度单位有：码（Yard or yd.）、米（Meter or m.）、英尺（Foot or ft）、厘米（Centimeter or cm.）。

**5. 面积单位**

在玻璃板、地毯等商品的交易中，一般习惯于以面积作为计量单位。常用单位有：平方码（Square yard or $yd^2$）、平方米（Square meter or $m^2$）、平方英尺（Square foot or $ft^2$）、平方英寸（Square inch）。

**6. 体积单位**

按体积成交的商品有限，仅适于木材、天然气和化学气体等。属于这方面的计量单位有：立方码（Cubic yard or $yd^3$）、立方米（Cubic meter or $m^3$）、立方英尺（Cubic foot or $ft^3$）、立方英寸（Cubic $inch^3$）。

## 二、国际贸易中常用的度量衡制度

各国的度量衡制度不同，计量单位也不同，有时同一计量单位因度量衡制度不同所代表的数量也不一样。如：重量单位“吨”有公吨（公制）、长吨（英制）和短吨（美制）之分，分别表示 1000 千克、1016 千克和 907 千克。

国际贸易中常用的度量衡制度有 4 种，即米制、英制、美制及国际单位制。

米制（The Metric System）又称为公制，它以十进位制为基础，“度量”和“衡”之间有内在的联系，换算比较方便。例如：1 米 = 100 厘米，1 公吨 = 1000 公斤。

英制（The British System），在英联邦国家有较大的影响，但由于它不采用十进制，换算很不方便，“度量”和“衡”之间缺乏内在联系，因此，使用范围逐渐减小。例如：1 品脱＝0.5683 公升，1 蒲式耳＝36.369 公升。

美制（The U. S. System）以英制为基础，多数计量单位的名称与英制相同，但含义有差别，主要体现在重量单位和容量单位中。例如：1 品脱＝0.5506 公升，1 蒲式耳＝64 品脱＝35.238 公升。

国际标准计量组织在 1960 年通过的，在公制基础上发展起来的国际单位制，已为越来越多的国家所采用，它有利于计量单位的统一，标志着计量制度的日趋国际化和标准化，从而对国际贸易的进一步发展起到推动作用。

我国采用的是以国际单位制为基础的法定计量单位。《中华人民共和国计量法》第三条中明确规定："国家采用国际单位制。国际单位制计量单位和国家选定的其他计量单位为国家法定计量单位。"因此，在我国外贸业务中，出口商品除合同规定需采用公制、英制或美制计量单位者外，应该使用法定计量单位。一般不进口非法定计量单位的仪器设备，如有特殊需要，须经有关标准计量管理机构批准。

## 三、重量的计量方法

在国际贸易中，按重量计量的商品很多。根据一般商业习惯，通常计量重量的方法有下列几种。

### （一）毛重

毛重（Gross Weight）指货物本身的重量加皮重（Tare），即包括包装材料的重量。在国际贸易中，有些低值产品常常以毛重作为净重来计算数量和价格的基础，称作"以毛作净"（Gross For Net）。

### （二）净重

净重（Net Weight）指毛重减去皮重后的重量，即货物的实际重量。皮重计算，由双方事先约定。

① 按实际皮重（Real Tare 或 Actual Tare）计算。即将整批商品的实际包装物逐一过称，算出皮重的总重量。

② 按平均皮重（Average Tare）计算。从整批商品中抽取若干件，称其包装物的重量，再除以抽取的件数，得出平均皮重。平均皮重乘以总件数，就是整批商品的皮重。

③ 按约定皮重（Computed Tare）计算 。买卖双方以事先约定的单件包装重量，乘以商品的总件数，求得该批商品的总皮重。

④ 按习惯皮重（Customary Tare）计算。有些商品使用的包装材料和规格较定型，皮重已被市场所公认。这种市场所公认的皮重就是习惯皮重。只要将习惯皮重乘以总件数，就能求得全部包装的重量。

### （三）法定重量

法定重量（Legal Weight）指货物和销售包装加在一起的重量。有些国家进口税采用从量征收方法，规定货物重量必须包括直接接触产品的包装材料（如小瓶、小金属盒、纸盒等）在内。

### （四）实物净重

实物净重（Net Net Weight）也称纯净重或净净重，它是指从法定重量中扣除直接接触产品的包装物料的重量及其他包含杂物（如水分、尘芥）的重量。此重量多为海关征收关税时计算之用。

### (五) 公量

公量（Conditioned Weight）指先用科学的方法从产品中抽出所含的实际水分，然后加入标准水分而求得的重量。这种计算方法主要用于羊毛、生丝、棉纱、棉花等吸湿性强，重量不太稳定而经济价值又较高的产品。其计算公式如下。

公量＝商品净重/(1＋实际回潮率)×(1＋标准回潮率)

### (六) 理论重量

理论重量（Theoretical Weight）指对某些固定规格、固定尺寸、重量大致相等的货物，以其单个重量乘以其件数（或张数）而推算出来的重量，如马口铁、钢板等。

在国际货物买卖合同中，如果货物是按重量计量计价的，而未明确规定采用何种方法计算重量和价格时，根据《公约》规定，应按净重计量和计价。

## 四、买卖合同中的商品数量条款

### (一) 数量条款的基本内容

买卖合同中的数量条款，主要包括成交商品的数量和计量单位。按重量成交的商品，还需订明计算重量的方法。数量条款的内容及其繁简，应视商品的特性而定。

按照合同规定的数量交付货物是卖方的基本义务。英国《1893 年货物买卖法》第三十条规定："卖方交付货物的数量如果少于约定数量，买方可以拒收货物；卖方实际交货数量多于约定数量，买方可以只接受约定数量而拒收超过部分，也可以全部拒收。如果买方接受了卖方所交的全部货物，则必须按约定单价支付货款。"《公约》规定："卖方必须按合同数量条款的规定如数交付货物。如果卖方交货数量多于约定数量，买方可以收取，也可以拒绝收取多交部分货物的全部或一部分；如果卖方实际交货数量少于约定数量，卖方应在规定的交货期届满前补交，但不得使买方遭受不合理的不便或承担不合理的开支，然而，买方保留要求损害赔偿的任何权利。"

为了避免买卖双方日后的争议，合同中的数量条款应当完整准确，对计量单位的实际含义双方应理解一致，采用对方习惯使用的计量单位时，要注意换算的准确性，以保证实际交货数量与合同数量一致。

### (二) 数量机动幅度条款

在国际货物买卖中，有许多商品受本身特性、生产、运输或包装条件以及计量工具的限制，在交货时往往很难做到绝对数量准确。为了便于合同的顺利履行，减少争议，买卖双方通常都要在合同中规定数量机动幅度条款，允许卖方交货数量可在一定范围内灵活掌握。

买卖合同中的数量机动幅度条款有溢短装条款和"约数"条款。

**1. 溢短装条款**

溢短装条款（more or less clause）即规定交货数量可在一定幅度内增减，卖方交货数量只要在允许增减的范围内即为符合合同有关交货数量的规定。常用的方式为规定允许溢短装的百分比。例如，200 公吨，卖方可溢装或短装 5%（200M/T, with 5% more or less at seller's option）。按此规定，卖方交货的数量在 190～210 M/T，买方不得提出异议。

在使用溢短装条款时，可简单地在增减幅度前加上"±"符号。合同中规定有溢短装条款，具体伸缩量的掌握大都明确由卖方决定（at seller's option），但有时特别是在由买方派船装运时，也可规定由买方决定（at buyer's option）。在采用租船运输时，为了充分利用船舱容积，便于船长根据具体情况，如轮船的运载能力等，考虑装运数量，也可授权船方掌握并决定装运增、减量。在此情况下，买卖合同应明确由承运人决定伸缩幅度（at carrier's option 或 at ship's option）。

溢短装部分商品的计价方法通常按合同价格计算，但数量上的溢短装在一定条件下关系到买卖双方各自的利益。在按合同价格计价的条件下，如果交货时市价上涨，多装则对买方有利；市价下跌，多装则对卖方有利。因此，买卖双方中对溢短装有选择权的一方在实际业务中很可能利用行市的变化来决定有利于自己的交货数量，以此来获得额外的利益。为了防止这种情形的出现，买卖双方可在订立溢短装条款时，明确规定对多装或少装的部分，不按合同价格计价，而按装船时或到货时的市价计算，以体现公平合理的原则。

此外，在跟单信用证业务中采用数量溢短装条款时，要注意实际交货的数量以所交商品的总价值不超过信用证总金额为限，除非信用证中规定“允许数量和金额均增减 x%”。

**2.“约数”条款**

买卖合同中的数量机动幅度条款除溢短装条款以外，在少数场合还可使用“约数”(Approximately or About) 条款来表示实际交货数量可有一定幅度的伸缩，即在某一具体数字前加“约”或类似含义的字。如“约 1000 米”(About 1000 meters)。

在跟单信用证业务中，根据《跟单信用证统一惯例（UCP600）》（以下简称《UCP600》）规定：“约”或“大约”用于信用证金额或信用证规定的数量或单价时，应解释为允许有关金额或数量或单价有不超过 10%的增减幅度。

**【例 5-2】** 我国某出口公司向美国出口龙虾一批，合同规定：每箱净重 20 公斤，共 1000 箱，合 20 公吨。但货抵国外后，经美国海关查验，每箱净重并非 20 公斤而是 24 公斤，计 1000 箱，共 24 公吨。海关认为单货不符，进口商以多报少。

**分析：** 对待出口商品的数量必须严格按合同或信用证的数字执行。少了固然对方不干，多了进口国家的海关也不轻易放行。各国海关对进口货物的监督都很严。如进口商申报的数量与到货数量不等，轻则认为企业企图逃漏关税，重则认为走私舞弊，海关不仅可以处以罚款或没收货物，还可能进一步追究进口商的刑事责任。另外，若遇上当地市场疲软或价格趋跌时，进口商也会拒收，或要求降低价格，或要求多交之货不再补钱。

# 任务四　熟悉商品包装条款

包装是货物的盛载物、保护物和宣传物，是货物运动过程中的有机组成部分。在当前国际市场竞争十分激烈的情况下，许多国家都把改进包装作为加强对外竞销的重要手段之一。

## 一、包装的功能

**1. 保护功能**

保护功能是商品包装最基本的功能。为了使出口商品的品质和数量在运输、储存、销往国外市场的过程中不受损、不变质、不散失，应根据商品的形态、特征、运输环境、销售环境等因素，合理地选择包装材料，设计包装结构，并注意商品对包装在耐压性、耐摩擦性、耐腐蚀性、防锈蚀、防潮、防偷盗、防虫害、防霉、防受热或受冷、防水等方面的特殊要求。

**2. 方便性功能**

商品包装应能方便生产、方便装填、方便储运和装卸、方便陈列与销售、方便开启、方便使用、方便回收、处理或重复使用。

**3. 信息传递功能**

通过包装设计及其包装上的各种标识、文字、色彩等，不同的包装不仅可以传递运输货物的信息，而且可以传递有关商品的编号、性质、成分、容量、使用方法、生产单位等信息，起到一定的广告作用，便于消费者识别，从而达到扩大销售的目的。

## 二、包装的种类

包装按其在流通过程中所起作用的不同，可分为运输包装和销售包装两大类。

### （一）运输包装

运输包装又称大包装或外包装。它是将货物装入特定容器，或以特定方式成件或成箱的包装。根据包装方式的不同，运输包装可分类如下。

**1. 箱（Case）**

不能紧压的货物通常装入箱内。按不同材料，箱子有木箱（Wooden case）、板条箱（Crate）、纸箱（Carton）、瓦楞纸箱（Corrugated carton）、漏孔箱（Skeleton case）等。

**2. 桶（Drum，Cask）**

液体、半液体以及粉状、粒状货物，可用桶装。按不同材料，桶有木桶（Wooden drum）、铁桶（Iron drum）、塑料桶（Plastic cask）等。

**3. 袋（Bag）**

粉状、颗粒状和块状的农产品及化学原料，常用袋装。袋有麻袋（Gunny bag）、布袋（Cloth）、纸袋（Paper bag）、塑料袋（Plastic bag）等。

**4. 包（Bundle，Bale）**

羽毛、羊毛、棉花、生丝、布匹等可以紧压的商品可以先经机压打包，压缩体积后，再以棉布、麻布包裹，外加塑料带，捆包成件。

除上述单件包装外，运输包装还有将一定数量的单件包装组合成一件大的包装或装入一个大的包装容器内的集合运输包装，如托盘（Pallet）、集装袋（Flexible container）等。

### （二）销售包装

销售包装（Selling packing），又称小包装（Small packing）、内包装（Inner packing）或直接包装（Immediate packing），是在商品制造出来以后以适当的材料或容器所进行的初次包装。销售包装除了保护商品的品质外，还能美化商品，宣传推广，便于陈列展销，吸引顾客和方便消费者识别、选购、携带和使用，从而能起到促进销售，提高商品价值的作用。

根据商品的特征和形状，销售包装可采用不同的包装材料和不同的造型结构与式样。常见的销售包装有以下几种。

**1. 挂式包装**

可在商店货架上悬挂展示的包装。

**2. 堆叠式包装**

这种包装通常指包装品顶部底部都设有吻合装置使商品在上下堆叠过程中可以相互咬合，其特点是堆叠稳定性强，大量堆叠而节省货位。

**3. 便携式包装**

包装造型和长宽高比例的设计均适合消费者携带、使用的包装。

**4. 一次用量包装**

又称单份包装、专用包装或方便包装，以使用一次为目的的较简单的包装。

**5. 易开包装**

包装容器上有严密的封口结构，使用者不需另备工具即可容易地开启。

**6. 喷雾包装**

在气密性容器内，当打开阀门或压按钮时，内装物由于推进产生的压力能喷射出来的包装。

**7. 配套包装**

将消费者在使用上有关联的商品搭配成套，装在同一容器内的销售包装。

**8. 礼品包装**

专作为送礼用的销售包装。礼品包装的造型应美观大方，有较高的艺术性，有的还使用彩带、花结、吊牌等。使用礼品包装的范围极广，如化妆品、工艺品。

销售包装应有适宜的装潢画面和必要的文字说明。它通常直接印刷在包装上，或采用在货物上粘贴、加标签（Label）、挂吊牌等方式。销售包装上的文字说明包括商标、品牌、品名、产地、数量、规格、成分、用途和使用方法等内容，它们必须同装潢画面紧密配合、互相衬托，否则，不利于售出货物。

商品的包装除运输包装和销售包装外，衬垫物（Filling and lining materials）也是包装的重要组成部分，不容忽视。它的作用是防震、防碎、防潮、防锈等。衬垫物一般用纸屑、纸条、防潮纸和各种塑料衬垫物。

## 三、包装标志

为了便于商品的流通、销售、选购和使用，在商品包装上通常都印有某种特定的文字或图形，用以表示商品的性能、储运注意事项、质量水平等含义，这些具有特定含义的图形和文字称为商品包装标志。它的主要作用是便于识别商品，便于准确迅速地运输货物，避免差错，加速流转等。

### （一）运输包装标志

主要包括运输标志、指示性标志和警告性标志等。

**1. 运输标志**

运输标志（Shipping Mark）俗称唛头，由一些数字、字母及简单的文字组成，通常刷印在外包装明显的部位。唛头是唯一体现在装运单据上的包装标志。标准的运输标志由4个要素构成：①收货人的名称字首；②参考号码；③目的地；④件数号码。

例：ABC. Co<br>
94LAO602<br>
NEW YORK<br>
CTN/NOS. 1—1500

**2. 指示性标志**

指示性标志（Indicative Mark）又称注意标志或安全标志。它是根据商品的特性，为了保护好商品，提醒有关人员在运输和保管过程中加以注意的事项。指示性标志一般都是以简单醒目的图形和文字在包装上标出，如“此端向上”、“小心轻放”、“保持干燥”等。

图5-1至图5-4为指示性标志图例。

① 易碎物品

运输包装件内装易碎品，因此搬运时应小心轻放。

图 5-1　易碎物品

图 5-2　禁用手钩

图 5-3　向上

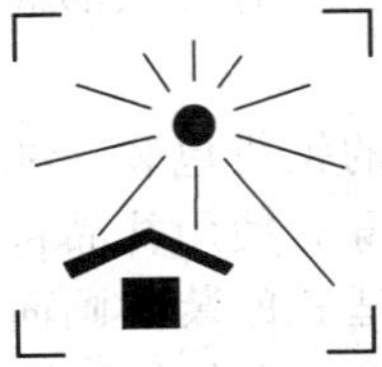

图 5-4　怕晒

② 禁用手钩

搬运运输包装时禁用手钩。

③ 向上

表明运输包装件的正确位置是竖直向上。

④ 怕晒

表明运输包装件不能直接照射。

**3. 警告性标志**

还有些特殊物品，如爆炸品、易燃物品、腐蚀物品、氧化剂和放射物质等，需在外包装上用图形或文字等标志表示其危险性，以便搬运人员注意，保障货物和操作人员的安全，所以称其为警告性标志（Warning Mark）。图 5-5 为警告性标志示例：

(1) 易燃物质　(2) 易燃气体　(3) 易燃固体　(4) 二级放射形物品

图 5-5　警告性标志

**4. 其他标志**

除上述包装标志外，在货物的包装上一般还需刷制每件货物的品名、货号、装箱数量及配比、毛重（Gross Weight）、净重（Net Weight）、包装容器的体积（Measurement）和货物的产地（Made in China）等标志，其中磅、码、产地标志必须刷制。举例如下。

| Safety Boots | 安全靴 |
|---|---|
| Art No. JL608TS | 货号：JL608TS |
| QTY. 12PRS | 数量：12 双 |
| G. W. 27KGS | 毛重：27 公斤 |
| N. W. 21. 6KGS | 净重：21. 6 公斤 |
| MST. 50cm×35cm×78cm | 体积：50 厘米×35 厘米×78 厘米 |
| Made in China | 中国制造 |

### （二）销售包装标志

销售包装上的商品条码（Product code）标志是一种产品代码，它是由一组粗细间隔不等的平行线条及其相应的数字组成的标记，这些线条和间隙空间表示一定的信息，通过光电扫描阅读装置输入相应的计算机网络系统，即可判断出该商品的生产国别或地区、生产厂家、品种规格和售价等一系列有关该产品的信息。例如国际上使用最广的 EAN 码由 12 位数字的产品代码和 1 位校验码组成。前 3 位为国别码，中间 4 位数字为厂商号，后 5 位数字为产品代码。

国际上通用的条码种类很多，主要有以下两种：一种是美国统一代码委员会编制的 UPC 条码（Universal Product Code），另一种是由欧洲 12 国成立的欧洲物品编码协会，后改名为国际物品编码协会，编制的 EAN 条码（European Article Number）。目前使用 EAN 物品标识系统的国家（地区）众多，EAN 系统已成为国际公认的物品编码标识系统。

国务院于 1988 年批准成立了中国物品编码中心，该中心于 1991 年 4 月代表中国加入国际物品编码协会，并成为正式会员，同意组织、协调、管理我国的条码工作。目前，国际物品编码协会分配给我国的国别号为“690”、“691”和“692”，凡标有“690”、“691”和“692”条码的商品，即表示是中国出产的商品。

## 四、定牌、无牌和中性包装

采用定牌、无牌和中性包装是国际贸易中常用的做法。

**1. 定牌**

定牌是指卖方按照买方的要求在其出售的商品或包装上表明买方指定的商标和牌号。

在国际或国内贸易中，有许多大百货商店、超级市场和专业商店在其经营的商品中，有一部分商品使用该店专有的商标和牌名。如“易初莲花”在其店铺中给一部分商品贴上“易初莲花”的标签，这部分商品即是由商店要求有关厂商定牌生产的。这些商店之所以使用定牌，一是为了扩大该店的知名度，二来也可以显示该商品的身价。

因此，在我国的出口贸易中，如外商订货数量较大，需求比较稳定，我们可同意使用定牌生产，以利用买主的名牌声誉提高商品售价。但有时外商也会以此来排挤使用我方商标的货物，影响我国出口产品的名牌形象。

**2. 无牌**

无牌是指买方要求卖方在其出售的商品或包装上免除任何商标或牌名，其主要目的是节约广告费用，降低销售成本，达到薄利多销的目的。无牌生产主要用于半制成品、低值易耗的日用消费品。

**3. 中性包装**

中性包装是指商品和内外包装上不注明生产国别的包装，包括定牌中性和无牌中性两种。前者是指不注明产地但使用买方指定的商标或牌名；后者是指在商品和包装上既不使用任何商标或牌名，也不注明生产国别。中性包装的做法是国际贸易中常见的方式，在买方的要求下可酌情采用。对我国和其他国家订有出口配额协定的商品，则应从严掌握，因为万一发生进口商将商品转口至有关配额国，将对我国产生不利影响，出口商切莫因图一己之利而损害国家的声誉和利益。

## 五、买卖合同中的包装条款

包装条款是国际货物买卖合同中的一项主要条款，按照合同约定的包装要求提交货物，是卖方的主要义务之一。《公约》规定："卖方须按照合同规定的方式装箱或包装。"如果卖方不按照合同规定的方式装箱或包装，即构成违约。为了明确国际货物买卖合同中当事人的责任，通常应在买卖合同中对商品的包装要求做出明确具体的规定。

买卖合同中的包装条款的内容主要包括包装材料、包装方式、包装件数、包装标志和包装费用的负担等。

**1. 包装条款实例**

packing：In cartons of 10 kilos net each.

纸箱装，每箱净重 10 公斤。

36 pairs packed in a carton size assorted.

每箱 36 双装，混码包装。

In wooden bale 410sheets/ream，45 ream/bale.

木夹板包装，每令 410 张，每包 45 令。

36 sets packed in one export carton，each 420 cartons transported in one 20ft container.

36 套装一出口纸箱，420 箱装一个 20 英尺集装箱运送。

**2. 订立包装条款的注意事项**

（1）按国际贸易习惯，唛头一般由卖方决定，并无必要在合同中作具体规定。如买方要求，也可在合同中做出具体规定；如买方要求在合同订立以后由其另行指定，则应具体规定指定的最后时限，并订明若到时尚未收到有关唛头通知，卖方可自行决定。

（2）包装费用一般包括在货价以内。如买方要求特殊包装，除非事先明确包装费用包括在货价内，其超出的包装费用原则上应由买方负担，并应在合同中具体规定负担的费用金额和支付办法。如双方商定，全部或部分包装材料由买方负责供应的，合同中应同时规定包装材料最迟到达卖方的时限和逾期到达的责任。该项时限并应与合同的交货时间相衔接。

在进口合同中，特别是对包装技术性较强的商品，通常要在单价条款后注明"包括包装费用"（Packing charges included），以免事后发生纠纷。

在实际业务中，有时对包装条款仅作笼统的规定，例如使用"适合海运包装"（Seaworthy packing）、"习惯包装"（Customary packing）或"卖方惯用包装"（Seller's usual packing）等术语。由于此类规定缺乏统一解释，容易引起纠纷与争议，因此，除非买卖双方对包装方式的具体内容经事先充分交换意见或由于长时期的业务交往已取得一致认识，在合同中不宜采用笼统的规定方法。

在订立包装条款时，除了对包装的规定要明确具体，明确包装物料提供与费用负担的相关事项，明确唛头的指定以外，还要注意结合货物特点和不同运输方式选择包装，明确装箱系数及其配比。

**【例 5-3】** 英国 A 公司以 CIF 伦敦的条件，从中国 B 公司购买 500 箱水果罐头。合同的包装条款规定："箱装，每箱 30 听。"卖方所交货物中有 250 箱为每箱 30 听装，其余 300 箱为每箱 25 听，买方拒收。卖方争辩说，"每箱 30 听"字样并非合同的重要部分，不论是 25 听还是 30 听，其品质、总量均与合同相符，因此，买方应接受。

**分析：**按照英国《货物买卖法》的规定，凡合同中一切有关货物"说明"的事项都是合同的要件，如有违反，买方有权拒收货物，并可以提出索赔。本案例中，英国法认为，包装是属于"说明"的组成部分，属于要件，卖方违背合同要件，买方有理由拒收全部货物，也可以接受合乎规定部分，拒收不合规定部分，并提出损害赔偿。同时根据《公约》规定，卖方应该按照合同规定的方式包装或者装箱，否则买方有权拒收货物。

## 课后训练题

### 一、选择题

1. 若合同规定有品质公差条款，则在公差范围内，买方（　　）。

A. 不得拒收货物　　B. 可以拒收货物

C. 可以要求调整价格　　D. 可以拒收货物也可以要求调整价格

2. 凭样品买卖时，如果合同中无其他规定，那么卖方所交货物（　　）。

A. 可以与样品大致相同　　B. 必须与样品完全一致

C. 允许有合理公差　　D. 允许在包装规格上有一定幅度的差异

3. 某公司与外商签订了一份出口某商品的合同，合同中规定的出口数量为 500 吨。在溢短装条款中规定，允许卖方交货的数量可增减 5%，但未对多交部分如何作价给予规定。卖方依合同规定多交了 20 吨，根据《公约》的规定，此 20 吨应按（　　）作价。

A. 到岸价　　B. 合同价　　C. 离岸价　　D. 议定价

4. 在商品包装上普及和应用条形码标志是实现包装现代化的一项重要内容。国际物品编码协会分配给我国的条形码代号为（　　）。

A. 690　　B. 468　　C. 32　　D. 211

5. 下面有关中性包装正确的描述是（　　）。

A. 不能有卖方的商标/牌号

B. 标明生产国别但无卖方的商标/牌号

C. 既有商标/牌号又标明生产国别

D. 既不标明生产国别又无买方的商标/牌号

6. 出口羊毛计算重量，通常采用的计量方法是（　　）。

A. 毛重　　B. 净重　　C. 公量　　D. 既用毛重又用净重

7. 我国出口一批农产品，如合同中以 FAQ 来说明品质，则在交货时，检验货物的品质依据应为（　　）。

A. 本年该产品的中等货

B. 合同规定的具体标准

C. 双方再协商

D. 装船时在发运地发运的同一种产品的平均品质

8. 某外商欲购我“乘风”电扇，但要求改用“格力”商标，并不能注明产地，外商这一要求的实质是（　　）。

A. 无牌中性包装　　B. 定牌中性包装

C. 运输包装　　D. 销售包装

### 二、简述题

1. 品质的表示方法有哪些？

2. 什么是溢短装条款？它包括哪些内容？合同中应如何规定？

3. 包装标志有哪几种？运输标志包括哪些主要内容？

4. 买卖合同中的包装条款一般包括哪些内容？

### 三、案例分析题

1. 某自行车厂向菲律宾出口自行车，计 3000 辆。合同中规定黑色、墨绿色、蓝色各 1000 辆，不得分批装运。该厂在发货时发现蓝色的自行车库存仅有 950 辆，因短缺 50 辆蓝色自行车，便以黑色自行车顶替蓝色自行车出口。问：该厂的这种做法合适吗？

2. 国内某贸易公司向俄罗斯出口大豆，合同中规定数量为 1000 吨，用麻袋装。出口方在装运中由于麻袋数量不足，有100吨的货物改用了塑料袋装。试分析，若进口方发现这一情况，可以采取什么处理方法？

3. 如按每箱100美元的价格出售某商品1000箱，合同规定“数量允许有5%上下，由卖方决定”。试问：

（1）“数量允许有5%上下”是什么条款？

（2）我方最多可装多少箱？最少应装多少箱？

（3）如我方实际装运1030箱，对方应付多少货款？

4. 我某公司向国外某客户出口榨油大豆一批，合同中规定大豆的具体规格为含水分14%、含油量18%、含杂质1%。国外客户收到货物不久，我方便收到对方来电称：我方的货物品质与合同规定相差较远，具体规格为含水分18%、含油量10%、含杂质4%，并要求我方给予合同金额40%的损害赔偿。问：对方的索赔要求是否合理？合同中就这一类商品的品质条款应如何规定为宜？

5. 我国某出口公司与日本一商人按每吨500美元CIF东京成交某农产品200吨，合同规定：每袋包装25公斤，双线新麻袋包装，信用证付款方式。该公司凭证装运出口并办妥了结汇手续。事后对方来电称：该公司所交货物扣除皮重后实际到货不足200吨，要求按净重计算价格，退回因短量多收的货款。我公司则以合同未规定按净重计价为由拒绝退款。试问该公司做法是否可行？为什么？

# 项目六

# 国际贸易术语和进出口商品价格

## 能力目标

通过本章的学习，学生应该能够：

① 了解国际贸易术语的产生、发展及其最新版本；

② 掌握《国际贸易术语解释通则（2010）》中的11个国际贸易术语及它们的使用方法；

③ 掌握出口商品的价格构成及其核算；

④ 了解进口商品的价格构成及其核算；

⑤ 掌握掌握买卖合同的价格条款。

## 任务一　了解国际贸易术语的一般知识

在国际货物买卖中，买卖双方分处不同的国家，相距很远，在买卖双方交接货物的过程中，通常涉及货物运输方式的选择及手续的办理、货物的通关、为了防范运输过程中的风险而办理保险等一系列手续的办理及相关费用的承担。如果每一笔货物买卖，交易双方都就上述等问题进行洽商，将会耗费大量的时间和费用，并影响交易的达成。经过长期的国际贸易实践，逐渐形成了一些常用的、意思基本固定的短语，就上述手续和费用在买卖双方之间进行了划分，这就是本节所要讲述的贸易术语。

### 一、贸易术语的产生和含义

国际贸易具有线长、面广、环节多、风险大的特点。交易双方在洽商交易、订立合同时，必然要考虑下面几个重要问题。

**1. 卖方交货的地点与交货方式**

从卖方所在地到买方所在地，由很多地点可选作为交货地点，比如卖方所在地、装运港、卖方所在国的机场、火车站、目的港、买方所在国的机场、火车站、买方所在地等。交货地点的不同，会影响到买卖双方的利益。同时在不同的交货地点，交货方式的不同也影响双方当事人的利益。比如交货地点为目的港，那么卖方是在目的港船上交货，还是在目的港码头上交货？显然这里有一个卸货费用的承担问题。

**2. 货物灭失或损坏风险的转移**

货物在长途运输过程中，可能会遭遇到各种各样的自然灾害或意外事故等风险，并由此导致货物发生损害或灭失，此时的损失由谁承担？这就关系到风险转移问题。按照各国法律的规定，谁承担风险，其就承担相应的损失。因此在买卖合同必须明确风险转移点。

**3. 货物运输、保险及通关手续的办理**

在买卖双方交接货物的过程中，必然涉及货物的运输，因此必须在合同中明确所选择的运输方式、办理运输手续的责任人。同时为了防范运输途中遭遇风险，导致损失，还需明确办理保险手续的责任人和投保的保险险别等。不管货物是通过出口国海关，还是通过进口国海关，都必须向海关申请办理货物的通关，这个问题也必须在合同中明确由谁办理。

**4. 交易中各种费用的承担**

在办理货物的运输、保险和通关过程中，会发生相应的运费、保费和通关费用（包括关税），这些费用的承担者同样必须明确。

**5. 买卖双方需要交接的单据**

在合同履行过程中，卖方需要移交相关单据给买方，以便买方办理货物进口的相关手续。卖方应该提供哪些单据给买方呢？这个问题在合同中也应该明确。

从上述分析中可以看出，在具体交易中，以上问题都是必须明确的。贸易术语正是为了解决这些问题，在实践中产生和发展起来的。又称价格术语或交货条件，它是用一个简短的概念或三个字母的缩写（例如“成本加运费”或用英文字母表示的“CFR”）来说明价格的构成及买卖双方有关责任、费用和风险的划分，以确定买卖双方在交接货物过程中应尽的责任和义务。

“责任”是指因交货地点不同而产生的租船订舱、装货、卸货、投保、申请进出口许可证、通关等事务的办理；“费用”是指因货物的移动而产生的运杂费、保险费、仓储费、码头费、税费等；“风险”是指由于各种原因导致货物损坏或灭失等危险。

贸易术语明确了买卖双方在交接货物过程中的责任，简化了交易磋商和买卖合同的内容，有利于交易的达成，还影响着买卖合同的性质。

## 二、与贸易术语有关的国际贸易惯例

国际贸易惯例是指在国际贸易的长期实践中逐渐形成的一些有较为明确和固定内容的贸易习惯和一般做法。国际贸易惯例的适用是以当事人的意思自治为基础的。国际贸易惯例的使用有3个方面值得注意，第一，如果双方都同意采用某种惯例来约束某项交易，并在交易合同中做出明确规定时，那么这项约定的惯例对该合同就具有约束力，双方都必须遵照执行；第二，因为惯例本身不是法律，它对贸易双方不具有强制性，因此，交易双方不仅可以引用国际贸易惯例中的内容作为合同的条款，而且买卖双方还有权在合同中做出与被引惯例不一致的约定。也就是说合同双方有权对引用的惯例进行内容的修改，而且双方应当按照修改后的内容来执行合同；第三，如果双方对某一问题没有做出明确规定，也未注明该合同适用某项惯例，在合同执行中发生争议时，受理该争议案的司法和仲裁机构也往往会引用某一国际贸易惯例来进行判决或裁决。

**【例 6-1】** 2011 年，江苏南通恒昌贸易公司与英国伦敦某食品公司签订了一份肠衣出口合同，合同约定南通恒昌贸易公司向英国公司提供500吨肠衣，CIF伦敦，每吨3000美元，支付方式为45天远期信用证，装运期不得晚于9月30日，且在合同中另外约定“货物抵达伦敦的日期不得迟于2011年11月15日，否则买方有权拒收。”恒昌贸易于2011年9月1日收到信用证并立即组织货源，并于9月25日装船完毕出运，由于种种原因，货船最终到达目的地已经是11月18日。于是进口商以货物未按约定时间到达为由，拒绝接受货物。后几经交涉，南通恒昌贸易公司最终以降价10%了解此事，遭受了不小的经济损失。

**分析：** 上述案例中的合同虽然是以贸易惯例 CIF 成交的，但 CIF 是装运合同，买卖双方的风险在装货港货物装上指定船只时便会转移，也就是说卖方在装运港将货物装上船后，即完成了交货义务，其后的货物灭失和损坏的风险均由买方承担。因此，CIF 术语惯例是不需要卖方保证到货时间的。然而，惯例本身不是法律，它对贸易双方不具有强制性，因此，交易双方不仅可以引用国际贸易惯例中的内容作为合同的条款，而且买卖双方还有权在合同中做出与被引惯例不一致的约定。本案中，双方在合同中做了一项与惯例不一致的约定：货物抵达伦敦的日期不得迟于 2011 年 11 月 15 日，否则买方有权拒收。因此，这项约定改变了 CIF 惯例下的合同性质，双方必须按照修改后的约定行事，也就是说卖方恒昌贸易公司必须保证货物在 11 月 15 日之前到达，否则就是违约。事实上，卖方最终没有能够保证货物按期抵达伦敦，所以承担违约赔偿责任也就在所难免，应当引以为戒。

目前，在国际货物买卖中有较大影响的与贸易术语有关的国际贸易惯例主要有以下。

**1.《1932 年华沙-牛津规则》**

19 世纪中叶，CIF 贸易术语已在国际贸易中被广泛采用，但由于各国对其解释不一，从而影响到 CIF 买卖合同的顺利履行。为了对 CIF 合同双方的权利和义务做出统一的规定和解释，国际法协会于 1928 年在波兰华沙制订了 CIF 买卖合同的统一规则，共计 22 条，称为《1928 年华沙规则》。此后在 1930 年纽约会议，1931 年巴黎会议和 1932 年牛津会议上，相继将此规则修订为 21 条，称之为《1932 年华沙-牛津规则》(Warsaw-OxforD. Rules 1932)。

《华沙-牛津规则》对 CIF 合同的性质、特点及买卖双方的权利和义务都作了具体的规定和说明，为那些按 CIF 贸易术语成交的买卖双方提供了一套统一规则，供买卖双方自愿采用；在缺乏标准合同格式或共同交易条件的情况下，买卖双方可约定采用此项通则。凡在 CIF 合同中订明采用《华沙-牛津规则》者，合同当事人的权利和义务，即应按此规则的规定办理。

**2.《1941 年美国对外贸易定义修订本》**

早在 1919 年，美国有几个商业团体即共同制定了有关对外贸易定义的统一解释，供从事对外贸易人员参考使用。后鉴于贸易做法的演变，在 1940 年第 27 届美国对外贸易会议上要求对原有定义进行修改。1941 年 7 月 30 日，美国商会、美国进口商会理事会和全世界对外贸易理事会所组成的联合委员正式通过并采用了此项定义。并由美国对外贸易理事发行此项定义，命名为《1941 年美国对外贸易定义修订本》(Revised American Foreign Trade Definitions 1941)。

该修订本主要定义和解释了 6 种贸易术语，如表 6-1 所示。

值得注意的是，该惯例主要在美洲国家使用，特别是美国和加拿大。因此，在我国企业与美国及加拿大的企业交易时，必须明确说明是按哪一个国际贸易惯例中的贸易术语成交的，以避免买卖双方对贸易术语的含义发生歧义。

**表 6-1 《1941 年美国对外贸易定义修订本》**

| 英文名称 | 中文名称 |
|---|---|
| Ex(Point of Origin) | 原产地交货 |
| FOB——( Free on Board) | 运输工具上交货 |
| FAS——(Free Along Side) | 运输工具旁边交货 |
| C&F ——Cost & Freight | 成本加运费 |
| CIF ——Cost, Insurance and Freight | 成本加保险费、运费 |
| Ex Dock | 目的港码头交货 |

**3. 国际商会《国际贸易术语解释通则》历年版本**

《国际贸易术语解释通则》是国际商会为统一各种贸易术语的不同解释，于 1936 年制定的，命名为《1936年国际贸易术语解释通则》。随后，为适应国际贸易实践发展的需要，国际商会先后于1953年、1967年、1976年、1980年、1990年、2000年进行过多次修订和补充。虽然，《国际贸易术语解释通则（2010）》（以下简称《2010通则》）已经于2011年1月1日开始正式生效，但是它并不是完全取代了《国际贸易术语解释通则（2000）》（以下简称《2000通则》），合同当事人仍然可以选择使用《2000通则》订立国际贸易合同，《2000通则》的基本内容如下。

（1）《2000通则》的适用范围　通则只适用于销售合同当事人的权利、义务中与交货有关的事项。其货物是指有形的货物，不包括无形的货物。《2000通则》只涉及与交货有关的事项，如货物的进口和出口清关、货物的包装、买方受领货物的义务以及卖方提供履行各项义务的凭证等，不涉及货物所有权和其他产权的转移、违约、违约行为的后果以及某些情况的免责等。《2000通则》还指出，该通则是一套商业术语，适用跨国境的货物销售，也可用于国内市场的货物销售合同。同时在销售合同中引用通则时，应在合同中明确使用的版本。

（2）《2000通则》的基本内容　《2000通则》与《1990通则》一样，定义了13种贸易术语，并按其共同特性归纳为四组，如表6-2所示。

**表6-2　《2000年国际贸易术语解释通则》**

| 组　别 | 英文名称 | 中文含义 |
|---|---|---|
| E　组<br>启　运 | EXW　Ex Works | 工厂交货 |
| F　组<br>主运费未付 | FCA　Free Carrier<br>FAS　Free Alongside Ship<br>FOB　Free On Board | 货交承运人<br>装运港船边交货<br>装运港船上交货 |
| C　组<br>主运费已付 | CFR　Cost and Freight<br>CIF　Cost Insurance and Freight<br>CPT　Carriage Paid To<br>CIP　Carriage and Insurance Paid To | 成本加运费<br>成本加保险费、运费<br>运费付至<br>运费保险费付至 |
| D　组<br>到　达 | DAF　Delivered At frontier<br>DES　Delivered Ex Ship<br>DEQ　Delivered Ex Quay<br>DDU　Delivered Duty Unpaid<br>DDP　delivered Duty Paid | 边境交货<br>目的港船上交货<br>目的港码头交货<br>未完税交货<br>完税后交货 |

E组术语下卖方的义务最小，卖方只要将货物在约定地点，通常是在卖方所在地，交给买方处置即可。

F组术语要求卖方按照买方的指示将货物交运。

C组术语要求卖方按照通常条件自付费用订立运输合同。因此，卖方支付运费运到的地点，必须在C组每一项术语后指明。按照CIF和CIP术语，卖方还要负责办理保险和负担保险费用。

在此必须强调，C组术语与F组术语具有相同性质的一点，就在于卖方是在装运国或发货国完成合同履行。因此，按C组术语和F组术语成交的合同一样，属于装运合同。

装运合同是指卖方只要按照合同规定的时间，在约定的装运港（地）将货物装上船或者交给承运人或者交给买方处置，并移交相关单据，就算完成了交货义务，此后货物损坏或灭失的风险转移给买方承担，卖方无需保证到货。

D组术语与C组术语有着本质区别。根据D组术语，卖方负责将货物运至边境或进口国内的约定目的港（地）。卖方必须承担货物运至该地前的全部风险和费用，因此，按D组术语成交的合同属于到货合同。

### 4. 国际商会《国际贸易术语解释通则（INCOTERMS）》2010 版本

《2010 通则》是目前国际商会关于贸易术语惯例的最新版本，其修订工作始于 2007 年，2010 年 9 月修订完毕，2011 年 1 月 1 日正式实施。《2010 通则》是在《2000 通则》的基础上修订而来的，主要是为了适应国际贸易实践领域的不断变化，比如商业交易中电子信息的增加，货物运输中的安全责任的界定，无关税区域的不断扩大等。

（1）《2010 通则》的适用范围

《2010 通则》与《2000 通则》一样，所涉及的是货物贸易，以及与货物贸易相关的交货与交单问题。所以，第一，《2010 通则》只适用于货物买卖合同，不适用于运输、保险、货款结算等合同；货物也仅指有形的货物，而不包括无形的货物，如软件、程序代码等。第二，《2010 通则》只涉及交货和交单事项，比如办理清关手续，办理货物运输、转移货运风险以及与此相关的履责凭证。但不涉及物权和其他产权的转移，对违约、违约行为之后果等也不涉及（这些行为及责任界定需要通过合同的其他条款来明确）。由此可知，贸易术语所规定的内容并不是一套完整的买卖合同，而是合同条款中的部分内容，一份完整的合同还需要通过买卖合同中的其他明示条款或其他法律来确定。

另外，需要特别指出的两点，第一，随着世界范围内无关税区域的不断扩大，原来意义重大的边界通关手续正变得越来越没有实际意义，因此，《2010 通则》正式明确其所指的贸易术语对国际和国内货物买卖合同同样适用。第二，为使贸易术语能适用于连串销售方式，《2010 通则》的相关术语中同时规定了“设法获取已装船货物”和将货物装船的义务。所谓连串销售是指在商品的销售中，有一种和直接销售相对的销售方式，即货物在沿着销售链运转的过程中频繁地被销售若干次。在这种情况下，货物将由连串销售的起点销售商装船，而其他中间的销售商并不会进行“装船”行为，因此，连串销售的中间销售商对其买方应承担的义务不是将货物装船，而是“设法获取”已装船的货物。《2010 通则》对国内贸易和连串销售的适用解释，使得贸易术语的适用范围进一步扩大。

（2）《2010 通则》的基本内容

《2010 通则》总共有 11 中贸易术语，可以按照所适用的运输方式的不同分为两类。一类术语适合所有运输方式，包含 EWX、FCA、CPT、CIP、DAT、DAP 和 DDP7 个术语，它们可以适用于特定的运输方式，也可适用于一种或同时适用于多种运输方式，甚至可适用于非海事运输的情形。但是需要注意，以上这 7 个术语仅适用于存在船舶作为运输工具之一的情形。第二类是适合水上运输方式的。之所以只适用于水上运输，其原因是交货点和把货物送达买方的地点都是港口，所以只适用于“海上或内陆水上运输”。FAS、FOB、CFR 和 CIF 都属于这一类。其中，FOB、CFR 和 CIF3 个术语，删除了以越过船舷为交货标准而代之以将货物装运上船。这更贴切地反映了现代商业实际且避免了风险在臆想垂线上来回摇摆这一颇为陈旧的观念，见表 6-3 所示。

**表 6-3 《2010 年国际贸易术语解释通则》**

| 适合所有运输方式的术语 | 适合水上运输方式的术语 |
|---|---|
| EXW(Ex Works)：工厂交货<br>FCA(Free Carrier)：货交承运人<br>CPT(Carriage Paid To)：运费付至<br>CIP(Carriage and Insurance Paid To)：运费保险费付至<br>DAT(Delivered At Terminal)：运输终端交货<br>DAP(Delivered At Place)：目的地交货<br>DDP(Delivered Duty Paid)：完税后交货 | FAS(Free Alongside Ship)：船边交货<br>FOB(Free On Board)：船上交货<br>CFR(Cost and Freight)：成本加运费<br>CIF(Cost Insurance and Freight)：成本、保险加运费 |

**5.《2010通则》与《2000通则》的区别**

《2010通则》是在《2000通则》的基础上修订和补充而来的，因此，了解两者的区别有利于更加深入地理解贸易术语的内容，以便将来灵活运用。总的来说，《2010通则》相对于《2000通则》的变化主要存在于4个方面，分别是贸易术语分类的变化、适用范围的变化、贸易术语数量的变化和贸易双方义务表述方式的变化。对前两种变化，前面的内容中已经有所体现，这里主要介绍后两种区别。

(1) 贸易术语数量的变化

《2010通则》将原来13种贸易术语缩减为11个。即用两个新术语DAT、DAP取代了《2000通则》中的DAF、DES、DEQ和DDU。在DAT术语下，买方处置运达并卸载的货物（这与以前的DEQ规定的相同）；在DAP术语下，同样是指买方处置，但需做好卸货的准备（这与以前的DAF、DES和DDU规定的相同）。因此，DAT和DAP的使用使得原来DAF、DES、DEQ和DDU变得多余。DAT术语下的指定目的地可以是指港口，并且DAT可完全适用于《2000通则》中DEQ所适用的情形。同样地，DAP术语下的到达的“运输工具”可以是指船舶，指定目的地可以是指港口，因此，DAP可完全适用于《2000通则》中DES所适用的情形。与其前任规则相同，新规则也是“到货交付式”的由卖方承担所有费用，即卖方承担全部费用（除了与进口清算有关的费用）以及货物运至指定目的地前所包含的全部风险。

《2010通则》之所以添加DAT和DAP两个术语，是为了适应集装箱多式联运和日益扩大的自贸区。集装箱多式联运的发展使得承运人交接货物的地点和责任与之前相比有了很大的变化；而不断扩大的自由贸易区使得自贸区内成员国的货物流通不再涉及关税和关境问题。因此，《2010通则》为了满足新形势下实务操作的需要而去掉了《2000通则》中的DAF、DES、DEQ和DDU4个术语，并以新的DAT和DAP两个术语取代它们。

(2) 贸易双方义务表述方式的变化

《2010通则》和《2000通则》一样，详细规定了每个贸易术语下买卖双方的义务，与《2000通则》不同的是，《2010通则》将买卖双方的义务以一一对照的方式进行了两列式的排列，即将每个术语中当事人的义务列为10个标题，并且通过两列式使得买卖双方义务一一对应。具体表示如表6-4所示。

**表6-4 《2010通则》中买卖双方的义务**

| A 卖方义务 | B 买方义务 |
|---|---|
| A1 卖方的一般义务 | B1 买方的一般义务 |
| A2 许可证、授权、安全通关及其他手续 | B2 许可证、授权、安全通关及其他手续 |
| A3 运输合同与保险合同 | B3 运输合同和保险合同 |
| A4 交货 | B4 受领货物(接收货物) |
| A5 风险转移 | B5 风险转移 |
| A6 费用划分 | B6 费用划分 |
| A7 通知买方 | B7 通知卖方 |
| A8 交货凭证 | B8 交货证明 |
| A9 检查、包装、标记 | B9 货物检验 |
| A10 协助提供信息和相关费用 | B10 协助提供信息和相关费用 |

# 任务二　掌握《2010通则》中的贸易术语及其使用

## 一、适合水上运输方式的贸易术语

适合水上运输方式的贸易术语总共有4个，分别是FAS、FOB、CIF和CFR，这组术语一般不适合于货物在装上船前已经交付给承运人的情况。例如，通常在堆场交货的集装箱运输，此类运输应当采用FCA、CIP和CPT等术语。

### （一）FAS术语

Free Alongside Ship（... named port of shipment）——船边交货（……指定装运港），“船边交货”是指卖方在指定装运港将货物交到买方指定的船边（例如码头或驳船），即完成交货。从那时起，货物灭失或损坏的风险发生转移，并且由买方承担所有费用。FAS术语要求卖方办理出口清关手续。该术语只适用于水上运输方式。

**1. 卖方义务**

① 卖方必须在约定的日期或期限内，将符合合同规定的货物交至指定的装运港买方指定的船边。

② 卖方必须自担风险和费用，取得任何出口许可证或其他官方许可，办理货物出口所需的一切海关手续。

③ 卖方必须提供符合销售合同规定的货物和商业发票以及合同可能要求的、证明货物符合合同规定的其他任何凭证。如果有协议或惯例可循，上述的单据可以是有同等效力的电子记录或手续。

④ 卖方必须承担货物灭失或损坏的一切风险和费用，直至已按照约定将货物交至买方指定的船边为止。

**2. 买方义务**

① 买方必须按照销售合同规定接受卖方提供的单据，受领货物并支付货物的价款。

② 买方必须自担风险和费用，由买方取得任何进口许可证或其他官方许可，并办理货物进口和从他国过境所需的一切海关手续。

③ 买方必须自行承担运费，订立自指定装运港运输货物的合同。

④ 买方必须承担货物灭失或损坏的一切风险和费用，自卖方按照约定将货物交至买方指定的船边之时起。

**3. FAS贸易术语使用注意事项**

① 根据《2010通则》的解释，按这一贸易术语成交，卖方要在规定的交货期限内将符合合同规定的货物交到约定的装运港买方指派的船只的船边。卖方在船边完成交货义务，买卖双方负担的风险和费用也都以船边为界进行划分。这里所指的船边通常指的是船舶装卸设备的吊机或岸上装卸设备可触及的范围。如果买方所派船只不能靠岸，买卖双方可以协商采用驳船，此时卖方的责任是将货物置于驳船边，驳船的费用及风险由买方承担。

② 使用FAS术语时应注意船货衔接问题。在FAS条件下，从装运港至目的港的运输合同要由买方负责订立，买方要及时将船名和要求装货的具体时间、地点通知卖方，以便卖方按时做好备货出运工作。卖方也应将货物交至船边的情况及时通知买方，以利于买方办理装船事宜。如果买方所指派的船只未按时到港接受货物，或者比规定的时间提前终止装货，或者买方未能及时发出派船通知，此时，只要货物已被清楚地划出，或者以其他方式确定为

本合同项下的货物，那么，自约定的交货日期或期限届满时起，买方承担合同项下货物灭失或损坏的一切风险。

所谓的“货物已被清楚的划出，或者以其他方式确定为本合同项下的货物”其实是货物“特定化”的问题，即以一种明确的方式将特定数量的货物标记为该合同的货物，常见的方式就是在货物包装上刷唛头。货物特定化是风险转移的前提条件之一，下述案例说明了这一问题的重要性。

◎**【例 6-2】** 2010 年，江苏南通华丰种子公司与马来西亚国的卡普尔公司签订了购买 10 吨水稻种子的 FAS 合同，双方约定在 2010 年 4 月装船交货。时值水稻种植季节即将到来，卡普尔公司 4 月将 100 吨相同的水稻种子以相同的包装同时装船运往中国，内有数个不同买家的种子。在运往中国的途中，船舶遭遇恶劣天气，致使右舷船舱中的 8 吨种子被海水浸泡霉变，卡普尔公司知悉该情况后，即电告华丰种子公司称 10 吨水稻种子在运输途中遭海水浸泡，并以货物装上船，风险已经转移至买方为由要求华丰种子公司付款，并自行向保险公司提请索赔。请问华丰种子公司如何处理？

**分析：**本案中卡普尔公司的主张不能得到支持，原因是卡普尔公司并未将货物清楚地特定化于双方的合同项下，也就是说右舷船舱的 8 吨被海水浸泡并没有特定化到华丰种子公司的合同下，所以，虽然货物装上了船，但风险并未转移到华丰种子公司，所以卡普尔公司应当承担货物的损失。从此案例中看到，如果卖方不将货物特定化于相关合同项下，即使货物装上了船，风险仍然不会转移，如果出现损失，卖方依旧要承担货物灭失和损坏的责任。所以，作为一个明智的卖方应履行货物特定化的义务，这样就可以减轻自己的责任。

③ 根据《2010 年通则》的解释，FAS 只适用于包括海运在内的水上运输方式。但是按照《美国对外贸易定义》的解释，FAS 指交到各种运输工具旁边，因而，含义较广泛。只有在 FAS 后面加上 Vessel 字样，才能表示“船边交货”。

### （二）FOB 术语

Free On Board（……named part of shipment）——船上交货（……指定装运港），是国际贸易中最常用的术语之一，具体是指卖方在指定的装运港，将货物交至买方指定的船只上，或者（中间销售商）获取交付的货物。一旦装船，买方将承担货物灭失或损坏造成的所有风险。该术语仅适用于水上运输方式。这里“获取交付的货物”是针对连串销售而作的说明。

#### 1. 卖方的义务

① 卖方必须在约定的日期或期限内，在指定的装运港，按照该港习惯方式，将货物交至买方指定的船只上或由中间商获取货物。同时卖方必须给予买方说明货物已按照规定交货的充分通知。

② 卖方必须自担风险和费用，取得任何出口许可证或其他官方许可，并在需要办理海关手续时，办理货物出口所需的一切海关手续。

③ 卖方必须承担货物灭失或损坏的一切风险和费用，直至货物在装运港装至买方指定的船上止。

④ 卖方必须提供符合销售合同规定的货物和商业发票或有同等作用的电子讯息，以及合同可能要求的、证明货物符合合同规定的其他任何凭证。同时卖方必须自付费用向买方提供证明货物已按照规定交货的单据。

#### 2. 买方的义务

① 买方必须按照销售合同规定支付价款。

② 买方必须自付费用订立从指定的装运港运输货物的合同。同时买方必须给予卖方有关船名、装船点和要求交货时间的充分通知。

③ 买方必须自担风险和费用，取得任何进口许可证或其他官方许可，并在需要办理海关手续时，办理货物进口和在必要时从他国过境所需的一切海关手续。

④ 买方必须承担货物灭失或损坏的一切风险和费用，自卖方按照约定在装运港将货物交至买方指定的船上之时起。

⑤ 买方须受领货物。同时买方必须接受卖方按照规定提供的交货凭证。

**3. FOB 贸易术语使用注意事项**

(1) 关于风险划分的理解　在《2000 通则》中，FOB 术语是以“货物是否越过装运港船舷”作为划分买卖双方所承担风险的界限，然而这会产生一个关于“风险在臆想垂线上来回摇摆”问题，使得实际操作存在一定的模糊性。为了改变这一陈旧观念，《2010 通则》用“船上”取代了“船舷”，即规定以货物装到船上为风险划分的界限，只有卖方将货物置于买方指定的船上，风险才由卖方转移至买方。这一风险划分的概念同样适用于 CFR 和 CIF 术语。

需要注意的是，并不是所有使用FOB 术语时风险转移点都是装运港船舷。《2010 年通则》FOB 术语关于风险转移还规定：买方指定的船只未按时到达，或未接收合同货物，或较事先通知的时间提早停止装货，或买方未能按照规定给予卖方相应的通知，此时货物风险转移从约定的交货时间起或约定的装货期间届满时止转移给买方承担。但以该项货物已正式划归合同项下，即清楚地划出或以其他方式确定为合同项下之货物为限。

**【例 6-3】** 中国甲企业以 FOB 术语（适用《2010 通则》）成交向美国乙企业出口一批货物，合同签订后乙企业按照合同约定租船，并向甲企业发来通知：“MAYER 5 V. 023，预计 2011 年 5 月 13 日到达南通港 4 号码头，5 月 15 日上午 8 点开始装船，10 个工作日内装完。”甲企业在接到此通知后积极组织货源，印刷唛头，并于 5 月 12 日将全部货物运至南通港 4 号码头存仓，等待装船。但买方指定的船舶于 5 月 19 日才达到南通港。5 月 16 日夜，由于雷击引起火灾，导致 30% 的货物被焚毁。问此种损失应该由谁承担?

**分析：** 根据《2010 通则》关于 FOB 术语买方义务的解释，此种损失应该由买方承担。虽然此时尚未装船，货物没有装上指定船只，但《2010 通则》FOB 术语买方义务中明确规定，如果买方指定的船只未按时到达，货物风险从约定的装船时间起（即 2011 年 5 月 15 日 8 点）转移给买方承担。

(2) 船货衔接　按照 FOB 术语成交的合同属于装运合同，这类合同中卖方的一项基本义务是按照规定的时间和地点完成装运。然而由于 FOB 条件下是由买方负责安排运输工具，即租船订舱，所以，这就存在一个船货衔接问题。根据有关法律和惯例，如果买方未能按时派船，这包括未经卖方同意提前将船派到和延迟派到装运港，卖方有权拒绝交货，而且由此产生的各种损失，如空舱费、滞期费及卖方增加的仓储费等，均由买方负担。如果买方指派的船只按时到达装运港，而卖方却未能备妥货物，那么，由此产生的上述费用则由卖方承担。

(3) 装船费用的负担问题　由于《2000 通则》在《2010 通则》实施后尚未作废，其使用有一定的惯性，交易双方在交易中仍然可以选择使用《2000 通则》。对 FOB 术语而言，《2000 通则》中并未就装船费用的负担做出明确规定，因此最好在合同中就装船费用的负担加以约定，以免产生纠纷。习惯上，解决 FOB 术语下关于装船费用负担问题的方法是对 FOB 术语进行变形，其具体的形式如下。

① FOB 班轮条件（FOB liner terms）。指装船费用如同班轮运输那样，由支付运费的

一方（买方）负担。

② FOB吊钩下交货（FOB under tackle）。指卖方将货物置于轮船吊钩所及之处，从货物起吊开始的装船费用由买方负担。如果买方所派船只不能靠上装运港码头，则卖方必须租用驳船，将货物运至买方指定船舶的船边，并承担相应的费用。

③ FOB包括理舱（FOB stowed）。指卖方负担将货物装入船舱并支付理舱费在内的装船费用。所谓理舱费（Stowing Charges）是指货物装入船舱后为妥善安置和合理装载而对装入舱的货物进行整理、推置、垫隔所需的费用。一般产生于单件货物或托盘运输货物。

④ FOB包括平舱（FOB trimmed）。指卖方负担将货物装入船舱并支付平舱费在内的装船费用。所谓平舱费（Trimmed Charges）是指为了保持航行时船身的稳定性并不损害船身结构，而对成堆装入船舱的散装大宗货物（如粮食、谷物、矿料等）进行整理、填平等所需的费用。一般产生于散装货物的运输中。

在租船运输中如果FOB后没有加Stowed或Trimmed字样，而租船合同又规定船方不负担装货费用时，理舱和平舱费用将由买方负担。

但需要注意的是，对FOB术语的各种变形没有统一的解释，即使在最新的《2010通则》中，既没有规定贸易术语的变形也没有禁止使用术语变形，因此在使用FOB术语的变形时最好在合同中解释清楚其含义。同时，FOB术语的各种变形，只是为了说明装船费用的负担问题，并不改变风险转移点和买卖双方的其他义务划分。

(4) 美国对FOB术语的特殊解释 《1941年美国对外贸易定义修订本》和《2000通则》中都规定和解释了FOB术语，但这两个国际贸易惯例对FOB术语的解释有着较大的区别，主要体现在以下几个方面。

① 关于适用的运输方式和交货地点的规定不同。《1941年美国对外贸易定义修订本》中的FOB术语适用于各种运输方式，有6种含义。其中第5种FOB Vessel与《2010年通则》中的FOB相似。"FOB Vessel San. Francisco"表示在旧金山港口交货；"FOB San. Francisco"则可能表示在旧金山市的内陆运输工具上交货。《2000通则》中的FOB术语只适用于海上及内河运输，交货地点是装运港。

② 关于风险划分界限的规定不同。按照《1941年美国对外贸易定义修订本》的解释，买卖双方划分风险的界限不是在船舷，而是在船上。卖方责任规定"承担货物一切灭失及/或损坏责任，直至在规定日期或期限内，已将货物装载于轮船上为止"。而按照《2010年通则》的解释，FOB术语下风险转移点为装运港船上。

③ 关于办理出口手续问题不同。按照美国的1941年《美国对外贸易定义修订本》的解释，卖方只是"在买方请求并由其负担费用的情况下，协助买方取得由原产地及/或装运地国家签发的、为货物出口或在目的地进口所需的各种证件"，即由买方办理出口通关手续。按照《2010年通则》解释，FOB条件下卖方应"自行承担风险及费用，取得出口许可证或其他官方批准证件，并办理货物出口所必需的一切海关手续"，即由卖方办理出口通关手续。

### （三）CIF术语

Cost Insurance and Freight（……named port of destination）——成本、保险费加运费（……指定目的港），是国际贸易中最常用的贸易术语之一，指卖方将货物装上船，或（中间销售商）设法获取交付的货物。货物灭失或损坏的风险在货物于装运港装船时转移向买方。卖方须自行订立运输合同，支付将货物装运至指定目的港所需的运费和费用，但交货后货物灭失或损坏的风险及由于各种事件造成的任何额外费用即由卖方转移到买方。在CIF条件下，卖方须订立货物在运输途中由买方承担的货物灭失或损坏风险的保险合同，但卖方的投保义务仅限于最低保险险别。如买方愿得到更为充分的保险保障，则需与卖方明确地达成协议或者自行做出额外的保险安排。该术语仅适用于海运和内河运输。

**1. 卖方的义务**

① 卖方必须在装运港，在约定的日期或期限内，将货物交至船上。同时卖方必须给予买方说明货物已按照规定交货的充分通知，以及要求的任何其他通知，以便买方能够为受领货物采取通常必要的措施。

② 卖方必须自担风险和费用，取得任何出口许可证或其他官方许可，并在需要办理海关手续时，办理货物出口所需的一切海关手续。

③ 卖方必须自付费用，按照通常条件订立运输合同，经由惯常航线，将货物用通常可供运输合同所指货物类型的海轮（或依情况适合内河运输的船只）运输至指定的目的港。

④ 卖方必须按照合同规定，自付费用取得货物保险，保险险别至少符合《协会货物保险条款》C 款或其他类似条款中的最低保险险别，并向买方提供保险单或其他保险证据，以使买方或任何其他对货物具有保险利益的人有权直接向保险人索赔。

⑤ 卖方必须承担货物灭失或损坏的一切风险，直至货物在装运港装上船为止。

⑥ 卖方必须提供符合销售合同规定的货物和商业发票或有同等作用的电子信息，以及合同可能要求的、证明货物符合合同规定的其他任何凭证。同时卖方必须自付费用，毫不迟延地向买方提供表明载往约定目的港的通常运输单据。

**2. 买方的义务**

① 买方必须按照销售合同规定支付价款。

② 买方必须自担风险和费用，取得任何进口许可证或其他官方许可，并在需要办理海关手续时，办理货物进口及从他国过境的一切海关手续。

③ 买方必须承担货物灭失或损坏的一切风险和费用，自卖方按照约定在装运港将货物交至指定的船上之时起。

④ 买方必须受领货物，并在指定的目的港从承运人处收受货物。同时买方必须接受卖方按照规定提供的，符合合同规定的运输单据。

**3. CIF 贸易术语使用注意事项**

(1) CIF 合同　属于“装运合同”在实际业务中，有人称 CIF 合同价为“到岸价”，这是一种误解。其实按 CIF 条件成交时，卖方承担的风险也只限于货物装上船为止的风险。货物装上船之后的风险概由买方承担。因此按照 CIF 术语成交的合同同样属于“装运合同”，而不能理解为“到岸合同”。

**【例 6-4】** 浙江某企业出口茶叶给日本客户，合同约定以 CIF 成交，2013 年 5 月交货，分两批装运。浙江企业遂于 5 月 7 日、5 月 12 日先后将两批茶叶运至码头仓库，并先后由承运人装船发往日本。5 月 22 日，日本企业收到第一批茶叶，经检查发现该批茶叶已被串味，于是日本企业立即电告浙江企业，认为浙江企业存在存放茶叶过失，致使茶叶串味，应当承担相应的损失。时隔 3 日，第二批茶叶运抵日本，经查后发现，并未出现串味问题。后由浙江企业调查得知，承运人将第一批茶叶装船后，与同船的皮革放置在一起，致使茶叶出现了串味；而第二批茶叶是单独存放在一个舱内的，所以并未出现串味问题。针对以上案例，请作简要分析。

**分析：**本案例中，经过前后两批货物的对照我们可以了解到串味问题是发生在货物装上船后，也就是说卖方将货物装船前并未发生串味问题。根据 CIF 合同的性质，卖方承担的风险只限于货物装上船为止，货物装船后的灭失或损坏的风险由买方承担。因此，本案中第一批茶叶串味的损失应当由买方承当，当然，在保险中如果投保了相关险别的话，买方可以向保险公司提出索赔。

(2) 租船订舱的责任　采用 CIF 术语成交，卖方的基本义务之一是租船订舱，办理从装运港至目的港的运输事项。对此《2010 年通则》的解释是，“卖方必须自付费用，按照通常条件订立运输合同，经由惯常航线，将货物用通常可供运输合同所指货物类型的海轮（或依情况适合内海运输的船只）装运至指定的目的港”。即如果没有相反的约定，卖方只需负责按通常条件下习惯的航线，租用适当船舶将货物运往目的港。因此，对在业务中有时买方提出的关于限制船舶的国籍、船型、船龄、船级以及指定转载某班轮公会的船只等要求，卖方均有权拒绝接受。但在出口业务中，如果买方提出上述要求，在能够办到又不会增加额外费用的情况下，卖方也可考虑接受。

另外，在卖方租船订舱时需要注意的一个问题是船舶的适航性和适货性。即上面提到的“可供运输合同所指货物类型的海轮”。所谓适航性是指载货的船只在装运港启运时，船舶的各项条件具备将货物从装运港运抵目的港的能力。比如从事内河运输的船舶就不适应远洋运输。适货性是指船舶的设备设施适合运输合同项下的货物。比如冷冻食品就应该租用冷藏船舶进行运输，而不能租用普通船舶。

(3) 办理保险的责任　CIF 术语中的“I”表示保险。从价格构成来讲，这是指保险费，就是说货价中包含了保险费；从卖方的责任讲，他要办理货运保险。办理保险涉及 3 个问题：按照哪个国家的保险条款投保？投保什么保险险别？保险加成率是多少？不同国家的保险条款规定的保险险别不同，保险公司承保的范围不同；不同的保险险别，保险费率不同；保险加成率影响到保险金额和保险费的计算。那么按 CIF 术语成交，卖方究竟怎样投保？一般的做法是，在签订买卖合同时，在合同的保险条款中，明确规定所依据的保险条款、保险险别、保险加成率等内容，这样卖方就按照合同的规定办理投保。但如果合同中未能就这些问题做出具体规定，那就根据有关惯例来处理。

按照《2010 年通则》对 CIF 的解释，卖方只需按合同规定价款加 10%投保最低险别（可从英国伦敦保险业协会货物保险条款或其他类似保险条款中选择），并以合同货币投保。有关保险责任的起讫期限必须与货物运输相符合，并必须至迟自买方需负担货物灭失或损坏的风险时（即自货物在装运港装上船时）起对买方的保障生效。该保险责任的期限必须展延至货物到达约定的目的港为止。

(4) 卸货费用的负担问题　与 FOB 术语变形类似，由于《2010 通则》中未对 CIF 术语的变形提供确切的规定，而且交易双方仍有可能选择《2000 通则》作为交易方式的条件下，有必要考虑在租船运输中，CIF 术语卸货费用的负担问题。对此，在国际贸易实践也产生了 4 种变形来对卸货费用的负担进行了划分。

① CIF 班轮条件（CIF liner terms）。指卸货费用按班轮条件处理，由支付运费的一方（卖方）负担。

② CIF 舱底交货（CIF ex ship's hold）。指买方负担将货物从舱底起吊卸到码头的费用。如果卖方所租用的船只无法靠上目的港码头，则买方需自负费用，租用驳船，将货物运至岸边。

③ CIF 吊钩交货（CIF ex tackle）。指卖方负担将货物从舱底吊至船边卸离吊钩为止的费用。如果卖方所租用的船只无法靠上目的港码头，则买方需自负费用，租用驳船，将货物运至岸边。

④ CIF 卸到岸上（CIF landed）。指卖方负担将货物卸到目的港岸上的费用，包括驳船费和码头费。

与 FOB 术语的各种变形一样，CIF 术语的各种变形也没有统一的解释，在合同中使用变形时最好解释清楚其含义。同时 CIF 术语的 4 种变形只是为了说明卸货费用的负担问题，并不改变风险转移点和买卖双方其他义务的划分。

(5) 象征性交货 CIF 是一种典型的象征性交货，即卖方凭单交货、买方凭单付款，属于单据买卖。卖方只要按照合同规定的时间在指定的装运港将货物装上船舶，并向买方提交符合合同要求的全套商业单据，就算完成了交货义务。货物越过船舷之后的风险由买方承担，卖方无需保证货物必然到达和何时到达目的港。如果在采用 CIF 术语成交时，在合同中要求卖方保证到货时间和作为买方付款的条件，那么该合同是一份有名无实的 CIF 合同。另外，在 CIF 条件下，即使卖方向买方移交单据时，货物已经遭遇风险导致损坏或者灭失，买方仍然需要凭单付款。反之，如果卖方提交的单据不符合约定的要求，即使完全符合合同规定的货物运抵了目的地，买方仍然有权拒收货物。但是，对出口方，在实际业务中需要注意在 CIF 条件下，卖方履行交单义务是其获得货款的前提条件，除此之外，它还需履行其交货义务，也就是说，如果卖方提交的货物不符合合同规定，买方在付款之后仍然可以根据合同的规定向卖方提出索赔。

**(四) CFR 术语**

Cost Freight (……named port of destination) ——成本加运费 (……指定目的港)，是国际贸易中最常用的贸易术语之一，指卖方将货物装上船，或 (中间销售商) 设法获取交付的货物，货物灭失或损坏的风险从货物转移至船舶之上起转移至买方，卖方应当承担并支付必要的成本加运费以使货物运送至目的港。该术语仅适用于海运或内河运输。

**1. 卖方的义务**

① 卖方必须在装运港，在约定的日期或期限内，将货物交至船上。同时卖方必须给予买方说明货物已按照规定交货的充分通知，以及要求的任何其他通知，以便买方能够为受领货物采取通常必要的措施。

② 卖方必须自担风险和费用，取得任何出口许可证或其他官方许可，并在需要办理海关手续时，办理货物出口所需的一切海关手续。

③ 卖方必须自付费用，按照通常条件订立运输合同，经由惯常航线，将货物用通常可供运输合同所指货物类型的海轮 (或依情况适合内河运输的船只) 运输至指定的目的港。

④ 卖方必须承担货物灭失或损坏的一切风险，直至货物在装运港装上船为止。

⑤ 卖方必须提供符合销售合同规定的货物和商业发票或有同等作用的电子信息，以及合同可能要求的、证明货物符合合同规定的其他任何凭证。同时卖方必须自付费用，毫不迟延地向买方提供表明载往约定目的港的通常运输单据。

**2. 买方的义务**

① 买方必须按照销售合同规定支付价款。

② 买方必须自担风险和费用，取得任何进口许可证或其他官方许可，并在需要办理海关手续时，办理货物进口及从他国过境的一切海关手续。

③ 买方必须承担货物灭失或损坏的一切风险和费用，自卖方按照约定在装运港将货物交至指定的船上之时起。

④ 买方必须受领货物，并在指定的目的港从承运人处收受货物。同时买方必须接受卖方按照规定提供的运输单据，如果该单据符合合同规定的话。

**3. CFR 贸易术语使用注意事项**

(1) CFR 也是装运港交货的贸易术语之一 根据《2010 年通则》的解释，它与 CIF 术语十分相似。在交货地点和风险划分上、在交货方式以及术语后需要加注目的港名称这些方面都与 CIF 术语一致。它与 CIF 术语的区别仅在于海运保险的责任和费用方面。在 CFR 条件下，卖方同样只承担货物装上船之前的风险。

(2) 卖方应及时发出装运通知　按 CFR 条件成交时，由卖方安排运输，由买方办理货运保险。如卖方不及时发出装运通知，则买方就无法及时办理货运保险，甚至有可能出现漏保货运保险的情况，使买方利益遭受损失。因此，卖方在装船后务必及时向买方发出装船通知，通知已装船货物的有关情况，便于买方根据需要向保险公司办理保险手续。如果由于卖方未能及时发出通知而使买方漏保，那么，对货物在运输途中遭受灭失或损坏的风险，卖方不能以风险在装运港货物装船后转移为由而免除责任。这一点在 CFR 术语中尤为重要。

**【例 6-5】** 2010 年 3 月，巴西圣巴尔曼公司向中国某食品公司出口 100 公吨食用香菇，双方以 CFR 上海成交，合同约定保险由中国公司自行办理。3 月 25 日巴西公司装船完毕后，货轮随即启航，由于巴西圣巴尔曼公司业务员的疏忽，装船通知直到 3 月 27 日才发出。中国公司收到装船通知后向保险公司投保时，知悉该货轮于 3 月 25 日夜遭遇恶劣气候沉没，保险公司拒绝投保。3 月 29 日，巴西圣巴尔曼公司来电称货物灭失，要求我方承担灭失损失并敦促我方及时支付货款。试分析以上案例，中国公司应当如何处理？

**分析：**根据《2010 通则》中 CFR 的买卖双方义务可知，虽然 CFR 术语买卖双方的风险是以卖方在装货港将货物装上指定的船只为划分的界限，然而风险的转移也是有前提条件的，即卖方根据通则应尽的义务已经完全履行完毕。上述案例中，货物虽已经装上船，然而由于卖方没有尽到及时发送装船通知的义务，那么货物灭失和损坏的责任并未发生转移。因此，该货物在途中遭受到的灭失责任仍然由卖方承担。中国公司应当以此为依据，提交相关证据，要求卖方承担货物灭失责任并敦促卖方履行相关赔偿责任。

(3) 卸船费用的负担问题　与 CIF 类似，在国际贸易实践也产生了 4 种变形来对卸货费用的负担进行了划分。

① CFR 班轮条件（CFR liner terms）。指卸货费用按班轮条件处理，由支付运费的一方（卖方）负担。

② CFR 舱底交货（CFR ex ship's hold）。指买方负担将货物从舱底起吊卸到码头的费用。如果卖方所租用的船只无法靠上目的港码头，则买方需自负费用，租用驳船，将货物运至岸边。

③ CFR 吊钩交货（CFR ex tackle）。指卖方负担将货物从舱底吊至船边卸离吊钩为止的费用。如果卖方所租用的船只无法靠上目的港码头，则买方需自负费用，租用驳船，将货物运至岸边。

④ CFR 卸到岸上（CFR landed）。指卖方负担将货物卸到目的港岸上的费用，包括驳船费和码头费。

与上述术语的各种变形一样，CFR 术语的各种变形也没有统一的解释，在合同中使用变形时最好解释清楚其含义。同时 CFR 术语的 4 种变形只是为了说明卸货费用的负担问题，并不改变风险转移点和买卖双方其他义务的划分。

## 二、适合任何运输方式的贸易术语

适合任何运输方式的贸易术语总共有 7 个，分别是 FCA、CPT、CIP、EXW、DAT、DAP 和 DDP，其中，DAT 和 DAP 是《2010 通则》中新增加的两个术语。

### (一) FCA 术语

Free Carrier（……named place）——货交承运人（……指定地点），是指卖方只要将货物在指定的地点交给买方指定的承运人，并办理了出口清关手续，即完成交货。需要说明的是，交货地点的选择对在该地点装货和卸货的义务会产生影响。若卖方在其所在地交货，则卖方应负责装货，若卖方在任何其他地点交货，卖方不负责卸货。该术语可用于各种运输方式，包括多式联运。

“承运人”指任何人在运输合同中，承诺通过铁路、公路、空运、海运、内河运输或上述运输的联合方式履行运输或由他人履行运输。

**1. 卖方的义务**

① 卖方必须在指定的交货地点，在约定的交货日期或期限内，将货物交付给买方指定的承运人或其他人。同时卖方必须给予买方说明货物已按照规定交付给承运人的充分通知。

② 卖方必须自担风险和费用，取得任何出口许可证或其他官方许可，并在需要办理海关手续时，办理货物出口所需要的一切海关手续。

③ 卖方必须承担货物灭失或损坏的一切风险和费用，直至已经按照规定将货物交付给买方指定的承运人或其他人为止。

④ 卖方必须提供符合销售合同规定的货物和商业发票或有同等作用的电子讯息，以及合同可能要求的、证明货物符合合同规定的其他任何凭证。同时卖方必须自担费用向买方提供证明按照规定交货的通常单据。

**2. 买方的义务**

① 买方必须按照销售合同规定支付价款。

② 买方必须自付费用订立自指定的地点运输货物的合同。同时买方必须给予卖方指定的承运人或其他人的名称充分通知，并根据需要指明运输方式和向该指定的人交货的日期或期限，以及依情况在指定的地点内的具体交货点。

③ 买方必须自担风险和费用，取得进口许可证或其他官方许可，并在需要办理海关手续时，办理货物进口和从他国过境的一切海关手续。

④ 买方必须承担货物灭失或损坏的一切风险和费用，自卖方已经按照规定将货物交付给买方指定的承运人或其他人开始。

⑤ 买方必须在卖方按照规定交货时，受领货物。同时买方必须接受卖方按照规定提供的交货凭证。

**3. FCA 贸易术语使用注意事项**

（1）“承运人”的含义　《2010 通则》将承运人解释为：是指与托运人订立合同，并承担运输义务的一方。而《2000 通则》中，承运人为“在运输合同中，负责履行或办理履行铁路、公路、海洋、航空、内河运输或多式联运义务的任何人”。从《2010 通则》对承运人定义的变化可以看出，新通则认为承运人首先应当是与托运人订立合同的一方，而不一定是履行实际运输的人。

（2）交货地点和风险转移　当卖方按合同规定的交货时间，按约定的方式，于指定的交货地点，将货物交由买方指定的承运人保管时，货物灭失或损坏的风险，即转移至买方。但如果由于买方的责任，使卖方无法按时完成交货，只要货物已划归买方，那么风险转移的时间可以前移。按照《2010 年通则》的规定，FCA 术语下，卖方交货在以下时候完成。

① 若指定的地点是卖方所在地，则当货物被装上买方指定的承运人或代表买方的其他人提供的运输工具时。

② 若指定的地点不是卖方所在地而是出口国内其他任何地点，则当货物在卖方的运输工具上，尚未卸货而交给买方指定的承运人或其他人处置时。若在指定的地点没有决定具体交货点，且有几个具体交货点可供选择时，卖方可以在指定的地点选择最适合其目的的交货点。

③ 若指定的承运人或其他人未按规定接管货物，则自约定日期起；若没有约定日期的，

自卖方在约定的期限内按规定告知买方的日期起；若没有告知日期的，自任何约定的交货期限届满之日起，买方承担货物灭失或损坏的一切风险，但以该货物已被清楚的确定为该合同项下货物为限。

**【例 6-6】** 中国南通锦通印染有限公司向南非斯林德染料公司进口无机染料一批，计200包，20吨。货物采用FCA方式成交，约定的交货地点为斯林德公司所在地。2012年8月15日，锦通印染公司南非代理人到斯林德公司所在地提货，此时，斯林德公司已经将染料包装好并置于室外堆场。由于锦通印染公司代理人雇佣装货工有限，所以要求斯林德公司帮忙装货，斯林德公司认为货物已经处于买方处置之下，未答应该要求。不得已，锦通印染公司代理人于2日后返回斯林德公司再次装货，然而由于连日阴雨使得部分染料受潮损失，双方遂发生纠纷，均不愿承担这部分受潮的损失。针对以上案情试分析应当如何处理。

**分析：** 在以上案例中，由于买卖双方对FCA术语了解不够透彻，卖方以为他只要将货物交给买方或其代理人，就算完成了交货义务。因此，卖方认为8月15日锦通印染公司代理人抵达约定的交货地点，风险已经自该时刻起转移给了买方，卖方也就不需为后面的染料受潮损失负责。而买方也对FCA术语下双方义务了解不透彻，以至于还自己雇人装货。事实上，按照《2010通则》，在FCA术语下若指定的交货地点是卖方所在地，则当货物被装上买方指定的承运人或代表买方的其他人提供的运输工具时风险才由卖方转移给买方。本案例中，斯林德公司拒绝履行装货义务，致使货物滞留在其所在地，意味着斯林德公司并未履行交货义务，风险没有发生转移，所以，斯林德公司应该为染料受潮损失承担赔偿责任。

(3) 买方安排运输 按照FCA术语成交，一般是由买方自行订立从指定地点承运货物的运输合同，并指定承运人。但《2010年通则》又规定，当卖方被要求协助与承运人订立合同时，只要买方承担费用和风险，卖方也可以办理。当然，卖方也可以拒绝订立运输合同，如若拒绝，则应立即通知买方，以便买方另作安排。

### （二）CPT 术语

Carriage Paid To（……named place of destination）——运费付至（……指定目的地），指卖方在指定交货地向承运人或由其（卖方）指定的其他人交货，并且卖方须与承运人订立运输合同，载明并实际承担将货物运送至指定目的地的所产生的必要费用。该术语可适用于各种运输方式，包括多式联运。

**1. 卖方的义务**

① 卖方必须在指定的交货地点，在约定的交货日期或期限内，将货物交付给买方指定的承运人或其他人。同时卖方必须给予买方说明货物已按照规定交付给承运人的充分通知。

② 卖方必须自担风险和费用，取得任何出口许可证或其他官方许可，并在需要办理海关手续时，办理货物出口所需要的一切海关手续。

③ 卖方必须自付费用，按照通常条件订立运输合同，依通常路线及习惯方式，将货物运至指定的目的地的约定点。如未约定或按照惯例也无法确定具体交货点，则卖方可在指定的目的地选择最适合其目的的交货点。

④ 卖方必须承担货物灭失或损坏的一切风险，直至已经按照规定将货物交付给其指定的承运人或其他人为止。

⑤ 卖方必须提供符合销售合同规定的货物和商业发票或有同等作用的电子讯息，以及合同可能要求的、证明货物符合合同规定的其他任何凭证。同时卖方必须自担费用向买方提供证明按照规定交货的通常单据。

**2. 买方的义务**

① 买方必须按照销售合同规定支付价款。

② 买方必须自担风险和费用，取得进口许可证或其他官方许可，并在需要办理海关手续时，办理货物进口和从他国过境的一切海关手续。

③ 买方必须承担货物灭失或损坏的一切风险，自卖方已经按照规定将货物交付给其指定的承运人或其他人开始。

④ 买方必须在卖方按照规定交货时，受领货物。同时买方必须接受卖方按照规定提供的交货凭证。

**3. CPT 贸易术语的注意事项**

(1) 注意风险划分的界限问题　CPT 的字面意思是运费付至指定目的地，然而卖方承担的风险并没有延伸到指定目的地。根据《2010 年通则》的解释，货物自交货地点至目的地的运输途中的风险是由买方承担，卖方只承担货物交给承运人控制之前的风险。在多式联运下，涉及两个以上的承运人，卖方承担的风险自货物交给第一承运人控制时即转移给买方。

(2) 注意 CPT 与 CFR 的异同点　相似之处：①都是风险转移在先，费用转移在后。卖方承担的风险都是在装货地点随着交货义务的完成而转移。但卖方都要负责安排自装运地至目的地的运输，负担运费。②按这两种术语签订的合同，都属装运合同，卖方只需保证按时交货，并不保证按时到货。另外，它们的不同之处在于：①CFR 只适用于水上运输方式，因此交货地点只能是在装运港；CPT 适用于各种运输方式，交货地点根据运输方式的不同，由双方加以约定。②CFR 条件下，风险划分以装运港船舷为界；CPT 则以货交承运人为界。

(3) 卖方及时发出装运通知　按 CPT 条件成交时，有与 CFR 术语类似的情况，即由卖方安排运输，由买方办理货运保险，两者可能出现脱节的情况，卖方不及时发出装运通知，买方就无法及时办理货运保险，若买方因此遭受损失，则卖方是不能以风险在装运港货物装船后转移为由而免除责任。

### (三) CIP 术语

Carriage Insurance Paid To (……named place of destination)——运费、保险费付至(……指定目的地)，指卖方在指定交货地向承运人或由其（卖方）指定的其他人交货，卖方必须签订合同和支付将货物运至目的地的运费，必须订立保险合同以防买方货物在运输途中灭失或损坏风险。买方应注意到 CIP（运费和保险费付至指定目的地）术语只要求卖方投保最低限度的保险险别。如买方需要更多的保险保障，则需要与卖方明确地达成协议，或者自行作出额外的保险安排。当卖方将货物交付承运人时卖方已经完成其交货义务，买方承担卖方交货之后的一切风险和额外费用。该术语可适用于各种运输方式，包括多式联运。

**1. 卖方的义务**

① 卖方必须在指定的交货地点，在约定的交货日期或期限内，将货物交付给其指定的承运人或其他人。同时卖方必须给予买方说明货物已按照规定交付给承运人的充分通知。

② 卖方必须自担风险和费用，取得任何出口许可证或其他官方许可，并在需要办理海关手续时，办理货物出口所需要的一切海关手续。

③ 卖方必须自付费用，按照通常条件订立运输合同，依通常路线及习惯方式，将货物运至指定的目的地的约定地点。如未约定或按照惯例也无法确定具体交货点，则卖方可在指定的目的地选择最适合其目的的交货点。

④ 卖方必须按照合同规定，自付费用取得货物保险，并向买方提供保险单或其他保险证据，以使买方或任何其他对货物具有保险利益的人有权直接向保险人索赔。

⑤ 卖方必须承担货物灭失或损坏的一切风险，直至已经按照规定将货物交付给卖方指定的承运人或其他人为止。

⑥ 卖方必须提供符合销售合同规定的货物和商业发票或有同等作用的电子讯息，以及合同可能要求的、证明货物符合合同规定的其他任何凭证。同时卖方必须自担费用向买方提供证明按照规定交货的通常单据。

**2. 买方的义务**

① 买方必须按照销售合同规定支付价款。

② 买方必须自担风险和费用，取得进口许可证或其他官方许可，并在需要办理海关手续时，办理货物进口和从他国过境的一切海关手续。

③ 买方必须承担货物灭失或损坏的一切风险，自卖方已经按照规定将货物交付给其指定的承运人或其他人开始。

④ 买方必须在卖方按照规定交货时，受领货物。同时买方必须接受卖方按照规定提供的交货凭证。

**3. CIP 贸易术语使用时的注意事项**

（1）正确理解风险和保险问题　按照 CIP 术语成交的合同，卖方要负责办理货运保险，并支付保险费，但是货物在从交货地运往目的地的运输途中的风险却由买方承担。所以卖方投保仍属于代办性质。与 CIF 术语一样，如果合同中未能就保险的有关问题做出具体规定，那就按照《2010 通则》的解释来处理，卖方只须按合同规定价款加 10%投保最低险别（可从英国伦敦保险业协会货物保险条款或其他类似保险条款中选择），并以合同货币投保。

（2）应了解 CIP 与 CIF 术语的异同点　相同点：①它们的价格构成中都包括了通常的运费和保险费，所以按这两种术语成交，卖方都要负责安排运输和保险并支付有关的运费和保险费。②CIP 合同和 CIF 合同均属装运合同。两者之间的不同点：CIP 和 CIF 术语在交货地点、风险划分界限以及卖方承担的责任和费用方面都存在差别。CIF 术语适用于水上运输方式，交货地点在装运港，风险划分以货物在装运港装上船只为界，卖方负责租船订舱、支付从装运港到目的港的运费，并且办理运输保险，支付保险费。而 CIP 术语则适用于包括多式联运在内的各种运输方式，交货地点要根据运输方式的不同由双方约定，风险是在承运人控制货物时转移。卖方要负责办理从交货地点到指定目的地的全程运输，而不仅仅是水上运输。卖方办理的保险，也不仅仅是水上运输保险，还包括各种运输保险。

**4. FCA、CPT、CIP3 种术语**

它们统称为向承运人交货的术语，源于 FOB、CFR、CIF 术语，是为了适应以集装箱为媒介的多式联运在国际贸易中的广泛使用而发展起来的，从发展趋势来看，它们有取代 FOB、CFR、和 CIF 术语的趋势。这 3 个术语与 FOB、CFR、CIF3 种术语（统称为装运港交货的术语）的主要区别如下。

（1）适用的运输方式不同　前一组术语适合各种运输方式，后一组术语只适合海洋运输和内河运输。

（2）交货和风险转移的地点不同　FOB、CFR、CIF 术语的交货地点均为装运港船舷，风险以在装运港货物装上船只为界。而 FCA、CPT、CIP 术语的交货地点，需视不同的运输方式和不同的约定地点而定，它可以是在卖方处所、由承运人提供的运输工具上，也可以是在铁路、公路、航空、内河、海洋运输承运人或多式联运承运人的运输站或其他收货点；至于货物灭失或损坏的风险，则于卖方将货物交由承运人保管时，即自卖方转移至买方。

（3）装卸费用负担不同　在使用 FOB 术语时，应明确装船费用由何方负担；在 CFR、CIF 合同中，则应明确卸货费用由何方负担。而在 FCA、CPT、CIP 合同中，如涉及海洋运输，卖方将货物交给承运人时所支付的运费（CPT、CIP 术语），或由买方支付的运费（FCA 术语），已包含了承运人接管货物后在装运港的装船费用和目的港的卸货费用。

### （四）EXW 术语

Ex Works（... named place）——工厂交货（……指定地点），是指当卖方在其所在地或其他指定的地点（如工场、工厂或仓库）将货物交给买方处置时，即完成交货，卖方不办理出口清关手续或将货物装上任何运输工具。该术语适用于任何运输方式。

**1. 卖方义务**

① 卖方必须按照销售合同提供货物和商业发票，以及合同可能要求的、用以证明货物符合合同规定的其他任何凭证或电子讯息。

② 卖方应在约定地点、约定时间将未置于任何运输车辆上的货物交给买方处置，此时，货物损坏或灭失的风险转移给买方。

③ 卖方须承担货物交给买方处置前的所有费用，并提供能使买方提货的所需通知。

**2. 买方义务**

① 买方必须按照买卖合同之规定支付货物价款。

② 在需要办理海关手续时，买方必须自担风险和费用，由其取得任何出口和进口许可证或其他官方许可，并办理货物出口的一切海关手续。

③ 在卖方按规定将货物交给买方处置后，承担货物灭失和损坏的一切风险和费用。

④ 按规定受领卖方所交的符合合同规定的货物和凭证。

**3. EXW 贸易术语使用注意事项**

采用 EXW 术语成交时，卖方的基本责任只在合同规定的时间、地点，将符合合同要求的货物置于买方的处置之下，就算完成了交货义务。卖方承担的风险也随着交货义务的完成而转移给买方。卖方既不承担将货物装上买方备妥的运输工具，也不负责办理货物出口结关手续。因此，这个术语是卖方负担最小义务的术语，《2010 通则》甚至明确说明该术语较适用于国内交易，对国际交易则应选 FCA 术语。

### （五）DAT 术语

Delivered At Terminal（... named place）——终端交货（……指定目的港或目的地）。"终端交货"是指卖方在指定的目的港或目的地的指定的终点站卸货后将货物交给买方处置即完成交货。"终端"包括任何地方，无论约定或者不约定，包括码头、仓库、集装箱堆场或公路、铁路或空运货站。卖方应承担将货物运至指定的目的地和卸货所产生的一切风险和费用。该术语可用于陆地边界交货的各种运输方式。

**1. 卖方义务**

① 卖方必须提供符合销售合同规定的货物和商业发票以及合同可能要求的、证明货物符合合同规定的其他凭证，或是具有同等效力的电子记录或者手续。

② 卖方必须自担风险和费用，在交货前取得任何出口许可证或其他官方许可，并且在需要办理海关手续时办理货物出口和从他国过境所需的一切海关手续。

③ 卖方必须自付费用订立运输合同，将货物运至指定目的港或目的地的指定终点站。

④ 卖方必须在约定的日期或期限内，在目的港或目的地指定的终点站，将货物从交货的运输工具上卸下，并交给买方处置完成交货。

⑤ 卖方必须承担货物灭失或损坏的一切风险和费用，直至货物已经按照约定在目的地指定终点站从运输工具上卸下，并交给买方处置时为止。

**2. 买方义务**

① 买方必须按照买卖合同之规定支付货物价款。

② 买方必须自担风险和费用，取得所需的进口许可证或其他官方许可证，并办理货物进口所需的一切海关手续。

③ 买方必须受领卖方在目的地指定终点站交付的符合合同约定的货物，并自该时刻起承担货物灭失或损坏的一切风险和费用。

**3. DAT 贸易术语使用注意事项**

（1）关于“终端”的确定　如前所述，“终端”可以是任何地方，无论约定或者不约定，包括码头、仓库、集装箱堆场或公路、铁路或空运货站。而“终端”又是交易双方风险和费用划分的关键所在，因此，买卖双方应当事先进行协商，尽可能详细、清晰的描述，谨慎的确定该“终端”的明确位置，最好可以具体到某一点，如货场中的位置，卸货码头中的位置等，并且这一位置最好能够和运输合同中的地点完全吻合，以此来避免合同执行中“终端”模糊而产生的纠纷。

（2）关于保险问题　由于保险是当事人自愿的、将运输中货物灭失和损坏的风险转嫁给保险人的行为，因此在 DAT 术语下，其实双方都没有义务为对方订立保险合同。但是，《2010 通则》规定，如果一方提出请求，并由其自己承担风险和费用的前提下，另一方有义务向其提供办理保险所需要的信息。这一点在 DAP 和 DDU 术语中同样值得注意。

**【例 6-7】** 江苏南通嘉诚纺织机械公司（以下简称嘉诚公司）于 2011 年 7 月和印度某纺织公司签订了一批纺织机械的出口合同，合同采用 DAT 术语成交，约定 8 月 20 日交货。8 月 10 日，嘉诚公司将纺织机械装船出运，由于天气原因，货船并未按时到达，且抵达目的地后，双方为卸货费用的负担起了争议。最终，买方要求嘉诚公司降价，嘉诚公司无奈只得接受降价要求。试分析上述案情。

**分析：** DAT 术语相对较新，称为终端交货价，对出口方而言存在着风险大，责任多。因此，通过上述案例，在使用 DAT 术语，卖方应注意以下几个问题。第一，卖方应当考虑运输过程中的不确定性因素，在抵达终端的时间上应当留有余地，以免造成违约。因为 DAT 术语卖方必须在指定时间把货物运至目的地终端交货，途中的风险均由卖方承担，货物运抵终端的时间其实很难把握，所以卖方在合同中确定交货时间时应当谨慎。第二，关于卸货费用，通则中规定卖方须在指定的终点站卸货后将货物交给买方处置才算完成交货。因此，通常情况下卖方要承担卸货费用。如果卖方认为有必要以更加明确的方式说明卸货费用的负担问题，且买方也愿意的情况下，建议在合同中订立关于卸货费用的条款，使双方的费用负担更加明确。

**（六）DAP 术语**

Delivered At Place（… named port of destination）——目的地交货（……指定目的地），卖方在指定的交货地点，将仍处于交货的运输工具上尚未卸下的货物交给买方处置即完成交货。卖方须承担货物运至指定目的地的一切风险。本术语适用于海上及内河运输和多式联运，它取代了《2000 通则》中的 DAF、DES 和 DDU 术语。

**1. 卖方义务**

① 卖方必须提供符合销售合同规定的货物和商业发票以及合同可能要求的、证明货物符合合同规定的其他凭证，或是具有同等效力的电子记录或者手续。

② 卖方必须自担风险和费用取得任何出口许可证或其他官方许可，并且办理出口货物

和交付前运输通过某国所必须的一切海关手续。

③ 卖方必须自付费用订立运输合同，将货物运至指定的交货地点。

④ 卖方必须在约定日期或期限内，在指定的交货地点，将仍处于约定地点的交货运输工具上尚未卸下的货物交给买方处置。

⑤ 卖方必须承担货物灭失或损坏的一切风险和费用，直至货物已经按照约定运至指定的交货地点，仍处于交货运输工具上尚未卸下并交给买方处置时为止。

**2. 买方义务**

① 买方必须按照销售合同支付货物的价款。

② 买方必须自担风险和费用，取得任何进口许可证或其他官方许可，并且办理货物进口的一切海关手续。

③ 买方必须受领卖方在目的地交付的符合合同约定的货物，并自该时刻起承担货物灭失或损坏的一切风险和费用。

**3. DAP 贸易术语使用注意事项**

① 目的地的确定　与 DAT 术语类似，卖方承担在特定地点交货前的风险，因此买卖双方应尽可能确切地规定卸货的精确位置，并最好与运输合同吻合，这样才能避免合同执行中交货地点不明确带来的纠纷。

② 与 DAT 术语在使用时的差异　从 DAT 和 DAP 术语的表述来看，两者最大的差别在于卖方是否承担卸货及卸货费。DAT 中规定“卖方必须在约定的日期或期限内，在目的港或目的地指定的终点站，将货物从交货的运输工具上卸下，并交给买方处置完成交货。”而 DAP 中规定“卖方必须承担货物灭失或损坏的一切风险和费用，直至货物已经按照约定运至指定的交货地点，仍处于交货运输工具上尚未卸下并交给买方处置时为止。”由此可知，理论上，DAT 术语由卖方负责卸货并承担卸货费；而 DAP 术语则是由买方负责卸货并承担卸货费用。因此，在租船等运输方式中，如果双方已经就卸货费用在合同中做出了明确的规定，则 DAP 术语是更好的选择。当然，还需说明的是，《2010 通则》明确规定如果卖方按照运输合同在目的地支付了卸货费用，除非双方另有约定，卖方无权向买方索偿。例如在班轮运输方式中，卖方支付的班轮运费已经包含了装卸费在内，那么在 DAP 条件下，卖方也无权再向买方索偿已经支付的卸货费。

### （七）DDP 术语

Delivered Duty Paid（... named place of destination）——完税后交货（……指定目的地）。“完税后交货”是指卖方在指定的目的地，将货物交给买方处置，并办理进口清关手续，准备好将在交货运输工具上的货物卸下交与买方，完成交货。卖方承担将货物运至指定的目的地的一切风险和费用，并有义务办理出口清关手续与进口清关手续，对进出口活动负责，以及办理一切海关手续。该术语可以适用于任何一种运输方式，也可以适用于同时采用多种运输方式的情况。DDP 术语下卖方承担最大责任。

**1. 卖方义务**

① 卖方必须提供符合销售合同规定的货物和商业发票以及合同可能要求的、证明货物符合合同规定的其他凭证，或是具有同等效力的电子记录或者手续。

② 卖方须自担风险费用，取得所有进出口许可证或其他官方许可，并办理进出口货物，在他国运输的一切必要海关手续。

③ 卖方必须自付费用订立运输合同，将货物运至指定的交货地点。

④ 卖方必须在约定的日期或者期限内，在位于指定目的地的约定地点（如果有约定），将运

输工具上准备卸下来的货物交与买方处置，并承担该时刻前货物灭失或损坏的一切风险和费用。

**2. 买方义务**

① 买方必须按照销售合同支付货物的价款。

② 买方必须受领卖方在目的地交付的符合合同约定的货物和单据，并自该时刻起承担货物灭失或损坏的一切风险和费用。

③ 买方应卖方请求，在卖方自负风险费用前提下，应协助其办理货物清关手续，取得进口所需的进口许可证或其他官方文件。

**3. DDP 贸易术语使用时的注意事项**

首先，DDP 术语是所有贸易术语中卖方责任最大的术语，对卖方而言风险较大，因此选用此贸易术语时，卖方应当充分考虑在目的国交货的风险问题。其次，虽然《2010 通则》没有固定卖方为货物运输办理保险的义务，然而由于 DDP 术语是到达合同，卖方需要承担在目的地交货前的一切风险，因此建议卖方订立运输保险合同，以免货物在运输途中发生风险而遭受损失。第三，DDU 术语中关于交货的规定为“卖方必须在约定的日期或者期限内，在位于指定目的地的约定地点（如果有约定），将运输工具上准备卸下来的货物交与买方处置。”因此，关于卸货费用的负担仍然没有明确的规定，因此，建议采用 DDP 术语成交时，最好在合同中明确规定卸货费用的负担问题。

# 任务三　掌握出口商品价格的构成及核算

## 一、出口商品价格的构成

**1. 成本**

出口货物的成本（Cost）主要是指采购成本或者进货成本。它是国内生产企业向外贸企业提供商品的价格，一般该价格中包含增值税。在实际报价核算时一般要算出实际采购成本。实际采购成本是指采购成本减去出口退税收入后的成本。

公式为

$$实际采购成本=采购成本-出口退税收入$$

$$出口退税收入=\frac{采购成本}{1+增值税率}\times出口退税率$$

即

$$实际采购成本=采购成本-\frac{采购成本}{1+增值税率}\times出口退税率$$

**2. 费用**

在出口业务中通常发生以下一些费用（Expenses/Charges）。

（1）包装费（Packing charges）　通常包括在进货成本中，如有特殊要求，则需另加。

（2）仓储费（Warehousing charges）　提前采购或另外存仓的费用。

（3）国内运输费（Inland transport charges）　装货前的内陆运输费用，如公路运费、内河运输费、路桥费、过境费及装卸费等。

（4）认证费（Certification charges）　办理出口许可、配额、产地证及其他证明所支付的费用。

（5）港区港杂费（Port charges）　货物装运前在港区码头支付的费用。

（6）商检费（Inspection charges）　出口商检机构检验货物的费用。

（7）捐税（Duties and taxes）　国家对出口商品征收、代收或退还的有关税费，如出口关税、增值税等。

（8）垫款利息（Interest）　出口商买进卖出货物期间垫付资金支付的利息。

垫款利息＝采购成本×贷款年利率×预计垫款天数/一年的天数

（9）业务费用（Operating charges）　出口商经营过程中发生的有关费用，也称经营管理费。例如：通信费、交通费、交际费等。出口商还可根据商品、市场等情况确定一个费用率，这个比率为5%～15%，一般是在采购成本基础上核定。

（10）银行费用（Banking charges）　出口商委托银行向外商收取货款、进行资信调查等支出的费用。

（11）国际货物运输运费（Freight charges）　出口商支付的海运、陆运、空运及多式联运费用。

（12）国际货物运输保险费（Insurance premium）　出口商购买货运保险或信用保险支付的费用。

（13）佣金（Commission）　出口商向中间商支付的报酬。

**3. 预期利润（Expected Profit）**

利润是出口商关注的出口商品价格要素之一。利润的计算方法主要有两种：一种是按采购成本的一定百分比来计算利润，即利润＝采购成本×利润率；另一种是按对外报价的一定百分比来计算利润，即利润＝报价×利润率。在实际业务中，出口商可以根据实际情况来选择利润的计算基础。

## 二、出口商品价格核算

**1. 成本核算**

我国实行出口退税制度，采取对出口商品中的增值税全额退还或按一定比例退还的做法，即将含税成本中的税收部分按照出口退税比例予以扣除，得出实际采购成本。

**【例 6-8】** 某公司出口陶瓷茶杯，每套进货成本人民币90元（包括17%的增值税），退税率为8%。实际成本核算如下。

$$实际采购成本＝采购成本－\frac{采购成本}{1＋增值税率}×出口退税率$$

$$＝90－90/（1＋17\%）×8\%$$

$$＝83.85$$

即每套陶瓷茶杯的实际成本为每套83.85元。

**2. 国内费用核算**

国内费用在核算时有两种方法：一是根据以往交易经验，估算出各个环节的费用，然后进行汇总；二是根据以往交易经验，确定一个费用定额率，通常是采购成本的一定百分比。

**3. 国际货物运输运费核算**

国际货物运输根据是否装入集装箱可以分为件杂货与集装箱货。

（1）件杂货运费　它等于基本运费加上附加运费。附加运费一般以基本运费的一定比率计收。

（2）集装箱货物运费　集装箱货物运费通常按箱计算和收取。

**4. 国际货物运输保险费核算**

采用CIF或CIP术语出口时，出口报价中要包含国际货物运输保险费。

保险费＝保险金额×保险费率

保险金额＝CIF(CIP)价×(1＋投保加成率)

投保加成率一般是10％。

**5. 佣金核算**

佣金是付给中间商的报酬，佣金的计算通常以发票金额作为基础。包含佣金的价格通常称为含佣价，不包含佣金的价格称为净价。含佣价的表示方法通常是在贸易术语后加工字母"C"，以及佣金百分比。比如，CIF C5（CIF including 5％ commission）即表示：含5％佣金的CIF报价。佣金、含佣价及净价之间的换算公式如下。

佣金＝含佣价×佣金率

净价＝含佣价－佣金

含佣价＝净价/(1－佣金率)

**【例6-9】** 江苏某企业出口一商品原对外报价为每套50美元CIF纽约，包含3％的佣金。现对外要求改报成包含5％佣金的价格，问在不减少我方净收入的情况下，我方应将价格改报为多少？

CIF净价＝含佣价－佣金＝50－50×3％＝48.5（美元）

CIFC5价＝48.5/(1－5％)＝51.05（美元）

**答：** 在不减少我方外汇净收入的情况下，应将价格改报为每套51.05美元CIF纽约，包含5％佣金。

**6. 利润核算**

利润核算通常采用一个预设的利润率，进出口业务中具体核算时，一般是以采购成本或销售价格（对外报价）为基数，然后乘以利润率得出预期利润额。通常采用的公式如下。

预期利润＝报价×利润率

## 三、3种常用贸易术语的对外报价核算

出口报价通常使用FOB、CFR和CIF3种价格，应按照明确价格构成，确定成本、费用和利润的步骤计算依据，然后将各部分合理汇总。

**【例6-10】** 吉信贸易公司收到爱尔兰公司求购6000双牛粒面革腰高6英寸军靴（一个40英尺集装箱）的询盘，经了解每双军靴的进货成本为人民币90元（含增值税17％），进货总价为90×6000＝540000元；出口包装费每双3元，国内运杂费共计12000元，出口商检费350元，报关费150元，港区港杂费900元，其他各种费用共计1500元。吉信贸易公司向银行贷款的年利率为8％，预计垫款两个月，银行手续费率为0.5％（按成交价计），出口军靴的退税率为14％，海运费为大连—都柏林，一个40英尺集装箱的包箱费率是3800美元，客户要求按成交价加成10％投保，保险费率为0.85％，并包括3％佣金。若吉信贸易公司的预期利润为报价的10％，人民币对美元的汇率为6.25：1。试报每双军靴的FOBC3、CFRC3、CIFC3价格。

1. FOB、CFR和CIF3种价格的基本构成

FOB价＝成本＋国内费用＋预期利润

CFR价＝成本＋国内费用＋国际运费＋预期利润

CIF价＝成本＋国内费用＋国际运费＋国际运输保险费＋预期利润

2. 成本核算

实际采购成本＝采购成本－出口退税收入

$$=90-90\div(1+17\%)\times14\%$$
$$=79.208\text{（元/双）}$$

3. 费用核算

（1）国内费用＝包装费＋运杂费＋商检费＋报关费＋港区港杂费＋其他费用＋进货总价×贷款利率/12×贷款月份

$$=3\times6000+(12000+350+150+900+1500)+540000\times8\%/12\times2$$
$$=18000+14900+7200=40100\text{（元）}$$

单位货物所摊费用＝40100/6000＝6.6833（元/双）

（2）银行手续费＝报价×0.5%

（3）客户佣金＝报价×3%

（4）国际运费＝3800÷6000×6.25＝3.9583（元/双）

（5）国际运输保险费＝报价×(1＋10%)×0.85%

4. 利润核算

预期利润＝报价×10%

5. 3种贸易术语报价核算过程

（1）FOBC3报价的核算

FOBC3报价＝实际采购成本＋国内费用＋银行手续费＋预期利润

＝79.2308＋6.6833＋FOBC3报价×0.5%＋FOBC3报价×10%

＝85.9141＋FOBC3报价×10.5%

等式两边移项得

FOBC3报价＝85.9141/(1－13.5%)

＝99.3227（元）

折成美元：FOBC3报价＝99.3227÷6.25＝15.89（美元/双）

此处需要特别说明的是，在实际报价计算过程中，如果报价含有佣金，通常报价计算是直接包含佣金的，而不是先计算净价再计算含佣价。原因在于核算的国内费用和银行手续费等如果采用额定费用率方式计算的话，它们的计算基础将是含佣而不是净价，因此，如果采用先计算净价，再计算含佣价的方式的话，将导致出口商实际外汇净收入减少，也就是低报价格。为了便于比较这两种方法，下面我们采用先计算净价，再计算含佣价的方法进行出口报价，计算过程如下。

FOB净价＝实际采购成本＋国内费用＋银行手续费＋预期利润

＝79.2308＋6.6833＋FOB净价×0.5%＋FOB净价×10%

＝85.9141＋FOB净价×10.5%

等式两边移项得

FOB净价＝859141/(1－10.5%)

＝95.9934（元）

FOBC3报价＝FOB净价/(1－佣金率)

＝95.9934/(1－3%)

＝98.9627（元）

折成美元：FOBC3报价＝98.9627÷6.25＝15.83（美元/双）

从上述计算可以清楚地看到，按第一种方法计算的FOBC3报价为15.89美元，而按第二种方式计算的报价为15.83美元，第二种方式的报价偏低，将会使出口方实际外汇收入减少。因此，第一种方法的报价核算较为合理。

相似的道理，实际报价中，在计算得出了FOB报价之后，也不能盲目地使用FOB、

CFR和CIF术语之间的换算公式来求CFR或CIF的报价。这里同样涉及到国内费用、银行手续费、佣金等的计算基础问题，这些费用都是以最终报价为基础核算的，所以还要用分项核算的方法逐项求得各种费用后加和计算，只有这样才能保证出口商外汇净收入保持不变。

（2）CFRC3报价的核算

CFRC3报价＝实际采购成本＋国内费用＋国际运费＋银行手续费＋预期利润＋客户佣金

＝79.2308＋6.6833＋3.9583＋CFRC3报价×0.5％＋CFRC3报价×10％＋CFRC3报价×3％

＝89.8724＋CFRC3报价×13.5％

等式两边移项得

CFRC3报价＝89.8724/(1－13.5％)

＝103.8987（元）

折成美元：CFRC3报价＝103.8987/6.25＝16.62（美元/双）

（3）CIFC3报价的核算

CFRC3报价＝实际采购成本＋国内费用＋国际运费＋银行手续费＋国际运输保险费＋预期利润＋客户佣金

＝79.2308＋6.6833＋3.9583＋CFRC3报价×0.5％＋CFRC3报价×110％×0.85％＋CIFC3报价×10％＋CIFC3报价×3％

＝89.8724＋CFRC3报价×14.435％

等式两边移项得

CFRC3报价＝89.8724/(1－14.435％)

＝105.0341（元）

折成美元：CFRC3报价＝105.0341/6.25＝16.81（美元/双）

6. 三种价格对外报价

（1）USD15.89/pair FOBC3 Dalian（每双15.89美元，包括3％佣金，大连港船上交货）；

（2）USD16.62/pair FOBC3 Dalian（每双16.62美元，包括3％佣金，成本加运费至都柏林）；

（3）USD16.81/pair FOBC3 Dalian（每双16.81美元，包括3％佣金，成本加保险费、运费至都柏林）。

7. 对外报价的验算

成本＝收入－支出。下面以前述背景资料为例进行验算。

**【例6-11】** 每双军靴的进货成本即为90元人民币，吉信贸易公司的FOB包含3％佣金的报价为每双15.89（保留四位小数时为15.8916）美元。

出口净收入＝15.8916×6.25＝99.3227（元/双）

支出＝国内费用＋银行手续费＋利润＋客户佣金

＝6.6833＋99.3227×0.5％＋99.3227×10％＋99.3227×3％

＝20.0919（元/双）

实际采购成本＝出口净收入－出口支出＝99.3227－20.0919＝79.2308(元/双)

采购成本＝[实际采购成本/(1＋增值税率—出口退税率)]×(1＋增值税率)

＝[79.2308/(1＋17％－14％)]×(1＋17％)

＝90.00(元/双)

可见该报价是合理的。

## 四、出口还价核算

### 1. 出口还价核算方法

销售利润＝销售收入－各种费用－实际成本（利润多少是能否接受对方还价的依据）

采购成本＝销售收入－销售利润－各种费用（成本多少是能否要求供货商调价的依据）

某项费用＝销售收入－销售利润－其他费用－采购成本（费用多少是经营者增减某项费用的依据）

### 2. 对客户还价出口商通常采用的对策

（1）说服对方接受，不作让步；

（2）减少利润，满足降价要求；

（3）减少费用开支，达到降价目的；

（4）降低进货价格。

### 3. 出口还价核算实例

【例 6-12】 2010 年，某公司出口陶瓷餐具，进货成本 150 元/套（含 17％增值税，退税率 9％）。20 英尺货柜所需费用：运杂费 900 元，商检报关费 200 元，港区港杂费 700 元，业务费 1300 元，其他费用 950 元，大连—温哥华 20 英尺集装箱包箱费 2250 美元，1 个 20 英尺的集装箱可装 470 箱货物，每箱一套陶瓷餐具。利润为报价的 10％，美元对人民币汇率为 1∶6.25。外箱体积为：0.40 厘米×0.35 厘米×0.38 厘米。我方对外报价每套 31.47 美元 CFR 温哥华，客户还价每套 28 美元 CFR 温哥华。

针对上述案例，根据客户还价，出口公司准备做 3 种情况的核算：

① 按照客户还价，核算我方盈亏情况；

② 保持 5％利润的还价情况；

③ 保持 8％利润的国内采购价调整情况。

操作步骤如下。

1. 按照客户还价，求出我方是否能得到利润。

外箱体积：0.4 厘米×0.35 厘米×0.38 厘米＝0.0532（立方厘米）

销售收入＝28×6.25＝175（元）

实际采购成本＝采购成本－［采购成本/(1＋增值税率)］×退税率

＝150－［150/(1＋17％)］×9％

＝150－11.5385

＝138.4615(元/套)

国内费用总额＝运杂费 900 元＋商检报关费 200 元＋港区港杂费 700 元＋公司业务费 1300 元＋其他费用 950 元＝4050（元）。

每套餐具国内费用＝4050/470＝8.617（元）

海运费＝(2250 美元/470)×6.25＝29.9202（元/套）

销售利润＝销售收入－实际成本－国内费用－海运费

＝175－138.4615－8.617－29.9202

＝－1.9987（元/套）

利润为负数，每套亏损－1.9987 元。

2. 按照我方保持 5％利润还价情况

CFR 报价＝实际采购成本＋国内费用＋海运费＋利润

＝138.4615＋8.617＋29.9202＋报价×5％

将等式两边移项得

CFR 报价＝176.9987/(1－5％)

＝186.3144（元）

折成美元：186.3144/6.25＝29.8103（美元/套）

按照我方保持5％利润，每套可以还价到29.8103美元。

3. 若接受外商28美元的还价，在保持我方8％的利润前提下，进行国内采购价的调整计算。

实际采购成本＝销售收入－销售利润－海运费－国内费用

＝28×6.25－28×6.25×8％－29.9202－8.617

＝122.4628（元/套）

采购成本＝实际采购成本×（1＋增值税率）/（1＋增值税率－出口退税率）

＝122.4628×（1＋17％）/（1＋17％－9％）

＝143.2814/1.08

＝132.6680（元/套）

国内进货价调整为每套132.6680元方可以成交。

对以上核算结果，出口商可根据国际市场的价格水平，结合自己的销售意图，合理妥当地对外还价。

## 五、出口商品报价盈亏核算

盈亏核算的指标具体介绍如下。

### （一）出口换汇成本

出口换汇成本是出口商品获得每一单位外币的成本，即出口净收入1单位外币所耗费的人民币数额。如果出口换汇成本高于银行外汇买入价，出口为亏损；反之则为盈利。公式为

出口换汇成本＝出口总成本(人民币)/出口外汇净收入(美元)

出口总成本是指实际采购成本加上出口前的一切费用和税金。出口销售外汇净收入是指出口商品按FOB价出售所得外汇收入。公式为

$$出口换汇成本=\frac{采购成本+定额费用-出口退税收入}{出口外汇净收入}$$

定额费用就是出口商在出口商品过程发生的各项国内费用，一般表现为采购成本的一定百分比，即定额费用＝采购成本×定额费用率。

### （二）出口盈（亏）额

出口盈（亏）额为出口销售人民币净收入与出口总成本的差额，净收入大于总成本为盈利；反之为亏损。公式为

出口盈（亏）额＝出口销售外汇净收入×外汇买入价－出口总成本

**【例6-13】** 出口麻底鞋36000双，出口价每双0.60美元CIF格丁尼亚（波兰），CIF总价21600美元，其中海运费3400美元，保险费160美元。进货成本每双人民币4元，共计人民币144000元（含17％增值税），出口退税率14％，费用定额率12％。当时银行美元买入价为1美元＝6.25元人民币。计算麻底鞋的出口换汇成本、盈亏额。

出口换汇成本＝出口总成本/出口销售外汇净收入(美元)

=｛采购成本＋采购成本×12%－[采购成本÷(1＋增值税率)×退税率]｝/(出口销售外汇收入－运费－保险费)

=｛144000＋144000×12%－[44000÷(1＋17%)×14%]｝/(21600－3400－160)

=(144000＋17280－144000÷1.17×0.14)/18040

=144049.23/18040

=7.985(元/美元)

麻底鞋出口换汇成本高于外汇牌价，亏损。

出口盈利额=出口销售外汇净收入×外汇买入价－出口总成本

=18040 美元×6.25－144049.2308

=－31299.2308（元）

## 六、三种常用贸易术语之间的价格换算

**1. FOB 价换算成其他价格**

(1) FOB＋运费(F)=CFR 价

(2) FOB＋运费(F)/[1－(1＋投保加成率)×保险费率]=CIF 价

**2. CFR 价换算成其他价格**

(1) CFR－运费(F)= FOB 价

(2) CFR/[1－(1＋投保加成率)×保险费率]=CIF 价

**3. CIF 价换算成其他价格**

(1) CIF 价×[1－(1＋投保加成率)×保险费率]－运费= FOB 价

(2) CIF 价×[1－(1＋投保加成率)×保险费率]=CFR 价

**【例 6-14】** 某公司对外报价牛肉罐头 2.20 美元/听 CIF 纽约，按发票金额加成 10%投保一切险，保险费率 0.3%，客户要求改报 CFR 价格，请问该报多少？

**解：** CFR=CIF×(1－投保加成×保险费率)

=2.2×[1－(1＋10%)×0.3%]

=2.193(美元/听)

**答：** 应报每听 2.19 美元 CFR 纽约。

# 任务四　了解进口商品的价格构成及核算

## 一、进口商品成本的构成

### （一）进口商品合同价格

进口合同价格在进口合同成立之前是一种估价，是买卖双方通过磋商可以取得一致意见的合同价格，有时也是进口人争取以此为基础达成交易的价格。在合同成立之后，就是合同写明的商品价格。

### （二）进口商品国内费用

进口商品国内费用包括：卸货费、驳船费、码头建设费、码头仓租费等；进口商品的检验费和其他公证费用；银行费用，如开证费及其他手续费；报关提货费；国内运输费、仓租

费；从开证付款到收回货款之间所发生的利息支出；其他费用。

进口商品国内费用核算与出口商品国内费用核算相同。在FOB条件下进口商品国际运输和保险由进口方办理，并支付国际运费和保费，其计算方法与出口商品中国际运输和保险费的核算方法相同。尽管采用不同的价格术语进口人承担的费用不同，但进口人最终实际支出费用相同，主要包括合同价格、运费、保险费、国内费用。

### （三）进口商品依法缴纳的税费

另外，进口货物还要缴纳进口关税和海关代征的商品流转税如增值税、消费税等。下面讨论货物进口关税、海关代征的增值税和消费税核算。

**1. 进口关税**

海关在征收关税的工作中，要做到依率计征，除了要对进出口货物进行税则归类，确定应按哪个税号的适用税率征税外，还要正确审定计征关税的计税价格，计税价格即海关完税价格，是海关计征关税的依据。

（1）进口货物完税价格　进口货物完税价格由海关以进口货物的成交价格为基础审核确定。一般包括货价、货物运抵中华人民共和国关境内输入地点起卸前的运费和保费。通常以CIF价为基准。若货物在交易的过程中，卖方付给我方正常的折扣，则应该在成交价格中扣除。

进口货物采用CFR价格术语成交，应加保险费组成完税价格。其公式为

$$完税价格=CFR价\div(1-保险费率)$$

进口货物采用FOB价格术语成交，应加保险费和运费组成完税价格，其公式为

$$完税价格=(FOB价+运费)\div(1-保险费率)$$

（2）进口货物应纳关税计算　完税价格确定后，查出适用的税率就可以直接进行计算了。其公式为

$$应纳关税额=完税价格\times适用关税税率$$

**2. 进口消费税**

从国外进口应税消费品，海关要代征消费税。消费税的计算实行从量税和从价税两种计征方法。

（1）从价消费税征收　我国消费税采用价内税，即计税价格组成中包括消费税税额。计算公式为

$$应纳消费税税额=组成计税价格\times消费税税率$$

$$组成计税价格=(完税价格+关税税额)/(1-消费税税率)$$

（2）从量定额征收　应以海关核定的应税消费品进口数量为计税依据，公式为

$$应纳消费税额=应纳税进口数量\times适用定额税率$$

**3. 进口增值税**

增值税属价外税，其大小由组成应纳增值税计税价格与适用的增值税税率计算所得。即

$$应纳增值税额=组成计税价格\times增值税税率$$

$$组成计税价格=关税完税价格+关税+消费税$$

若进口货物非应税消费品，则不征消费税。

**【例6-15】** 我国A公司进口雪茄烟100箱，每箱人民币1500元FOB伦敦，设每箱运费人民币100元，保险费率1%，下面计算该批货物应纳关税税额、消费税额、增值税额。（查海关税则，雪茄烟进口关税为65%，消费税税率40%，增值税税率17%。）

**解：**

进口关税完税价格=(FOB价+运费)/(1-保险费率)

=(1500+100)/(1−1%)

=1616.1616(元)

应纳关税额=应纳进口货物数量×单位完税价格×适用税率

=100×1616.1616×65% =105050.51(元)

组成消费税计税价格=[关税完税价格×(1+适用关税税率)]/

(1−适用消费税税率)

=[1616.1616×(1+65%)]/(1−40%)

=4444.4444(元)

应纳消费税额=组成消费税计税价格×适用消费税率×应纳进口数量

=4444.4444×40%×100

=177777.78(元)

组成增值税计税价格=关税完税价格+关税+消费税

=[关税完税价格×(1+适用关税税率)]/

(1−适用消费税税率)

=[1616.1616×(1+65%)]/(1−40%)

=4444.4444(元)

应纳增值税额=组成增值税计税价格×适用税率×应纳税进口数量

=4444.4444×17%×100

=75555.56(元)

## 二、进口总成本核算

FOB 进口货物总成本=FOB 进口合同价+运费+保险费+进口国内总费用+进口税费

CFR 进口货物总成本=CFR 进口合同价+保险费+进口国内总费用+进口税费

CIF 进口货物总成本=CIF 进口合同价+进口国内总费用+进口税费

**【例 6-16】** 若上例进口雪茄烟的案例中，国内总费用采用定额费率的方法确定为是合同价格的 5%，则

进口货物总成本= FOB 进口合同价+运费+保险费+

进口国内总费用+进口税费

=(1500×100+100×100)/(1−110%×1%)+1500×100×5%+

105050.51+177777.78+75555.56

=527663.43 (元)

# 任务五　掌握买卖合同的价格条款

## 一、作价方法

在国际货物买卖中，作价的方法多种多样，可以根据不同情况采取下列作价办法。

### (一) 固定价格

我国进出口合同，绝大部分都是在双方协商一致的基础上，明确地规定具体价格，这也是国际上常见的做法。

按照各国法律的规定，合同价格一经确定，就必须严格执行，任何一方都不得擅自更

改。它具有明确、具体、肯定和便于核算的特点。不过，由于商品市场行情的多变性，价格涨跌不定。因此，在国际货物买卖合同中规定固定价格，就意味着买卖双方要承担从订约到交货付款以至转售时价格变动的风险。况且，如果行市变动过于剧烈，这种做法还可能影响合同的顺利执行。一些不守信用的商人很可能为逃避巨额损失，寻找各种借口撕毁合同。

为了减少价格风险，在采用固定价格时，首先，必须对影响商品供需的各种因素进行仔细的研究，并在此基础上，对价格的前景做出判断，以此作为决定合同价格的依据；其次，对客户的资信进行了解和研究，慎重选择订约的对象。

### （二）非固定价格

#### 1. 非固定价格的种类

从我国进出口合同的实际做法看，非固定价格即一般业务上所说的“活价”，大体上可分为下述几种。

（1）只规定作价方式而具体价格留待以后确定　在价格条款中明确规定定价时间和定价方法。例如“在装船月份前 60 天，参加当地及国际市场价格水平，协商议定正式价格”；“按提单日期的国际市场价格计算”。

（2）只规定作价时间　如“由双方在××年×月×日协商确定价格”。这种方式由于未就作价方式做出规定，容易给合同带来较大的不稳定性，双方可能因缺乏明确的作价标准，而在商订价格时各执己见，相持不下，导致合同无法执行。因此，这种方式一般只应于双方有长期交往，已形成比较固定的交易习惯的合同。

（3）暂定价　即在合同中先订立一个初步价格，作为开立信用证和初步付款的依据，待双方确定最后价格后再进行最后清算，多退少补。

（4）部分固定价格，部分非固定　有时为了照顾双方的利益，解决双方在采用固定价格或非固定价格方面的分歧，也可采用部分固定价格，部分非固定价格的作法，或是分批作价的办法，交货期近的价格在订约时固定下来，余者在交货前一定期限内作价。

#### 2. 采用非固定价格的利弊

非固定价格是一种变通做法，在行情变动剧烈或双方未能就价格取得一致意见时，采用这种做法有一定好处。

① 有助于暂时解决双方在价格方面的分歧，先就其他条款达成协议，早日签约。

② 解除客户对价格风险的顾虑，使之敢于签订交货期长的合同。数量、交货期的早日确定，不但有利于巩固和扩大出口市场，也有利于生产、收购和出口计划的安排。

③ 对进出口双方，虽不能完全排除价格风险，但对出口人来说，可以不失时机地做成生意；对进口人来说，可以保证一定的转售利润。

但应当看到，这种做法是先订约后作价，对合同的关键条款——价格是在订约后由双方按一定的方式来确定的。这就不可避免地给合同带来较大的不稳定性，存在着双方在作价时不能取得一致意见，而使合同无法执行的可能；或由于合同作价条款规定不当，而使合同失去法律效力的危险。

#### 3. 采用非固定价格条款应注意的问题

（1）酌情确定作价标准　为减少非固定价格条款给合同带来的不稳定因素，消除双方在作价方面的矛盾，明确订立作价标准就是一个重要的、必不可少的前提，作价标准可根据不同商品酌情作出规定。例如，以某商品交易公布的价格为准，或以某国际市场价格为准等。

（2）明确规定作价时间　关于作价时间的确定，可以采用下列几种做法。

① 在装船前作价。一般是规定在合同签订后若干天或装船前若干天作价。采用此种作

价办法，交易双方仍要承担自作价至付款转售时的价格变动风险。

② 装船时作价。一般是指按提单日期的行市或装船月的平均价作价。这种做法实际上只能在装船后进行，除非有明确的客观的作价标准，否则卖方不会轻易采用，因为他怕承担风险。

③ 装船后作价。一般是指在装船后若干天，甚至在船到目的地后始行作价，采用这类做法，卖方承担的风险也较大，故一般很少使用。

**（三）价格调整条款**

在国际货物买卖中，有的合同除规定具体价格外，还规定有各种不同的价格调整条款。这种做法的目的是把价格变动的风险规定在一定范围之内，以提高客户的信心。

在国际上加工周期较长的机器设备合同，都普遍采用“价格调整（修正）条款”[Price Adjustment (Revision) Clause]，要求在订约时只规定初步价格（Initial Price），同时规定如原料价格、工资发生变化，卖方保留调整价格的权利。由于这类条款是工资和原料价格的变动作为调整价格的依据，因此，在使用这类条款时，就必须注意工资指数和原料价格指数的选择，并在合同中予以明确。例如：“以上基础价格将按下列公式根据××××机构××××年××月××日公布的工资指数和物价指数予以调整。”

## 二、作价时应考虑的因素

**1. 要考虑商品的质量和档次**

在国际市场上，一般都贯彻按质论价的原则，即好货好价，次货次价，品质的优劣、档次的高低、包装的好坏、式样的新旧、商标、品牌的知名度，都影响商品的价格。

**2. 要考虑运输距离**

国际货物买卖，一般都要通过长途运输。运输距离的远近，影响运费和保险费的开支，从而影响商品的价格。因此，确定商品价格时，必须核算运输成本，做好比价工作，以体现地区差价。

**3. 要考虑交货地点和交货条件**

在国际贸易中，由于交货地点和交货条件不同，买卖双方承担的责任、费用的风险有别，在确定进出口商品价格时，必须考虑这些因素。

**4. 要考虑季节性需求的变化**

在国际市场上，某些节令性商品，如赶在节令前到货，抢行应市，即能卖上好价。过了节令的商品，其售价往往很低，甚至以低于成本的“跳楼价”出售。因此，应充分利用季节性需求的变化，切实掌握好季节性差价，争取按对已有利的价格成交。

**5. 要考虑成交数量**

按国际贸易的习惯做法，成交量的大小影响价格。即成交量大时，在价格上应给予适当优惠，或者采用数量折扣的办法；反之，如成交量过少，甚至低于起订量时，也可以适当提高出售价格。

**6. 要考虑支付条件和汇率变动的风险**

支付条件是否有利和汇率变动风险的大小，都影响商品的价格。例如，同一商品在其他交易条件相同的情况下，采取预付货款和凭信用证付款方式下，其价格应当有所区别。同时，确定商品价格时，一般应争取采用对自身有利的货币成交，如采用不利的货币成交时，应当把汇率变动的风险考虑到货价中去，即适当提高出售价格或压低购买价格。

**7. 注意国际市场商品供求变化和价格走势**

国际市场价格因受供求变化的影响而上下波动，有时甚至出现瞬息万变的情况，因此，在确定成交价格时，必须考虑供求状况和价格变动的趋势。当市场商品供不应求时，国际市场价格就会呈上涨趋势；反之，当市场商品供过于求时，国际市场价格就会呈下降趋势。由此可见，切实了解国际市场供求变化状况，有利于对国际市场价格的走势作出正确判断，也有利于合理地确定进出口商品的成交价格，该涨则涨，该落则落，避免价格掌握上的盲目性。

**8. 其他因素**

此外，交货期的远近，市场销售习惯和消费者的爱好与否等因素，对确定价格也有不同程度的影响，我们必须在调查研究的基础上通盘考虑，权衡得失，然后确定适当的价格。

## 三、买卖合同中价格条款的主要内容

在国际货物买卖中，进出口商通常采用固定作价方法，因此，价格条款一般包括两项内容：一是货物单价（Unit Price），二是货物总值（Total Amount）。

单价包括四项内容：计价货币、单价金额、计量单位、贸易术语。例：USD1000.00/doz CIF London. 即：USD（计价货币）、1000.00（单价金额）、doz（计量单位）、CIF London（贸易术语）。

如果通过中间商交易，还需向中间商支付佣金，这也可能包含在价格中。有时买方购买量大时，还可以给予对方折扣，这也可以在价格条款中体现。

### （一）计价货币

计价货币是指合同中规定的用来计算价格的货币。这些货币可以是出口国或进口国的货币，也可以是第三国的货币，但必须是自由兑换货币。出口贸易中，计价和结汇争取使用硬币（Hard Currency）（即币值稳定或具有一定上浮趋势的货币）；进口贸易中，计价和付汇力争使用软币（Soft Currency）（即币值不够稳定且具有下浮趋势的货币）。常用的计价货币名称、符号和简写如表6-5所示。

**表6-5　常用计价货币名称、符号和简写**

| 货币名称 | 货币符号 | 简写 | 货币名称 | 货币符号 | 简写 |
|---|---|---|---|---|---|
| 英镑 | £ | GBP | 瑞士法郎 | SF | CHF |
| 美元 | US＄ | USD | 日元 | J￥ | JPY |
| 港元 | HK＄ | HKD | 欧元 | € | EUR |

### （二）计量单位

单价条款中的计量单位应与数量条款中的计量单位相一致。若数量条款中的计量单位为“M/T”，则单价条款中的计量单位也应用“M/T”，而不应用“L/T”或“S/T”。

### （三）选用适当的贸易术语

在考虑有利于本国经济发展及企业的经营意图的情况下，一般情况下，出口尽量使用CIF（或CIP）价，进口使用FOB（或FCA）价。同时要注意贸易术语后面要接上相适应的港口或地点名称。

### （四）佣金和折扣

佣金是卖方或买方付给中间商作为其代买代卖的酬金。通常在1%～5%。

折扣是卖方按照原价给予买方一定百分比的减让。

**1. 佣金与折扣的表示方法**

含有佣金的价格即为含佣价，不含佣金的价格即为净价。

含佣价的表示方法："每公吨 500 美元 CIF 纽约包括 2%佣金"（USD500.00 m/t CIF N.Y. including your commission 2%），通常以"每公吨 500 美元 CIFC2%纽约"来表示。

折扣的表示方法："每公吨 300 美元 FOB 上海减 2%折扣"。

**2. 佣金与折扣的计算方法**

净价＝含佣价×（1—佣金率）

含佣价＝净价/（1—佣金率）

折扣一般按发票金额乘以约定的折扣百分率，即得到应减除的折扣金额。

**3. 佣金和折扣的支付办法 佣金往往是在出口商收到全部货款后，再另行支付给中间商，但也有在发票货款中直接扣除的。折扣一般由买方在支付货款时扣除**

## 四、价格条款实例

1. USD2130.00/mt FOB Dalian including 5% commission. The commission shall be payable only after seller has received the full amount of all payment due to seller.

每公吨 30 美元含 5%佣金 FOB 大连，佣金以收付全部货款为条件。

2. Seller reserves the right to adjust the contracted price, if prior to delivery, there is any variation in the cost of labor or raw material or component parts.

如果在交货前劳动力原材料成本或其组成部分发生任何变化，卖方有权调整合同价格。

3. Exchange risks, if any, for buyer's account .

如有任何汇率风险，则由买方承担。

## 课后训练题

### 一、选择题

1. 按照《2010 通则》，采用 CIF 条件成交时，货物装船时从吊钩脱落掉入海里造成的损失由（　　）。

A. 卖方负担　　B. 买方负担　　C. 承运人负担　　D. 买卖双方共同负担

2. 按照《2010 通则》，CIF 与 CFR 术语的主要区别在于（　　）。

A. 办理租船订舱的责任方不同　　B. 办理货运保险的责任方不同

C. 风险划分的界限不同　　D. 办理出口手续的责任方不同

3. 根据《2010 通则》，出口方负责办理进口清关手续的贸易术语是（　　）。

A. FAS　　B. EXW　　C. FCA　　D. DDP

4. 在 FOB 条件下，若采用程租船运输，如买方不愿承担装货费及理舱费，则应在合同中规定（　　）。

A. FOB Liner Terms　　B. FOB Under Tackle

C. FOB Stowed　　D. FOB Trimmed

5.《1932 年华沙——牛津规则》主要是为了解释（　　）术语的。

A. FOB　　B. CIF　　C. CFR　　D. FAS

6. 卖方按照原价给予买方一定百分比的减让，即在价格上给予适当的优惠。这是（　）。

A. 佣金　　B. 折扣　　C. 预付款　　D. 订金

7. 在国际贸易中，佣金的计算方式是（　　）。

A. 净价×佣金率　　B. 含佣价×佣金率

C. 净价/（1—佣金率）　　D. 单价×佣金率

8. 根据《2010 通则》的解释，以 CIF 汉堡成交，卖方对货物所承担的风险界限（风险责任）是（　　）。

A. 货物在装运港装上船之前

B. 货物在装运港从卖方车辆卸下以前

C. 货物在目的港从货船上卸下之前

D. 货物在目的港装上车辆以前

9. 某公司与美国一公司以 CFR Ex Ship's Hold 的条件成交了一笔生意，按国际惯例，这批货物在目的港的卸货费用应由（　　）承担。

A. 买方　　B. 卖方　　C. 船方　　D. 港务部门

10. 在以下条件中，属于装运合同的是（　　）。

A. FOB 上海　　B. CIF 东京　　C. DAT 新加坡　　D. CFR 伦敦

11. 关于 FOB 术语船货衔接问题表述错误的是（　　）。

A. 如果买方未能按时派船，未经对方同意延迟派船到装运港，卖方有权拒绝交货，而且由此产生的各种损失均由买方承担

B. 如果买方未经对方同意提前派船到装运港，卖方有权拒绝交货，而且由此产生的各种损失均由买方承担

C. 如果买方未能按时派船，未经对方同意延迟派船到装运港，卖方无权拒绝交货，但由此产生的各种损失均由买方承担

D. 如果买方未经对方同意提前派船到装运港，卖方无权拒绝交货，但由此产生的各种损失均由买方承担

12. 下列关于交货表述正确定是（　　）。

A．实际交货是指卖方要在规定的时间和地点，将符合合同规定的货物提交给买方或其指定人，不能以交单代替交货

B. 在象征性交货的方式下，只要卖方如期向买方提交了合同规定的全套合格单据，即使货物在运输途中损坏或灭失，买方也必须履行付款义务

C. 在象征性交货的方式下，如果卖方提交的货物完好无损地运达目的地，即使提交的单据不符合要求，买方也必须履行付款义务

D. 在象征性交货的方式下，只要卖方如期向买方提交了合同规定的全套合格单据，如果卖方提交的货物不符合要求，买方即使已经付款，仍然可以根据合同的规定向卖方提出索赔

**二、简述题**

1. 试比较 FOB、CFR、CIF 术语与 FCA、CPT、CIP 术语对卖方要求有何不同？

2. 比较 CIF 术语与 DAT 术语有哪些区别？

3. 比较 FOB、CFR、CIF 三种贸易术语有哪些相同点和区别？

**三、案例分析**

1. 某口岸出口公司按 CIF London 向英商出售一批核桃仁，由于该商品季节性较强，双方在合同中规定：买方须于 9 月底前将信用证开到，卖方保证运货船只不得迟于 12 月 2 日驶抵目的港。如货轮迟于 12 月 2 日抵达目的港，买方有权取消合同。如货款已收，卖方须将货款退还买方。问这一合同的性质是否属于 CIF 合同？若对方一定要我方保证到货时间，

则应选用什么术语？

2. 我某公司按 CIF 条件向欧洲某国进口商出口一批草编制品，向中国人民保险公司投保了一切险，并规定了用信用证方式支付。我出口公司在规定的期限、指定的我国某港口装船完毕，船公司签发了提单，然后去中国银行议付款项。第二天，出口公司接到客户来电，称装货的海轮在海上失火，草编制品全部烧毁，客户要求我公司出面向中国人民保险公司提出索赔，否则要求我公司退回全部货款。问：对客户的要求我公司该如何处理？为什么？

3. 我出口公司对日本商户报出大豆实盘，每吨 CIF 大阪 150 美元，大连发货，现日商要求我方改报 FOB 大连价，我出口公司对价格应如何调整？如果最后按 FOB 大连条件签订合同，买卖双方在所承担的责任、费用和风险方面有什么差别？

4. 北京 A 公司拟向美国纽约 B 公司出口某商品 50000 箱，B 公司提出按 FOB 新港条件成交，而 A 公司则提出采用 FCA 北京的条件。试分析 A 公司和 B 公司各自提出以上成交条件的原因。

## 四、计算题

1. 我国某外贸企业向欧洲销售一批货物，出口总价为 10 万美元，装于一个 40 英尺的集装箱内，贸易术语采用 CIF Rotterdam（鹿特丹），已知从青岛至鹿特丹的海洋运输费用是每个 40 英尺的集装箱 3000 美元，海洋运输投保一切险（费率为 1%）和海洋运输战争险（费率为 0.5%），投保加成率为 10%，另知该批货物的国内购入价为人民币 702000 元（含增值税 17%），该外贸企业的定额费用率为 5%，退税率为 9%，结汇时银行的外汇买入价为 1 美元折合人民币 6.25 元。试计算这笔出口交易的盈亏率和换汇成本。

2. 我国某外贸企业向美国销售一批男式衬衫，共计 10000 件，装于一个 40 英尺的集装箱内，原报价为 USD20.00/pC. FOB Qingdao，已知从青岛至纽约的海洋运输费用是每个 40 英尺的集装箱 5000 美元，海洋运输投保一切险（费率为 1%）和海洋运输战争险（费率为 0.5%），投保加成率为 10%，现美方要求我方改报 CIFC3 New York 的价格，我方表示接受。请问我方应该报出的单价是多少？

## 五、实训题

1. A 公司收到日本 B 会社求购 17 吨水产品（计一个 20 英尺集装箱）的询盘，且该级别产品每吨的进货价格为 5600 元人民币（含增值税 17%）；出口水产品的退税率为 5%；海洋运费从装运港青岛（QINGDAO）至日本神户（KOBE）一个 20 英尺冷冻集装箱的包箱费率是 2200 美元，用户要求按成交价格的 110% 投保，保险费率 0.85%；B 公司要求在报价中包括其 5% 的佣金，若 A 公司的预期利润是 10%（以成交金额计），并按 5.5% 的定额费率估定国内费用。人民币对美元汇率为 6.25 : 1，试报出每吨水产品出口 FOB、CFR、CIF 价格。为保持数据的相对准确性，运算过程保留四位小数，最终报价保留两位小数。

2. 上海 M 司收到荷兰客户关于长毛绒玩具的询价，希望报出该产品的 FOBC3、CFRC3、CIFC3 的美元单价。

公司产品资料：KD2346 长毛绒玩具狗；Means of package：8pcs/ctn；

Measurement of package：74cm×50cm×30cm；Gross/Net weight：8.2/5.7kgs；

Supplying price：RMB42/PC。

公司报价计划

数量：出口一个 20 英尺集装箱货物（可装 271 箱货物）；

投保：一切险和战争险，投保加成 10%；

利润：报价的 10%；报价汇率：USD1.00=RMB6.25。

查有关资料

① 国内费用：国内运杂费 860 元；商检报关费 150 元；港区港杂费 600 元；认证费 80

元；业务费 1000 元；其他费用 800 元。

② 出口退税率 15%。

③ 海洋运费：从上海出口长毛绒玩具至荷兰阿姆斯特丹一个 20 英尺集装箱的包箱费率为 2070 美元。

④ 货物运输保险：出口货物属非指明的一般货物，到欧洲的一切险费率为 0.5%，战争险为 0.03%，实际保险费率 0.5%+0.03%=0.53%。

为保持数据的相对准确性，运算过程保留四位小数，最终报价保留两位小数。

3. 接上题若荷兰客户收到报价后，随即还价为：货号 KD2346，每只 6.0 美元 CIFC3 阿姆斯特丹。根据还价，进行以下核算。

① 若接受客户还价，M 公司出口一个 20 英尺集装箱玩具，单位商品获利多少？总利润额多少？利润率多少？

② 若 M 公司想通过降低采购价格，以保持 10% 的利润率不变来实现降低商品报价，则采购价格至少降至多少金额？

# 项目七 进出口货物的运输

## 能力目标

通过本章的学习，学生应该能够：

① 掌握海洋运输及其运输的单据；

② 了解铁路、空运、公路等运输方式；

③ 熟悉集装箱运输及多式联运的操作；

④ 掌握买卖合同中的装运条款及其缮制。

## 任务一 掌握海洋运输及单据

在国际货物运输中，运用最广泛的是海洋运输。与其他国际货物运输方式相比，主要有下列明显的优点：运量大、运费低。海洋运输也存在不足之处。例如，海洋运输受气候和自然条件的影响较大，船期不容易准确，而且运输风险较大；速度也比较低。

### 一、海洋货物运输船舶营运方式

海洋货物运输根据船舶营运方式的不同，可以分为班轮运输和租船运输两类。

#### （一）班轮运输

班轮运输（Liner transport）又称定期船运输。它是在一定航线上、按照事先预订的船期和事先规定的运价进行海上货物运输的船舶营运方式。

**1. 班轮运输的特点**

（1）四固定　即固定的航线、固定的挂靠港口、固定的船期和比较固定的运费费率。

（2）管装管卸　承运人负责配载装卸，承、托双方不计装卸时间及滞期费或速遣费。

（3）各种货物都能接受运输　包括冷冻、鲜活易腐、液体、危险品等种类的货物，在港口码头的仓库交接货物，方便货主。

（4）承、托运双方的权利、义务和责任划分以班轮提单上记载的条款为依据。

**2. 班轮运输的优越性**

① 班轮运输特别适合小批量零星货物运输。

② 班轮运输能够满足各种货物的运输需要，并可以比较好的保证货运质量。

③ 班轮运输公司通常还负担货物在中转港的转运工作，来满足货物对外贸易运输的

需要。

### （二）租船运输

租船运输（Charter transport）又称不定期船运输，是指承租人向出租人租赁船舶用于运输货物的业务。

**1. 租船运输的特点**

① 与班轮运输相比，租船运输没有固定的航线、挂靠港口、船期、运价、租金及装卸费用，这些都需要船、货双方根据实际运输货物的情况及船运市场的供求关系协商决定。

② 与班轮运输相比，租船运输特别适合大宗低价货物运输，如粮食、矿砂、煤炭、化肥、水泥等，这些货物对运价的承担能力都不高。

**2. 租船运输的方式**

（1）航程租船（程租船） 它是指由船舶所有人负责提供船舶，在指定的港口之间进行一个航程或数个航程的运输，承运合同指定货物的方式。

航次租船根据双方当事人的运作要求与签约内容，又可分为单航程租船、往返航程租船、连续单航程租船和连续往返航程租船等多种形式。

（2）定期租船（期租船） 它是指船舶所有人将船舶租给租船人，供其使用一定时期的租船运输方式，租船人也可以将租来的船舶当作班轮运输或航次租船使用。

程租船与期租船有许多不同之处，主要表现在如下方面。

① 程租船是按航程租用船舶，而期租船是按期限租用船舶。

② 程租船的船方直接负责船舶的日常经营管理，船东除了负责船舶的航行、驾驶和管理外，还应对货物运输负责；而期租船的船方，只对船舶的日常维护、修理、船员工资与给养和机器的正常运转负责，而船舶的营运调度、货物运输、船舶在租期内的营运管理的日常开支，都由承租方负责。

③ 程租船的租金或运费，一般按所装运的货物数量计算；而期租船的租金一般是按照租期长短以每月每吨若干金额计算。

④ 采用程租船时要规定装卸时间期限和装卸率，用来计算滞期费和速遣费；而采用期租船，承、租双方一般不规定装卸率和滞期费、速遣费。

（3）光船租船（Bare boat charter） 又称船壳租船。这种租船形式具有财产租赁性质。是指船舶所有人在租期内只提供一艘空船给承租人使用，且配备船员，供应给养，船舶的日常营运管理以及一切固定或变动的营运费用都由承租人负担。

（4）包运租船（Contract of affreightment，COA）是指船舶所有人按照固定的运力，在确定的两港或多港之间，按照事先约定好的时间、航次周期和每航次较为均等的运量，完成全部货运量的租船方式。这种方式的租船一般适合运输大宗货物，对托运人来说，他可以获得比较稳定的舱位和优惠的运价；而对承运人而言，他则可以在一定时期内获得稳定的货源。

**3. 租船时应当注意的问题**

① 承租人在租船前必须了解货物贸易合同中的有关运输条款。

② 租船人要弄清装卸港口泊位的水深，等泊时间，装卸港口的作业时间，港口作业的费用、习惯等。

③ 租船人应该选择船龄较小、质量较好的船舶，一般不租船龄在 15 年以上的超龄船。

④ 租船人要考虑船东的信誉和财务情况，特别是在船运市场不景气的时候，更要提高警惕。

⑤ 租船人要了解船运行市，充分利用船东之间、代理商之间、不同船型之间的矛盾，争取到最有利的成交价格。

## 二、海洋货物运输运费计算

### （一）班轮运费

#### 1. 班轮运费的构成

通常承运人都把班轮运输应收的运输费用分为基本运费和附加运费两个部分。基本运费是对任何一种商品都要计收的运费；附加运费则是看不同情况而加收的运费。

（1）基本运费　班轮运输中，常将航线上固定挂靠的港口称为基本港，为在基本港口之间运输而制订的运价称为基本运费率，它是计算班轮运费的基础。

（2）附加运费（Additional charge）　班轮运输中，主要的附加运费如下。

① 超重附加费（Heavy lift add），是指所运输的每件商品的毛重超过规定时增收的费用，超重货物如果需要转船，则转船一次，加收一次。

② 超长附加费（Long length add），是指所运输的每件商品的长度超过规定时增收的费用，超长货物如需转船，则转船一次，加收一次。

③ 转船附加费（Transshipment surcharge），是指商品如果必须在中途挂靠港口换装另一艘船舶才能运到目的港时，承运人为此增收的费用。

④ 燃油附加费（Bunker adjustment factor，BAF），是指当燃油价格上涨，承运人在不调整原定基本运价前提下，为补偿燃油费用的增加而增收的附加费。

⑤ 直航附加费（Direct surcharge），是指托运人要求承运人将其所托运的货物从装运港装船后，不经过转船而直接运抵航线上某一些非基本港时增收的费用。

⑥ 港口附加费（Port add），是指某些港口（包括非基本港）的情况比较复杂（如船舶进出要通过闸门），装卸效率较低或者港口费用较高等情况下，承运人增收的附加费。

⑦ 港口拥挤费（Port congestion surcharge），是指由于港口过于拥挤，船舶抵港后要长时间等泊，为补偿因船期严重延误的损失而增收的附加费。

⑧ 选卸港附加费（Additional on optional discharging port），是指在商品托运时，托运人因不能确定卸货港，而要求预先指定两个或两个以上卸货港，等船舶开航后再做决定，这样会使得这些商品积载增加困难，从而增收的费用。

⑨ 绕航附加费（Deviation surcharge）。是指当正常的航道不能通行，需绕道才能到达目的港时，船方因此要加收此项费用。

⑩ 货币贬值附加费（Devaluation surcharge 或 Currency adjustment factor，CAF），是指为了防止因货币贬值给承运人带来的运费损失而增收的附加费。

除此之外，还有超额责任附加费、变更卸货港附加费等。

#### 2. 班轮运费的计收标准

班轮运费的计收标准是指计算运费时使用的单位。常见的如下。

（1）按货物的毛重　即以重量吨（Weight ton）为计算单位计收运费。1 重量吨为 1 公吨。按此方式计收运费时，班轮运价表中的货物名称后面均注有“W”字样。

（2）按货物的体积　即以尺码吨（Measurement ton）为计算单位计收运费。1 尺码吨为 1 立方米。按此方式计收运费时，运价表中均注有“M”字样。

以上两种计算运费的重量吨或尺码吨统称为运费吨。

（3）按价格计收　又称从价运费。一般是按照货物的 FOB 总价值的一定百分比收取。按此方式计收运费时，在运价表中注有“Ad. Val.”字样。

(4) 按重量吨或尺码吨的高者计收　即在重量吨或尺码吨两种计算标准中选择其高者计收运费。在运价表中用“W/M”表示。

(5) 按重量吨或尺码吨或从价运费计收三者选择一种最高的计收运费　即“W/M or Ad. Val.”。

(6) 按重量吨或尺码吨中收费较高的作为标准再另行加收一定百分比从价运费　即“W/M plus Ad. Val.”。

(7) 按货物的件数（Per unit /per head）计收　当货物以件计数时可以采用。

(8) 按议价（Open rate）计收　即按照承托双方事先约定的协议价格计收运费。

**3. 班轮运费的计算方法**

(1) 计算公式　班轮运费由基本运费和附加运费组成，因此计算公式为

班轮运费＝基本运费＋附加运费

基本运费＝基本费率×计费吨(重量吨或容积吨)

附加运费＝附加运费率×计费吨

如果是从价运费，按规定的百分比乘以FOB价格。如果托运人只提供CIF价格，则必须经过换算求得商品的FOB价格后，才能计算从价运费。按照一般习惯，通常按CFR价格为CIF价格的99%的比例关系，通过下列关系式求得FOB价格

CFR＝0.99CIF

F＝FOB×Ad. Val.

CFR＝FOB＋F

＝FOB＋FOB×Ad. Val

＝(1＋Ad. Val)×FOB

FOB＝CFR/(1＋Ad. Val)

＝0.99CIF/(1＋Ad. Val)

(2) 计算步骤

① 根据托运单查明所装运商品的装货港和目的港所属的航线。注意目的港或卸货港是否属于航线上的基本港；货物是否需要转船或要求直达，如果是选卸货时，选卸港有几个，是否基本港。

② 根据商品的名称，从商品分级表中查明其所属等级，并确定其应采用的计算标准，见表7-1所示。

**表7-1　商品分级表（节选）**

| 货名 | COMMODITY | 等级 Class W/M |
|---|---|---|
| 飞机及零件 | Air crafts & Spare parts | 13 |
| 鹿茸 | Antler | Ad. Val. |
| 竹制品 | Bamboo Products | 8 |
| 自行车及零件 | Bicycles & Parts | 9 |
| 照相机及器材 | Camera & Materials | 12 |
| 大米 | Rice | 4 |
| 木炭 | Charcoal | 1 |
| 干菊花 | Chrysanthemum, Dried | 6 |
| 糖果，糕点 | Confectionery | 9 |
| 洗衣粉、洗洁精 | Detergent, Liquid | 7 |
| 大理石 | Marble | 7 |
| 中药材(捆、袋、筐装) | Medicines, Chinese Raw (in Bales or Backets) | 6 |
| 中药材(箱装) | Medicines, Chinese Raw(in Cases) | 10 |
| 麝香 | Musk | Ad. Val. Or W/M20 |
| 手表 | Watches | 15 |
| 酒(箱、桶、坛装) | Wines (in Cases, Drum & Jars) | 12 |

③ 查找所属航线的等级费率表，找出该等级商品的基本运费率。

④ 查出各项应收附加费的计算办法及费率，见表 7-2 所示。

**表 7-2　中国/欧洲、地中海航线等级费率、附加费率表**（节选）

| 中远集团第一号运价表<br>COSCO GROUP TARIFF NO. 1 | Page | 181 |
|---|---|---|
| | Rev: | |
| | Efft. Date | |
| | Corr. No. | |

中国——欧洲地中海航线
CHINA—EUROPE & MEDITERRANEAN SERVICE

中国基本港：广州、上海、青岛、新港、大连
China Base Ports：Guangzhou，Shanghai，Qingdao，Xingang，Dalian
欧洲基本港：安特卫普、鹿特丹、汉堡、亚历山大、热那亚
Europe Base Ports：Antwerp，Rotterdam，Hamburg，Alexandria，Geroa

等级费率表 Scale of Rates　　IN　USD(F/T)

| 等级<br>CLASS | 费率 Rates | |
|---|---|---|
| | 西行<br>Westbound | 东行<br>Eastbound |
| 6 | 82.00 | 44.00 |
| 7 | 86.00 | 47.00 |
| 8 | 90.00 | 50.00 |
| 9 | 92.00 | 53.00 |
| 10 | 96.00 | 57.00 |
| Ad. Val | 2% | 2% |

注：* 装在杂货船上的散油，出口至热那亚港加收港口附加费 USD 5.00F/T

附加费率表 Scale of Rates　　IN　USD(F/T)

| 港口<br>Port | 直航附加费<br>Direct Additional | 转船附加费<br>Transshipment<br>Additional(on base rate) |
|---|---|---|
| Honfleur | | 135.00 VIA ROTTERDAM |
| Immingham* | 2.70 | 80% |
| Liverpool* | | 64.00 VIA ROTTERDAM |
| London* | 35% | 48.00 VIA ROTTERDAM |
| Malmo | 35% | 48.00 VIA HAMBURG |
| | 3.45 | 100.00 VIA ROTTERDAM |
| Malta | | 95% |
| Marsellles* | No Add. | 120.00 VIA ROTTERDAM |

注：* 装在杂货船上的散油，出口至马赛、利物浦加收港口附加费 USD 50.00F/T
* 利物浦港口附加费 USD 7.00F/T，卸货附加费 USD28.00F/T
* 伦敦、伊明翰港口附加费 USD7.00F/T
* 伊斯肯德伦、伊兹梅尔港口附加费 USD7.00F/T
* 拉塔基亚港口拥挤附加费 10%，92 年 10 月 22 日生效
* 伊斯坦布尔港口附加费 USD7.00F/T，拥挤附加费 10%，92 年 1 月 22 日生效

⑤ 列式计算

**【例 7-1】** 某轮从大连装运 20 吨共 35 立方米干菊花到伦敦，要求直航，计算全程应收多少运费？

**解：**

(1) 从题中知该票商品的运输航线属于中国/欧洲、地中海航线，并从航线费率表得知，伦敦是非基本港。

(2) 查商品分级表得知，干菊花属于6级，计算标准W/M。

(3) 查中国/欧洲、地中海航线费率表得知，6级商品的基本费率为USD82.00(F/T)。

(4) 查中国/欧洲、地中海航线费率表得知，伦敦港直航费加费率为基本运费的35%，伦敦港的港口附加费率为USD7.00 (Freight Ton)。

因干菊花的容积吨大于重量吨，所以按容积吨35立方米计收运费，全程运费为：

F＝82×35＋82×35×35%＋7×35

＝2870＋1004.5＋245

＝4119.5(美元)

**【例7-2】** 某轮从上海装载1立方米的鹿茸运至汉堡港，托运人提供的CIF价格为USD36000.00。计算应收的运费？

**解：**

(1) 从题中知该票商品的运输航线属于中国/欧洲、地中海航线，并从航线费率表得知，汉堡是基本港。

(2) 查商品分级表得知，鹿茸的计算标准为Ad. Val。

(3) 查中国/欧洲、地中海航线费率表得知，Ad. Val为2%。

(4) 因为从价运费是按FOB价格的一定百分比计算的，所以应先根据公式求得鹿茸的FOB价，然后计算全程运费：

FOB＝0.99CIF/(1＋ Ad. Val)

＝(0.99×36000)/(1＋2%)

＝34941.18(USD)

则全程运费为

F＝34941.18×2%

＝691.82(USD)

### (二) 租船运费计算方法

#### 1. 程租船运费

程租船运费主要包括程租船运费和装卸费，还有速遣费和滞期费。

(1) 程租船运费　程租船运费是指货物从装运港至目的港的海上运费。程租船运费的计算方式与支付时间，必须由租船人与出租人在双方所签订的程租船合同中明确规定。其计算方式主要有两种：一种是按运费率（单价）来计算总运费；另一种是整船包租计价。

(2) 程租船的装卸费　在程租船运输情况下，有关货物的装卸费用由租船人和出租人协商确定后再在程租船合同中做出具体规定。具体做法有以下4种。

① 船方负担装货费和卸货费（Gross or Liner or Berth Terms），又称为“班轮条件”。即装卸费用的承担采用班轮运输的做法，将货物的装卸费用包括在程租船运费内。

② 船方管装不管卸（Free Out-FO）。即船方承担装货费，但不承担卸货费。

③ 船方管卸不管装（Free In-FI）。即船方承担卸货费，而不承担装货费。

④ 船方装和卸均不管（Free In And Oot-FIO）。即船方既不承担装货费，也不承担卸货费。在采用这一条件时，双方还要明确平舱费和理舱费由谁负担。一般都规定由租船人负担，即船方不负担装卸，理舱和平舱费条件（Free In And Out，Stowed，Trimmed-FI-

OST)。

(3) 装卸时间、滞期费和速遣费　在程租船运输情况下，装卸货时间的长短影响到船舶的营运周期和在港口的费用，直接关系到船东的利益。因此在程租船合同中，除了需要规定装卸货的期限外，还需要规定一种奖励处罚措施，以督促租船人快装快卸。

装卸时间又称装卸期限，是指租船人承诺在一定的期限内完成货物的装卸工作。装卸期限既可以用若干日表示，也可用装卸率表示。此外，还要规定哪些时间应算为工作日，哪些时间是除外时间。装卸时间的计算，通常有以下几种。

① 日 (Days) 或连续日 (Running Days; Consecutive Days)。是指时间连续满 24 小时就算一日或连续日，也称日历日。

② 工作日 (Working days)。是指按港口习惯，属于正常工作的日子。此时应除去节假日、星期天等非工作日。

③ 晴天工作日 (Weather working days)。是指既是工作日，又是适合装卸的天气才计算为装卸时间。即在工作日的基础上再除去恶劣天气导致的无法工作的时间。

④ 连续 24 小时晴天工作日 (Weather Working Days of 24 Consecutive Hours)。这种条款和晴天工作日相同，但明确了在天气适宜装卸工作日内连续 24 小时算一个工作日。现在已经与晴天工作日的含义基本相同。

在规定的装卸时间内，如果租船人没有能完成装卸作业，为了弥补船方的损失，对超过的时间租船人应该向船方支付一定的罚款，这种罚款称为“滞期费”。反之，如果租船人在规定的装卸时间内，提前完成装卸作业，则所节省的时间船方要向租船人支付一定的奖金，这种奖金称为“速遣费”。后者一般为前者的二分之一。

**2. 期租船租金**

在期租船情况下，租船人为了租用船舶而付给船舶所有人的代价称为租金。租金率取决于船舶的装载能力和租期的长短，通常的规定为按照每月每载重吨若干金额或整船每天若干金额计费。承租人必须按规定的金额支付租金。一般来说，如租金没有在到期日付到船舶所有人指定的收款银行，则船舶所有人有权收回船舶。

## 三、海洋货物运输单据

### (一) 海运提单

海运提单 (Ocean bill of lading, B/L)，简称提单，是指用来证明海上货物运输合同和船方或其代理在接受承运货物或货物装船后签发给托运人的货物收据，以及承运人据以保证交付货物的凭证。

**1. 海运提单的性质和作用**

提单的性质和作用有以下 3 点：一是货物收据，用来证明船方已经接受货物；二是物权凭证，表明提单代表了货物的所有权，提单持有人有权凭以提货，还可以背书转让其货物所有权；三是运输合同的证明，提单的条款规定了承、托运双方的权利和义务、责任与豁免，是处理争议的法律依据。

**2. 海运提单的格式和内容**

(1) 提单的正面内容　一般包括承运人、托运人收货人名称、船名和船籍、装运港、目的港、货物名称、唛头、件数、重量或体积、运费和其他费用、提单签发日期、地点和份数、承运人或其代理签字。

(2) 提单的背面条款　提单的背面印刷的条款规定了承运人与货方之间的权利、义务、责任和豁免，是双方当事人处理争议时的主要法律依据。

在全式（Long Term）正本提单的背面，印有许多条款，具体介绍如下。

① 定义条款（Definition Clause）。主要是对“承运人”、“托运人”等关系人加以限定。前者包括和托运人签订运输合同的船舶所有人，后者包括提货人、收货人、善意提单持有人和货物所有人。

② 管辖权条款（Jurisdiction Clause）。是指当提单条款发生争执时，按照法律规定，哪一方法院有审理和解决案件的权利。

③ 责任期限条款（Duration Of Llabillity）。规定了承运人对货物的灭失或损害承担赔偿责任的期间的条款。一般海运提单都规定承运人的责任期限从货物装上船舶起至卸离船舶为止，即船至船。集装箱提单则规定承运人责任期限从承运人接受货物至交付指定收货人为止，即港至港。

④ 包装和标志（Packages And Marks）。此项条款要求托运人对货物提供合理的包装和正确清晰的标志。如因标志不清或包装不良所产生的一切损失由托运方负责。

⑤ 运费和其他费用（Freight And Other Charges）。运费规定为预付的，应在货物装船时一并支付，到付的应在货物交付时一并支付。当船舶和货物遭受了任何灭失或损失时，运费仍应照付，否则，承运人有权对货物及单证行使留置权。

⑥ 自由转船条款（Transhipment Clause）。此条款规定承运人虽然签发了直达提单，但由于客观需要仍可以自由转船，并不需要托运人的同意。转船费用由承运人负担，但转船的风险仍由托运人承担，而且承运人的责任也只限于其本身经营的船舶所完成的那段运输。

⑦ 错误申报（Inaccuracy In Particulars Furnished By Shipper）。此条款规定承运人有权在装运港和目的港查验托运人申报的货物数量、重量、尺码与内容，如发现与实际不符，承运人可收取运费罚款。

⑧ 承运人的责任限额（Llmit Of Liability）。此条款规定了承运人对货物灭失或损坏所造成的损失所负的最高赔偿限额，即每一件或每计算单位货物赔偿金额最多不超过若干金额。

⑨ 共同海损（General Average，G. A.）。规定若发生共同海损，按照什么规则理算。国际上一般采用 1974 年《约克-安特卫普》规则理算。在我国，一些提单常规定按照 1975 年《北京理算规则》理算。

⑩ 舱面货，活动物和植物（On Deck Cargo，Live Animals And Plants）。此条款规定对这三种货物的接受、搬运、运输、保管和卸货，由托运人承担风险，承运人对其灭失或损坏概不承担责任。

**3. 海运提单的种类**

（1）根据货物是否已经装船，提单可划分如下。

① 已装船提单（On board B/L）。是指承运人在货物已经装上指定船舶后所签发的提单。已装船提单必须以文字表明货物已装上船舶，提单签发日即为货物装船完备的日期。

② 收货备运提单（Received for shipment B/L）。是指承运人在已收到托运人提交的货物等待装运的期间所签发的提单。在签发备运提单的情况下，发货人可在货物装船后用来换发已装船提单。

按国际贸易惯例，除非信用证另有约定，否则卖方有义务向买方提交已装船提单。

（2）根据货物外表有无不良批注来划分，提单可分类如下。

① 清洁提单（Clean B/L）。是指货物在装船时表面状况良好，承运人在提单上没有明确宣称货物受损及/或包装有缺陷状况的不良批注的提单。

② 不清洁提单（Unclean B/L 或 foul B/L）。是指承运人在签发的提单上带有明确宣称货物及/或包装有缺陷状况的不良批注的提单。例如提单上有货物外包装破损、三箱短少、

五箱被水浸泡等此类批注。

按国际贸易惯例，除非信用证另有约定，否则卖方有义务提交清洁提单。

(3) 根据运输方式的不同，提单可分类如下。

① 直达提单（Direct B/L）。指货物自装货港装船后，中途不经换船直接驶到卸货港卸货而签发的提单。直达提单上不得载有“转船”或“在某港转船”的批注。凡信用证规定不准转船者，必须使用这种直达提单。使用直达提单，货物由同一船舶直运目的港，对买方来说比中途转船有利得多，它既可以节省费用、减少风险，又可以节省时间，及早到货。在贸易实务中，如信用证规定不准转船，则卖方必须取得直达提单才能结汇。

② 转船提单（Transshipment B/L）。承运人在装货港签发的中途得以转船运输而至目的港的提单。在提单上注明“转运”或在“某某港转船”字样，转船提单往往由第一程船的承运人签发。由于货物中途转船，增加了转船费用和风险，并影响到货时间，故一般信用证内均规定不允许转船，但直达船少或没有直达船的港口，买方也只好同意可以转船。

③ 联运提单（Through B/L）。货物由海上、内河、铁路、公路、航空等两种或多种运输方式进行联合运输而签的适用于全程运输的提单。联运的范围超过了海上运输界限，货物由船舶运送经水域运到一个港口，再经其他运输工具将货物送至目的港，先海运后陆运或空运，或者先空运、陆运后海运。当船舶承运由陆路或飞机运来的货物继续运至目的港时，货方一般选择使用船方所签发的联运提单。

(4) 根据收货人栏填写不同，提单可分类如下。

① 记名提单（Straight B/L）。是指在收货人栏内列明收货人名称的提单，此时货物就只能交给收货人，不能背书（Endorsement）转让。这种提单可以不凭正本提单提货，此时该提单就丧失了物权凭证的功能，一般用于买方预付货款情况。

② 不记名提单（Bearer B/L）。是指在收货人栏内不需填写任何收货人，只写明“货交提单持有人”，或根本不填写任何内容的提单。此时谁持有提单，谁就可凭以提货，船方交货是认单不认人。以上两种提单在实际业务中很少使用。

③ 指示提单（Order B/L）。是指在收货人栏内填写“凭指定”（To order）或“凭某人指定”（To the order of…）字样的提单，这种提单须经过背书才能转让。指示提单通过转让便可达成转让货物所有权的交易。这种提单有利于资金周转，使用起来方便灵活，是实际业务中较多采用的提单。

指示提单的背书有“空白背书”和“记名背书”两种。空白背书是指由背书人（提单转让人）在提单背面签章，但不注明被背书人（提单受让人）的名称；记名背书除了背书人签章外，还要注明被背书人的名称，如需再转让可再加背书。目前使用最多的是凭指定并经空白背书的提单，习惯上称其为“空白抬头、空白背书”提单。

(5) 根据提单内容的繁简程度不同，提单可分类如下。

① 全式提单（Long term B/L）。是指提单除正面印就的提单格式所记载的事项，背面列有关于承运人与托运人及收货人之间权利、义务等详细条款的提单。由于条款繁多，所以又称繁式提单。在海运的实际业务中大量使用的大都是这种全式提单。

② 简式提单（Short term B/L）。又称短式提单、略式提单，是相对于全式提单而言的，是指提单背面没有关于承运人与托运人及收货人之间的权利、义务等详细条款的提单。这种提单一般在正面印有“简式”（Short Form）字样，以示区别。简式提单中通常列有如下条款：“本提单货物的收受、保管、运输和运费等事项，均按本提单全式提单的正面、背面的铅印、手写、印章和打字等书面条款和例外条款办理，该全式提单存本公司及其分支机构或代理处，可供托运人随时查阅。”

(6) 根据船舶营运方式的不同，提单可分类如下。

① 班轮提单（Liner B/L）。采取班轮运输方式、由经营班轮运输的承运人或其代理人签发的提单叫做班轮提单。

② 租船提单（Charter party B/L）。采用租船运输方式，在货物装船后，由船东或船长根据租船契约签发的提单叫做租船提单。这类提单上通常加注有“根据××租船合同出立”的批语。

(7) 根据运费支付方式不同，提单可分类如下。

① 运费预付提单（Freight prepaid B/L）。成交 CIF、CFR 价格条件为运费预付，按规定货物托运时，必须预付运费。在运费预付情况下出具的提单称为运费预付提单。这种提单正面载明“运费预付”字样，运费付后才能取得提单；付费后，若货物灭失，运费不退。

② 运费到付提单（Freight to be collected B/L）。以 FOB 条件成交的货物，不论是买方订舱还是买方委托卖方订舱，运费均为到付（Freight Payable at destination），并在提单上载明“运费到付”字样，这种提单称为运费到付提单。货物运到目的港后，只有付清运费，收货人才能提货。

(8) 根据提单使用效力的不同，提单可分类如下。

① 正本提单（Original B/L）。是指提单上经承运人、船长或其代理人签字盖章并注明签发日期的提单。此提单在法律上商业上都是公正有效的单证。提单上要注明“正本”字样，以示与副本提单有别。

② 副本提单（Non-negotiable or copy B/L）。是指提单上没有承运人、船长或其代理人签字盖章，而仅供工作上参考之用的提单。在副本提单上一般都标明“Copy”、“Non-negotiable”字样，以示与正本提单有别。

(9) 其他种类提单

① 舱面提单（On deck B/L）。是指承运人签发的提单上注有“货装甲板”字样的提单。这种提单的托运人一般都向保险公司加保舱面险，以保货物安全。除非有特殊规定，银行一般不接受舱面提单。

② 过期提单（Stale B/L）。是指信用证项下错过规定的交单日期或者比货物晚到目的港的提单。前者是指卖方在超过提单签发日期后 21 天才交单议付的提单，银行拒绝接受此类提单；后者是指近洋运输时，往往会有货物先到单据后到的情况，所以在近洋国家之间的货物买卖合同中，一般都订有“过期提单可以接受”的条款。

③ 倒签提单（Antedated B/L）。是指货物装船后，承运人应托运人的请求签发的早于货物实际装船日期的提单。例如：实际装船日期是 6 月 25 日，为了符合客户 6 月 21 日之前装货的要求，则将提单日期倒签至 6 月 21 日，以符合客户规定的装运期。

④ 预借提单（Advanced B/L）。是指在货物尚未装船，应托运人的请求，预先签发的、借给托运人的提单。

⑤ 顺签提单（Deferred B/L）。是指在货物装船后，承运人或其代理应托运人的要求签署提单的签发日期晚于实际装船日期的提单。

按规定提单必须于货物装船完毕时签发。因此倒签也好，预借、顺签也好，此时提单的出单日期都不是真正的装船日期。这种行为侵犯了收货人的合法权益，都属于欺诈行为，所以应当尽量减少或避免使用。即使万不得已要开立上述 3 种提单时，也必须要托运人提供担保函（Letter of indemnity）后才能获得。

### （二）海上货运单

海上货运单，简称海运单（Sea waybill or Ocean waybill ），是指证明海上货物运输合同和货物已经由承运人接管或装船，以及承运人保证据以将货物交付给单证上所注明的收货人的一种不可转让的单证。

因为海运单不是物权凭证，不能向银行押款，也不可转让，所以也称“不可转让海运单”（Non-negotiable sea waybill）。由于海运单使用起来能简化买方提货手续，减少假提单的诈骗现象，降低承运人的风险，所以近年来较为常见。

# 任务二 了解进出口货物的其他运输方式

## 一、铁路运输

### （一）国际铁路货物联运

**1. 概述**

国际铁路货物联运，是指当货物在两个或两个以上国家之间进行铁路运输时使用一份统一的国际联运票据，从一国铁路接受货物的地点向另一国铁路交付货物的地点运输时，无需发货人、收货人参加，铁路部门对全程运输负连带责任的运输方式。

**2. 托运程序**

① 出口单位或货运代理向铁路车站填报铁路运单一式五联。其中第一联是“运单正本”，随货物到目的站，交给收货人；第二联是“运行报单”，是参加联运各国铁路之间办理交接货物，划分责任，清算费用的原始依据；第三联是“运单副本”，由始发站盖章后交发货人供办理货款结算和索赔用；第四联是“货物交付单”，随货物到目的站并留存；第五联是“到达通知单”，随货物到达目的站交收货人。

② 始发车站审核运单无误后签署货物进站日期或装车日期，表示接受托运。

③ 发货人按照规定的日期将货物运往车站或指定的地点。

④ 对整车货物，车站核对单货无误，装车后由始发站在运单上加盖承运日期戳，表示负责承运。火车装运完毕后加以施封，铅封内容有站名、封志号、年、月、日。

⑤ 对零担货物，发货人须向始发站申请托运。车站受理后，发货人按指定日期将货运到车站，经检查、过磅后交铁路部门保管，车站在运单上加盖承运日期戳，表示负责承运。

**3. 出口货物的交付**

货物抵达目的站时，由该站通知收货人领取货物。

**4. 货损事故索赔**

如果收货人收取货物时或收到货物后发现货损货差，应找相关当事人索赔。

### （二）对港澳地区的铁路运输

**1. 对香港地区的铁路运输**

对香港地区的铁路运输是由内地段和港九段两部分铁路运输组成。其特点是“租车方式、两票运输”。

**2. 对澳门地区的铁路运输**

目前内地到澳门地区没有直达的陆地交通，出口单位在发送地车站将货物运至广州，整车到广州南站新风码头42道专用线，零担到广州南站，危险品零担到广州吉山站，集装箱和快件到广州车站，收货人均为广东省外运公司，货到广州后由广东省外运公司办理水路中转将货物运往澳门，货到澳门由南光集团的运输部负责接货并交付收货人。

**3. 托运程序**

① 出口单位或货代（当地外运公司）向当地铁路部门办理托运后，凭托运地外运公司签发的“承运货物收据”(Cargo receipt) 向银行办理结汇。

② 出口单位或货代应委托深圳外运公司为收货人办理接货、报关、租车过轨等中转手续。

③ 出口单位或货代将有关单证如供港货物委托书、出口许可证（如需要）、报关单、商检证、商业发票、装箱单或重量单等寄给深圳外运公司，货物装车后 24 小时内发起运电报以便深圳外运公司办理中转。如因单证不全或有差错、电报不及时或发生货物破损、变质、被盗等情况，货车将不能直接过轨，会造成货物压车留站，需支付很多压车费用。

④ 凡具备过轨手续的货车，由深圳外运公司负责报关，经海关审单无误后，即会同联检单位对过轨货车进行联检，没有问题则由海关、边检站共同在“出口货车组成单”上签字放行。

⑤ 过轨后的货车经铁路运到深圳北站以南 1 公里与港段罗湖站连接处，然后由罗湖站验收并托运过境。过境后由“香港中国旅行社”向港段海关报关，并在罗湖站办理手续，港段承运后，即将过轨货车送到九龙站，由“中旅”公司负责卸车并将货物分别交给收货人。

到港澳地区的货物运费由内地至深圳北站运费、中转费、港段运杂费 3 个部分构成。内陆城市往往通过铁路将货物运往港澳地区，因此，对其了解非常必要。

## 二、航空运输

### （一）航空货运方式

**1. 班机运输**

班机运输（Scheduled air-line）是指利用在固定的航线上定期航行的航班来运输货物的方式。这种航班有固定的始发站、到达站和途经站。

**2. 包机运输**

包机运输（Chartered carrier）是指货主或航空运输代理人租用整架飞机或部分，用来进行货物的运输的方式。

**3. 集中托运**

集中托运（Consolidation）是指航空货运代理人把若干批不同发货人单独发运的货物组成一批向航空公司办理托运，填写一份总运单将货物发送到同一目的站的运输方式。

**4. 航空快递**

航空快递（Air express）是由一个专门经营此项业务的机构（即快递公司）与航空公司合作，由专人用最快的速度在货主、机场、收件人之间传递急件的方式。

### （二）航空货物运输承运人

航空货物运输承运人包括航空运输公司和航空货运代理公司。航空运输公司负责将货物从一个机场运至另一个机场，航空货运代理公司（空代）负责揽货、接货、报关、订舱及在目的地机场提货和将货物交付收货人等业务。

### （三）空运出口货物的程序

① 托运人向航空代理提供“空运出口货物委托书”和出口合同各一份。

② 空代根据委托书向航空公司办理订舱手续，订妥后及时通知发货人备货备单。

③ 托运人备妥货物及缮制所有出口单证后送交空代，以便办理报关手续。

④ 空代接受货物时，应根据发票、装箱单，逐一清点、核对，查验货物有无残损。

⑤ 空代向航空公司交货时，应预先制作一式两份交接清单。

⑥ 空代将报关单证交海关后，如未发现问题，海关便在航空运单正本、出口收汇核销单和出口报关单上加盖放行章。

⑦ 托运人凭空代签发的“分运单”向银行办理结汇。如托运人是直接向航空公司托运，就凭其签发的“主运单”办理结汇。

⑧ 货到目的站后，航空公司以书面或电话通知当地空代或收货人提货。

### （四）航空运单

航空运单（Air Waybill）是由承运人或其代理签发的货运单据，可凭此向银行办理结汇，但不是物权凭证。航空运单根据签发人的不同分为主运单（MAWB）和分运单（HAWB）。前者由航空公司签发，后者由航空货运代理公司签发，两者在内容上基本相同，具有同等法律效力。

### （五）航空运价

#### 1. 指定货物运价

指定货物运价（Special cargo rate）指在特定航线上享有的特别优惠的运价。指定运价规定有起码重量（100 公斤），达不到则不能按此价计算。

#### 2. 等级货物运价

等级货物运价（Class cargo rate）仅适用于少数货物。通常在一般货物运价基础上增加或减少一定的百分比计收，其最低计费重量为 5 公斤。

#### 3. 普通货物运价

普通货物运价（General cargo rate）指货物的种类既不适用指定货物运价也不适用等级货物运价，而必须按一般货物运价计收。

# 任务三　熟悉集装箱运输及国际多式联运

## 一、集装箱的运输方式

### （一）集装箱的含义与类型

#### 1. 含义

所谓集装箱，是指具有一定强度、刚度和规格，专供货物周转使用的大型装货容器。使用集装箱装运货物，可直接在发货人的仓库装货，运到收货人的仓库卸货，运输过程中更换运输工具时，无须将货物从箱内取出换装。

#### 2. 集装箱的类型

（1）按集装箱（又称货柜）的规格尺寸划分　目前，国际标准化组织（ISO 组织）为了统一集装箱的规格，推荐了 3 个系列 13 种规格的集装箱，而在国际货物运输中经常使用的是 20 英尺和 40 英尺集装箱，其规格如表 7-3。

（2）按制箱材料分　有铝合金集装箱、钢板集装箱、纤维板集装箱、玻璃钢集装箱。

表 7-3　集装箱的标准尺寸（内径）　　单位：厘米

| 型号 | 长 | 宽 | 高 | 箱门(宽) | 箱门(高) |
| --- | --- | --- | --- | --- | --- |
| 40′(英尺) | 1206 | 234 | 239 | 227 | 231 |
| 20′(英尺) | 594 | 237 | 236 | 232 | 229 |

（3）按用途分　有通用集装箱、冷藏集装箱（Reefer Container）、挂衣集装箱（Dress Hanger Container）、开顶集装箱（Opentop Container）、框架集装箱（Flat Rack Container）、罐式集装箱（Tank Container）。

### （二）集装箱运输

**1. 集装箱运输的特点**

集装箱运输（Container Transport），是以集装箱作为运输单位进行货物运输的一种现代化的运输方式。它可以将货物从发货人仓库直接运到收货人仓库，实现门到门的运输。具有装卸效率高、减少货损货差，提高货运质量、降低货运成本、简化手续、可进行连续运输的优点。

**2. 集装箱运输机构**

（1）集装箱堆场　集装箱堆场（Container Yard，CY）是专门用来保管和堆放集装箱（重箱和空箱）的场所，是整箱货（Full Container Load，FCL ）办理交接的地方，一般设在港口的装卸区内。

（2）集装箱货运站　集装箱货运站（Container Freight Station，CFS）又叫中转站或拼装货站，是拼箱货（Less Container Load，LCL）办理交接的地方，一般设在港口、车站附近，或内陆城市交通方便的场所。

**3. 装箱、交接方式**

（1）装箱方式

① 整箱货：即一个发货人，一个收货人。在海关的监督下，货方负责装拆箱的货物（可在货主仓库或集装箱货场交接货）。

② 拼箱货：即若干发货人，若干收货人。由承运人负责装拆箱的数量的货物（在集装箱货运站交接货）。

（2）交接方式　可分为四类，即 FCL—FCL、FCL—LCL、LCL—FCL、LCL—LCL，共 9 种。

① CY—CY（集装箱堆场到集装箱堆场）。

② CFS—CFS（集装箱货运站到集装箱货运站）。

③ Door—Door（门到门）。

④ Door—CY（门到场）。

⑤ Door—CFS（门到站）。

⑥ CY—Door（场到门）。

⑦ CY—CFS（场到站）。

⑧ CFS—Door（站到门）。

⑨ CFS—CY（站到场）。

**4. 集装箱海运运费计费方法**

集装箱运费包括内陆运费、拼箱费、堆场服务费、海运运费、集装箱及其设备使用费等。这里我们简单介绍集装箱海运运费的计算方法。集装箱海运运费的计收方法基本上有两类：一类以每运费吨（Freight ton）为计算单位（按件杂货费率）；另一类按包箱费率以每个集装箱为计费单位。

（1）件杂货基本费率加附加费

① 基本费率。参照传统件杂货运价，以运费吨为计算单位，目前多数航线上采用等级费率。

② 附加费。除传统件杂货所收的常规附加费外，还要加收一些与集装箱货物运输有关的附加费。

（2）包箱费率（Box Rate）　常见的包箱费率有以下3种表现形式。

① FAK包箱费率（Freight For All Kinds）。即对每一个集装箱不细分箱内货物种类，在限额之内不计算装货量统一收取的运价。其形式如表7-4所示。

**表7-4　中国—新加坡航线集装箱费率**（FAK包箱费率表）（美元，in US$）

| 装港 | 货类 | CFS/CFS | CY/CY | |
|---|---|---|---|---|
| | | per F/T | 20′FCL | 40′FCL |
| 大连 | 杂货 | 78.5 | 1250.00 | 2310.00 |
| 新港 | 杂货 | 70.00 | 1150.00 | 2035.00 |
| 上海 | 杂货 | 70.00 | 1150.00 | 2035.00 |
| 黄埔 | 杂货 | 63.00 | 950.00 | 1750.00 |

② FCS包箱费率（Freight For Class）。即按不同货物等级制订的包箱费率，集装箱普通货物的等级划分与杂货运输分法一样，仍是1～20级，但是集装箱货物的费率差级远远小于件杂货的费率级差，一般低等级货物的集装箱收费高于传统运输，高价值货集装箱运费则低于传统运输；同一等级的货物，按重量计费的货物集装箱运价高于按体积计费的货物集装箱运价。可见，船公司鼓励托运人把高价值货和体积货装箱运输。在这种费率下，拼箱货运费计算与传统运输一样，根据货物名称查得货物等级、计算标准，然后去查相应的费率，乘以运费吨，即得运费。其形式如表7-5所示。

**表7-5　中国—澳大利亚航线集装箱费率**（FCS包箱费率表）（美元，in US$）

| 基本港:Brisbane　Mellboume　Sydney　Fremantle | | | | |
|---|---|---|---|---|
| 等级 | 计算标准 | 20′(CY/CY) | 40′(CY/CY) | LCL(per F/T) |
| 1～7 | W/M | 1700 | 3230 | 95 |
| 8～13 | W/M | 1800 | 3420 | 100 |
| 14～20 | W/M | 1900 | 3510 | 105 |

③ FCB包箱费率（Freight For Class或Basis）。这是按不同货物等级或货类以及计算标准制订的费率。其格式如表7-6所示。

**表7-6　中国—地中海航线集装箱费率**（FCB包箱费率表）（美元，in US$）

| 基本港:Algiers　Genoa　Marseilles—FOS | | | | |
|---|---|---|---|---|
| 等级 | LCL per W | LCL per M | FCL 20′(CY/CY) | FCL 40′(CY/CY) |
| 1～7 | 131.00 | 100.00 | 2250.00 | 4200.00 |
| 8～13 | 133.00 | 102.00 | 2330.00 | 4412.00 |
| 14～20 | 136.00 | 110.00 | 2450.00 | 4640.00 |

**5. 集装箱运输出口操作程序**

（1）租船、订舱　货主根据贸易合同和信用证有关条款的规定，填写订舱委托书，连同其他文件一起提交船公司或货运代理办理订舱手续。

（2）接受托运并办理相关手续　船公司在受理了货主提交的订舱委托书和其他文件后，考虑订舱要求、运输工具、装卸地条件、运输时间以及运输条件等因素，审核无误后，接受订舱要求并办理托运手续。

（3）提取空箱　是指在整箱货的情况下货主凭船公司签发的提箱凭证向集装箱堆场提取空箱的过程。

（4）整箱货的装箱与交货　如货主托运的货物为整箱货，则货主在提取了集装箱后可回自己的营业场所自行装箱。

（5）拼箱货的装箱与交货　如货主托运的货物为拼箱货，则货主需先将货物运至货运站，由货运站的拼箱人负责拼箱。

（6）重箱进场　是指货主或拼箱人将装满货物的集装箱重新运进堆场，准备装船。

（7）换取提单　理论上的集装箱提单均是收货备运提单，在货物进入堆场后签发，等货物装船后再加注船名和装船日期。在实际业务中，集装箱提单往往是到集装箱装船后才签发。

（8）集装箱装船　货主可以委托货运代理到装卸现场监督货物装船过程。以便随时掌握装卸进度和处理突发问题，维护自身利益。

（9）传递相关资料　货物装船完毕后，缮制相关单据并寄交中转地货运代理，办好货物的中转工作。

## 二、国际多式联运

国际多式联运（International Multimodal Transport），是在集装箱运输的基础上产生和发展起来的一种综合性的多种运输方式连贯运输，它以集装箱为媒介，把海、陆、空各种单一运输方式有机地结合起来，组成一种国际间的连贯运输。它是按照一份多式联运合同，以两种或两种以上不同的运输方式，由多式联运经营人将货物从一国境内接管货物的地点运至另一国境内指定交付地点。

**1. 国际多式联运的基本条件**

① 多式联运经营人与托运人之间事先签订一份多式联运合同，用来明确承、托双方的权利、义务。

② 必须使用两种或两种以上运输方式进行运输。

③ 使用一份包括全程的多式联运单据（Multimodal Transport Documents，MTD），并由多式联运经营人对全程负责（我国使用 C. T. B/L）。

④ 多式联运经营人必须使用全程统一运价，一次性收取运费。

⑤ 货物必须是在国际间运输。

**2. 国际多式联运的货物托运和交接方式**

（1）货物托运　多式联运经营人根据托运人的委托安排运输路线、方式，进行订舱（或订车）委托，办理接货、仓储、装箱，再将集装箱发往实际承运人指定的集装箱场站准备出运。

（2）交接方式　与一般集装箱运输相同，分四类九种方式。

**3. 多式联运单据**

国际多式联运使用的单据是多式联运提单，它是由多式联运经营人签发的，在提单上列明发货港和卸货港、收货地和交货地、最终目的地以及各段运输工具名称等。

# 任务四　掌握买卖合同中的装运条款及其缮制

国际货物买卖合同中的装运条款往往包括交货的时间与地点、装运港与目的港、是否允许分批装运与转运和装运通知等内容。

交货时间是指卖方按买卖合同规定将符合合同要求的货物交付给买方或承运人的期限，故又称"交货期"或"装运期"。《公约》规定：卖方必须在约定的日期或一段时间内交付货物，如提前交付货物，买方有权要求损害赔偿和/或拒收货物。

交货地点是指卖方按买卖合同规定将货物交付给买方或承运人的地点。

## 一、"装运"和"交货"的概念

"装运"是指卖方将货物交给承运人以运往目的地的行为。而"交货"则是指卖方自愿将其对货物的所有权转移给买方的行为。

现代国际贸易中大多数都采用F组和C组贸易术语，这类合同都属于"装运合同"，即卖方在装运港或发货地将货物装上运输工具或交给承运人或第一程承运人以运交买方就算完成交货义务。在此情况下，从时间上讲，"装运"和"交货"是同一含义。同时，应当注意的是，在使用FCA、FOB、CFR、CPT、CIF、CIP等术语的合同项下，货物交给承运人或第一程承运人的"交货"，在未将货运单据转让给买方以前，只是一种"推定交货"，货物的所有权仍属卖方。从这个意义上讲，"装运"和"交货"的含义又是不同的。

在采用"E"组、"D"组术语成交时，"装运"和"交货"则是两个完全不同的概念，采用"E"组术语成交时，从时间上讲是先"交货"后"装运"；采用"D"组术语成交时，从时间上讲是先"装运"后"交货"，因此决不能随意相互代替使用。

## 二、装运时间

装运时间又称装运期（Time of shipment），是卖方将货物装上运输工具或交给买方或交给承运人的期限。

装运时间是买卖合同的主要交易条件，卖方必须严格按照合同规定的时间装运货物，如果提前或延迟交付，都会构成违约，买方则有权拒收货物甚至解除合同，并同时提出损害赔偿的要求。

**1. 装运时间的规定方法**

① 规定某月装运，如"6月份装运"。

② 规定跨月装运，如"6/7月份装运"。

③ 规定在某月月底或某日前装运，如"最迟装运期7月31日"。

④ 规定在收到信用证后若干天内装运，如"装运期为卖方收到信用证后30天"。在采用这种方法时，最好在合同中同时约定买方申请开证的最迟时间。

**2. 规定装运时间的注意事项**

① 应当考虑货源与船源的实际情况。

② 装运期限长短应当适度。

③ 注意装运期与开证日期的衔接，避免使用过于笼统的规定方法。

一般来说，开证日期比装运日期要提前30～45天（根据不同商品具体而定）。

## 三、装运港（地）和目的港（地）

装运港（Port of shipment）是指货物开始装运的港口，对FOB合同，装运港为合同要件；目的港（Port of destination）是指货物最终卸船的港口，对于CFR、CIF合同，目的港为合同要件。

**1. 装运港的规定方法及注意事项**

装运港一般由卖方提出，买方同意后确定。卖方应选择接近货源地、储运设施较完备的港口，同时考虑港口和国内运输的条件及费用水平。在规定装运港时应注意以下方面。

① 一般情况下，只需规定一个装运港，例如：在大连港装运（Shipment from Dalian）。

② 如货物数量较大或来源比较分散，集中在一起装运有困难，可规定两个或两个以上装运港。

③ 有时货源不十分固定，可不规定具体港口，只规定大体范围。例如：在中国港口装运（Shipment from Chinese port）。

**2. 目的港的规定方法及注意事项**

目的港一般由买方提出，卖方同意后确定。通常只规定一个目的港；有时明确一个目的港有困难，买方可规定两个或两个以上的目的港；个别也有作笼统规定的。在规定目的港时应注意以下方面。

① 力求具体明确。

② 注意目的港的条件。

③ 一般不接受指定某个码头卸货。

④ 注意国外港口有无重名问题。

⑤ 不能接受内陆城市为目的港的条件（多式联运除外）。

## 四、分批装运和转运

### （一）分批装运

又称分期装运，是指同一个合同项下的货物分若干期或若干批装运。一个合同能否分批交货或装运，应看合同中规定是否允许分批交货或装运而定。如果合同中未明确规定允许分批装运，应视为禁止。《UCP600》规定："除非信用证另有规定，分批支款及/或装运均被允许"。

分批装运的方法主要有以下两种。

**1. 笼统规定**

例如：允许分批装运。在此种条件下，受益人应视货物准备情况，决定是否分批，分几批，每批装运数量和装运时间。但应注意，如决定分批，最后一批货物的装运时间不得迟于信用证规定的最迟装运期。

**2. 在规定分批装运条款的同时，订明每批装运的时间和数量**

采用这种方法时，卖方必须严格按合同的规定装运，如果其中任何一期没有按时、按量装运，除非合同另有规定，就可视为违反合同。如信用证规定在指定的时期内分期装运，而任何一期未按期装运，除非信用证另有规定，则信用证对该期及以后各期均告失效。

《公约》规定，对分批交付货物的合同，如果一方当事人不履行对任何一批货物的义务，便对该批货物构成根本违反合同，则另一方当事人可以宣告合同对该批货物无效；如果当事人不履行对任何一批货物的义务，使另一方当事人有充分理由断定对今后各批货物将会发生根本违反合同，该另一方当事人可以在一段合理时间内宣告合同今后无效。如果各批货物是相互依存的，不能单独用于双方当事人在订立合同时所设想的目的，则买方在宣告合同对任何一批货物的交付为无效时，可以同时宣告合同对已交付的或今后交付的各批货物均为无效。

例如：出口一批成套机器设备，合同规定分三批装运，结果卖方在第二批货物装运时没有能够按时完成，买方可以宣布该批货物交付无效，同时可以宣布之前交付的货物和今后交付的货物均无效。

同时应注意，《UCP600》规定："运输单据上已注明是使用同一运输工具装运并经同一路线运输，即使运输单据上注明的装运日期不同及/或装货港、接受监管地或发货地点不同，只要运输单据注明是同一目的地，将不视为分批装运。"因此，货物装在同一船舶、同一航次的多次装运，即使运输单据注明不同装运日期及表明不同装运港口或起运地，也不算作分批装运。

**【例 7-3】** 出口货物 1000 吨，信用证规定禁止分批装运。结果受益人在规定的装运期内分别在大连、新港各装 500 吨于同一航次同一船只上，提单也注明的不同装运港和不同的装船时间。此种做法应认为不构成分批装运，符合信用证的规定，银行当然不能拒绝付款。

### （二）转运

转运是指货物从装运港或发货地到目的港或目的地的运输过程中，从一运输工具上卸下，再装上同一运输方式的另一运输工具；或在不同运输方式下，从一种方式的运输工具上卸下，再装上另一种方式的运输工具上的行为。如果合同中未明确规定是否允许转运，视为禁止。如果信用证中未明确规定是否允许转运，根据《UCP600》规定，视为允许。

## 五、装运通知

装运通知（Shipping advice）可在两种情况下发出，一是在 FOB 条件下，卖方应在规定的装运期前 30～45 天向买方发出货物备妥通知，以便买方派船接货。另一种情况是在货物装船后，卖方在约定时间电告买方，以便买方作好报关接货的准备。特别是按 CFR 或 CPT 条件成交时，卖方交货后，更应及时向买方发出装运通知，以便买方购买保险。如果卖方没有发出装运通知，则由此带来的风险和损失由卖方承担。

## 六、买卖合同中装运条款实例

**1. 从上海至纽约，2005 年 4/5 月份分两批平均装运，允许转船。**

Shipment from Shanghai to New York, during Apr/ May 2005 in two about equal lots, transshipment allowed.

**2. 从连云港至东京，3/4/5 月份装运，允许分批和转船。**

Shipment from Lianyungang to Tokyo, during Mar/ Apr/ May with partial shipment and transshipment allowed.

**3. 从伦敦至南通，2005 年 5 月 31 日之前装运，禁止分批和转运。**

Shipment from London to Nan tong not later than May 31st, 2005, not allowed partial shipment and transshipment.

## 课后训练题

### 一、选择题

1. 班轮运输的运费应该包括（　　）。

A. 装卸费，不计滞期费、速遣费　　B. 装卸费，但计滞期费、速遣费
C. 卸货费和滞期费，不计速遣费　　D. 卸货费和速遣费，不计滞期费

2. 在进出口业务中，能够作为物权凭证的运输单据是（　　）。
A. 铁路运单　　B. 海运提单　　C. 航空运单　　D. 邮包收据

3. 必须经背书才能进行转让的提单是（　　）。
A. 记名提单　　B. 不记名提单　　C. 指示提单　　D. 海运单

4. 按《UCP600》解释，若信用证条款中未明确规定是否“允许分批装运”、“允许转运”，则应视为（　　）。
A. 可允许分批装运，但不允许转运　　B. 可允许分批装运和转运
C. 可允许转运，但不允许分批装运　　D. 不允许分批装运和转运

5. 在规定装卸时间的办法中，使用最普遍的是（　　）。
A. 日或连续日　　B. 累计 24 小时好天气工作日
C. 连续 24 小时好天气工作日　　D. 24 小时好天气工作日

6. 我国内地经由铁路供应港澳地区的货物，向银行收汇的凭证是（　　）。
A. 国际铁路联运单　　B. 国内铁路联运单
C. 承运货物收据　　D. 多式联运单

7. 在班轮运价表中用字母“M”表示的计收标准为（　　）。
A. 按货物毛重计收　　B. 按货物体积计收
C. 按商品价格计收　　D. 按货物件数计收

8. 在定程租船方式下，对装卸费的收取办法中 FO 的含义是（　　）。
A. 船方不负担装卸费　　B. 船方只负担装货费，而不负担卸货费
C. 船方负担装卸费　　D. 船方只负担卸货费，而不负担装货费

9. 按提单收货人抬头分类，在国际贸易中被广泛使用的提单有（　　）。
A. 记名提单　　B. 不记名提单　　C. 指示提单　　D. 班轮提单

10. 提单中注明的装船日期早于实际装船日期的情况有（　　）。
A. 倒签提单　　B. 预借提单　　C. 备运提单　　D. 已装船提单

11. 银行在结汇时，一般只接受（　　）。
A. 清洁提单　　B. 备运提单　　C. 不清洁提单　　D. 记名提单

12. 下列不属于海运提单性质和作用的是（　　）。
A. 承运货物收据　　B. 货物投保的证明
C. 货物所有权凭证　　D. 运输合同的证明

13. 如果国外来证中规定装运期为“On or about March 10，2005”，我方可理解为必须在（　　）。
A. 3 月 9～11 日装运完毕　　B. 3 月 5～15 日装运完毕
C. 3 月 1～10 日装运完毕　　D. 3 月 10～15 日装运完毕

14. 按提单有无不良批注，可分为（　　）。
A. 清洁提单　　B. 不清洁提单　　C. 记名提单　　D. 不记名提单

## 二、简答题

1. 简述班轮运输的特点。
2. 班轮运费的计费标准有哪几种？
3. 简述海运提单的性质与作用。
4. 简述国际多式联运的基本条件。
5. 在定程租船方式下，对装卸费的收取方法有哪几种规定？

6. 什么叫清洁提单？为什么买方要求卖方必须提供清洁提单？

7. 什么叫记名提单？什么叫不记名提单？这两种提单的使用情况如何？

8. 什么是装运期？合同中规定装运期有何意义？

9. 买卖合同中的装运期有哪些规定办法？

10. 买卖合同中规定装运时间应注意哪些问题？

**三、计算题**

1. 某公司出口箱装货物一批，原报价为每箱 50 美元 FOB 上海，英国商人要求改 CFR3% Hamburger。我方应报价多少？（已知，该批货物体积 0.05 立方米，每箱毛重 40 千克，商品计费标准为 W/M，每运费吨基本运费率为 200 美元，并加收燃油附加费 10%）。

2. 我按 CFR 价格出口洗衣粉 100 箱，该商品内包装为塑料袋，每袋 0.5 千克，外包装为纸箱，每箱 100 袋，箱的尺寸 47 厘米×30 厘米×20 厘米，基本运费为每尺码吨 USD $367，另加收燃油附加费 33%，港口附加费 5%，转船附加费 15%，计费标准为“M”，试计算该批商品的运费为多少？

3. 某商品纸箱装，每箱毛重 30 公斤，体积 0.05 立方米，原报价每箱 30 美元 FOB 上海，现客户要求改报 CFR C2% 横滨港。问在不减少收汇额的条件下，我方应报价多少？（该商品计费标准为 W/M，每运费吨基本费率为 200 美元，到横滨港加收港口附加费 10%）

**四、案例分析题**

1. 山东某公司向国外出口一批花生仁，国外客户开来不可撤销信用证，证中的装运条款规定：“Shipment from Chinese port to Singapore in May, Partial shipment prohibited.”山东某公司因货源不足，先于 5 月 15 日在青岛港将 200 公吨花生仁装“东风”轮，取得一套提单；后又在烟台联系到一批货源，在山东某公司承担相关费用的前提下，该轮船又驶往烟台港装了 300 公吨花生仁于同一轮船，5 月 20 日取得有关提单。然后在信用证有效期内将两套单据交银行议付，银行以分批装运，单证不符为由拒付货款。问银行的拒付是否合理？为什么？

2. 我某公司向非洲某公司出口某商品 15000 箱，合同规定 1～6 月按月等量装运，每月 2500 箱，凭不可撤销即期信用证付款，客户按时开来信用证，证上总金额与总数量均与合同相符，但装运条款规定为“最迟装运期为 6 月 30 日，分数批装运”。我方 1 月份装出 3000 箱，2 月份装出 4000 箱，3 月份装出 8000 箱。客户发现后向我方提出异议。你认为对方这样做是否可以？为什么？

3. 有一份合同，出售中国大米 10000 公吨。合同规定：“自 2 月份开始，每月装船 1000 公吨，分十批交货。”卖方从 2 月开始交货，但交至第五批大米时，大米品质有霉变，不适合人类食用。因而买方以此为理由，主张以后各批交货均应撤销。问：(1) 上述情况，买方有无这种权利，为什么？(2) 若此份合同交易的是一套大型成套的机械设备，再发生第五批品质不符，买方有无这种权利，为什么？(3) 若此笔交易是凭信用证方式付款，卖方第五批交货违反了交货期，卖方持单向银行议付时，银行是否会付款，为什么？

4. 我国向科威特出口茶叶 600 箱，合同和信用证均规定“从 4 月份开始，连续每月 200 箱”，问：我方于 4 月份装 200 箱，5 月份没装，6 月份装 200 箱，7 月份装 200 箱，可否？

# 项目八

# 进出口货物运输保险

## 能力目标

通过本章的学习，学生应该能够：

① 了解保险的基本原则；

② 掌握海上货物保险的险别及承保范围；

③ 掌握我国海上货物运输保险的险别及保障范围；

④ 了解我国陆空邮运货物的保险险别；

⑤ 熟悉伦敦保险业协会海运货物保险险别及保障范围；

⑥ 掌握货运保险业务的实务操作，学会审核和订立保险条款。

保险是指投保人向保险人支付保险费，保险人对合同约定的可能发生的事故引起的损失承担赔偿责任。在国际贸易中，货物从卖方到买方必须经过长途运输和多次装船、储存等环节。在这个过程中，容易因自然灾害、意外事故和其他外来因素遭受损失，货主为了在货物受损后能获得经济补偿，就必须对货物进行保险，因此，保险是国际贸易不可缺少的组成部分。

## 任务一　了解保险的基本原则

### 一、保险利益原则

保险利益又称可保利益，是指投保人对保险标的具有法律上承认的利益。保险利益是保险合同有效成立的要件，保险合同有效必须建立在投保人对保险标的具有保险利益的基础上。具体构成需满足 3 个要件：保险利益必须是合法利益、保险利益必须是有经济价值的利益、保险利益必须是可以确定的和能够实现的利益。

在国际货物运输保险中，仅要求被保险人在保险标的发生损失时必须具有保险利益。

### 二、最大诚信原则

最大诚信原则是指投保人和保险人在签订保险合同以及在合同有效期内，必须保持最大限度的诚意，双方都应恪守信用，互不欺骗隐瞒，保险人应当向投保人说明保险合同的条款内容，并可以就保险标的或投保人的有关情况提出询问，投保人应当如实告知。对投保人来说，最大诚信原则主要有两方面的要求：一是重要事实的申报；二是保证。保证是指投保人或被保险人对某些特定事项为一定行为、不为一定行为或某特定事项的真实性向保险人所作的担保。例如，当事人签订火灾保险合同时，投保人承诺不在该房屋内堆放易燃品，此承诺即为保证。

## 三、补偿原则

保险的补偿原则，又称损害赔偿原则，是指当保险标的遭受保险责任范围内的损失时，保险人应当依照保险合同的约定履行赔偿义务。保险补偿的原则通常包括以下两层含义。

一是保险合同订立以后，保险标的遭受保险事故而产生损失，被保险人有权按保险合同的约定，获得全面、充分的补偿。

二是保险人对被保险人的赔偿恰好使保险标的恢复到未出险前的状况，即保险补偿以被保险人的实际损失为限，但又不能超过保险金额，被保险人不能因保险赔偿而获得额外的经济利益。

## 四、近因原则

近因原则是为了明确事故与损失之间的因果关系，认定保险责任而专门设立的一项基本原则。它的含意是指保险人对承保范围内的保险事故作为直接的、最接近的原因引起的损失，承担保险责任。对承保范围以外的原因造成的损失，不负赔偿责任。

在实践中，近因原则使用时可以分为以下几种情况。

**1. 致损原因只有一个**

如果被保险货物在运输途中遭遇风险导致损失，经查导致损失的原因只有一个，而且在保险公司承保责任范围之内，这个原因就是损失的近因，保险公司应对此项损失给予赔偿；反之，如果经查导致损失的原因不在保险公司承保责任范围之内，保险公司无须赔偿。例如，出口一批货物投保了一切险，货物在运输途中因受雨淋而遭受损失，此时保险公司应该赔偿，因为雨淋这种外来风险已包含在一切险的承保范围之内；如果投保的是平安险或水渍险，保险公司将不予赔偿，因为雨淋这种外来风险不在平安险和水渍险的承保范围之内。

**2. 致损原因有两个或以上**

(1) 如果导致货物损失的原因有两个或以上，且这些原因都在承保责任范围内，那么货物所遭受的损失保险公司应予赔偿；如果这些原因都不在承保责任范围内，保险公司则无需赔偿。

(2) 如果导致货物损失的原因有两个或以上，但这些原因有些是承保责任范围内的，有些是承保责任范围外的，此时应根据导致货物损失的直接原因在不在承保责任范围内而区别对待。

① 导致货物损失的原因有两个或以上，前面的原因在承保责任范围内，后面的原因不在承保责任范围内，但后面的原因是前面的原因导致的必然后果，则前面的原因是近因，保险公司对此应予赔偿。

例如：某企业进口一批冷藏物品，投保了水渍险。在运输途中遭遇雷击导致船舶上的冷藏设备损坏，无法制冷，船舱气温上升，部分货物由此变质腐烂。此时货物受损是气温上升引起的，而气温上升是由于雷击导致冷藏设备损坏引起的，雷击是造成货损的直接原因。虽然货物受热致损不在水渍险的承保范围之内，但雷击在水渍险的承保范围之内，因此保险公司对此项损失应予赔偿。

② 导致货物损失的原因有两个或以上，前面的原因不在承保范围内，后面的原因在承

保范围之内，但后面的原因是前面的原因导致的必然后果，则前面的原因是近因，保险公司对此无需赔偿。

例如：某企业进口一批货物，投保了一切险。货到目的港后，货物卸船后在用卡车运至保险单载明的收货仓库的过程中遭遇敌机轰炸，引起火灾，使该批货物被焚毁。当被保险人要求保险公司赔偿时遭到了拒绝，理由是造成货物损失的原因有两个：敌机轰炸和火灾，虽然造成货物损失的原因——火灾在一切险的承保范围之内，但火灾是由于敌机轰炸这一战争行为引起的，敌机轰炸时造成货物损失的直接原因，而这一原因不在一切险的承保范围之内，所以保险公司不予赔偿。

# 任务二　掌握海运货物保险的保障范围

## 一、风险

海上货物运输的风险分成海上风险和外来风险。风险是造成损失的原因。

### （一）海上风险

海上风险在保险界又称为海难，包括海上发生的自然灾害和意外事故。

**1. 自然灾害**

自然灾害是指由于自然界的变异引起破坏力量所造成的灾害。海运保险中，自然灾害仅指恶劣气候、雷电、海啸、地震、洪水、火山爆发等人力不可抗拒的灾害。

**2. 意外事故**

意外事故是指由于意料不到的原因所造成的事故。海运保险中，意外事故仅指搁浅、触礁、沉没、碰撞、火灾、爆炸和失踪等。

（1）搁浅　是指船舶与海底、浅滩、堤岸等在事先无法预料到的意外情况下发生接触，并搁置一段时间，使船舶无法继续行进以完成运输任务。但规律性的潮汛涨落所造成的搁浅则不属于保险搁浅的范畴。

（2）触礁　是指载货船舶触及水中岩礁或其他阻碍物（包括沉船）。

（3）沉没　是指船体全部或大部分已经没入水面以下，并已失去继续航行能力。若船体部分入水，但仍具航行能力，则不视作沉没。

（4）碰撞　是指船舶与船或其他固定的、流动的固定物猛烈接触。如船舶与冰山、桥梁、码头、灯标等相撞等。

（5）火灾　是指船舶本身、船上设备以及载运的货物失火燃烧。

（6）爆炸　是指船上锅炉或其他机器设备发生爆炸和船上货物因气候条件（如温度）影响产生化学反应引起的爆炸。

（7）失踪　是指船舶在航行中失去联络，音讯全无，并且超过了一定期限后，仍无下落和消息，即被认为是失踪。

### （二）外来风险

外来风险一般是指由于外来原因引起的风险。它可分为一般外来风险和特殊外来风险。

**1. 一般外来风险**

是指货物在运输途中由于偷窃、下雨、短量、渗漏、破碎、受潮、受热、霉变、串味、玷污、钩损、生锈、碰损等原因所导致的风险。

**2. 特殊外来风险**

是指由于战争、罢工、拒绝交付货物等政治、军事、国家禁令及管制措施所造成的风险与损失。如因政治或战争因素，运送货物的船只被敌对国家扣留而造成交货不到；某些国家颁布的新政策或新的管制措施以及国际组织的某些禁令，都可能造成货物无法出口或进口而造成损失。

## 二、损失

被保险货物因遭受海洋运输中的风险所导致的损失称之为海损或海上损失。海损按损失程度的不同，可分为全部损失和部分损失。

### （一）全部损失

全部损失简称全损，是指被保险货物在海洋运输中遭受全部损失。从损失的性质看，全损又可分为实际全损和推定全损两种。

**1. 实际全损**

又称绝对全损，是指保险标的物在运输途中全部灭失或等同于全部灭失。在保险业务上构成实际全损主要有以下几种。

（1）保险标的物全部灭失　例如，载货船舶遭遇火灾，被保险货物全部被焚毁。

（2）保险标的物的物权完全丧失已无法挽回　例如，载货船舶被海盗抢劫，虽然标的物仍然存在，但被保险人已失去标的物的物权。

（3）保险标的物已丧失原有商业价值或用途　例如，水泥受海水浸泡后变硬；烟叶受潮发霉后已失去原有价值。

（4）载货船舶失踪，无音讯已达相当一段时间　在国际贸易中，一般根据航程的远近和航行的区域来决定时间的长短。

被保险货物在遭受实际全损时，被保险人可按其投保时的保险金额获得保险公司全部损失的赔偿。

**2. 推定全损**

是指保险货物的实际全损已经不可避免，或为了避免实际全损而进行施救、复原的费用已超过将货物运抵原定目的港之后的价值。构成被保险货物推定全损的情况有以下几种。

① 保险标的物受损后，其修理费用超过货物修复后的价值。

② 保险标的物受损后，其整理和继续运往目的港的费用，超过货物到达目的港的价值。

③ 保险标的物的实际全损已经无法避免，为避免全损所需的施救费用，将超过获救后标的物的价值。

被保险货物发生推定全损时，被保险人可以要求保险公司按全部损失赔偿，也可以要求按部分损失赔偿。如果要求按全部损失赔偿，被保险人必须向保险公司发出委付通知，即被保险人表示愿意将保险标的的一切权利和义务转移给保险公司，并要求按全部损失赔偿的一种行为。如果要求按部分损失赔偿，保险公司的赔偿金额不超过保险金额与货物剩余价值的差额。

### （二）部分损失

部分损失是指被保险货物的损失没有达到全部损失的程度。部分损失按其性质，可分为共同海损和单独海损。

**1. 共同海损**

共同海损是指载货的船舶在海上遇到灾害、事故，威胁到船、货等各方的共同安全，船方为了解除这种威胁，维护船货安全，使航程得以继续完成，由船方有意识地、合理地采取措施，所做出的某些特殊的牺牲或支出某些额外费用，这些损失和费用叫共同海损。

例如：某一货船从上海驶往马赛途中，遭遇暴风雨，船身严重倾斜，即将倾覆，船长为了避免船只覆没，命令船员抛弃船舱内的一部分货物以保持船身平衡，这种抛弃就是为了避免船、货的全部损失而采取的措施，被抛弃的货物属于特殊牺牲，这项损失应由船、货各利害关系方共同负担。又例如，船舶搁浅时，为了使船舶脱险，雇用拖驳强行脱浅的费用，即为共同海损费用。

共同海损是采取救难措施所引起的。构成共同海损应具备以下条件。

(1) 必须确实遭遇危难　亦即共同海损的危险必须是实际存在的，或者是不可避免的，而不是主观臆测的。可以预见的常见事故所造成的损失不能构成共同海损。

(2) 必须是有意识地采取的合理措施　有意识是指共同海损的救助是人为的经过思考和计划而做出的，并非意外的损失；合理是指在采取共同海损行为时，必须符合当时实际情况的需要，并且本着节约的原则较好地解除危险。例如，当遭遇暴风雨，船身严重倾斜，不得不采取措施减轻重量时，应抛弃那些较重的、价值较低的，便于抛出的货物。

(3) 必须是为船、货共同安全而采取的措施　采取共同海损的措施，必须是以维护船只和所有载运货物的共同安全为目的。如只是为了船舶或货物单方面的利益而造成的损失，则不能作为共同海损。

(4) 必须是属于非常性质的损失　所做的牺牲和费用是为解除危险，而不是危险造成的。例如，船只搁浅后，为使船只脱浅，非正常地使用船上的轮机，使轮机遭受到损失，即属于非常性质的损失。

(5) 牺牲和费用的支出必须最终有效　即在采取有意识和合理措施作出特殊牺牲或支出某些额外费用之后，确实使船、货脱离了危险状态。

共同海损牺牲和费用都是为了使船舶、货物和运费各方免于遭受损失而支出的，因而应该由船舶、货物和运费各方按最后获救价值的比例分摊，这种分摊叫共同海损的分摊。

**2. 单独海损**

是指保险标的物在海上遭受承保范围内的风险所造成的部分灭失或损坏，即指除共同海损以外的部分损失。这种损失只能由标的物所有人单独负担。

例如：某公司出口核桃仁100公吨，在海运途中遭受暴风雨，海水浸入舱内，核桃受水泡变质，这种损失只是使该公司一家的利益遭受影响，跟同船所装的其他货物的货主和船东利益并没有什么关系，因而属于单独海损。

单独海损和共同海损的区别主要表现在以下两个方面。

(1) 造成海损的原因有别　单独海损是承保风险所直接导致的船货损失；共同海损则不是承保风险所直接导致的损失，而是为了解除船、货共同危险有意识采取合理措施而造成的损失。

(2) 损失的承担责任有别　单独海损由受损方自行承担；而共同海损则由各受益方按照受益大小的比例共同分摊。

## 三、费用

海上风险还会造成费用支出，主要有施救费用和救助费用。

**1. 施救费用**

所谓施救费用是指被保险货物在遭受承保责任范围内的灾害事故时，被保险人或其代理人或保险单受让人，为了避免或减少损失，采取各种措施而支出的合理费用。

**2. 救助费用**

所谓救助费用是指保险人或被保险人以外的第三者采取了有效的救助措施之后，由被救方付给救助方的报酬。

# 任务三　掌握我国海洋货物运输保险的险别与条款

保险险别是指保险人对风险和损失的承保责任范围。按中国保险条款（CIC 条款，1981 年 1 月 1 日修订）规定，投保人可根据货物特点、航线及港口实际情况自行选择适当的险别。

## 一、基本险别与条款

中国人民保险公司规定的基本险别包括平安险（Free from Particular Average FPA）、水渍险（With Average or With Particular Average，WA or WPA）和一切险（All Risks）。

### （一）3 种基本险别的责任范围

**1. 平安险**

本保险负责赔偿的范围如下。

① 货物在运输途中由于恶劣气候、雷电、海啸、地震、洪水自然灾害造成整批货物的全部损失或推定全损。当被保险人要求赔付推定全损时，需将受损货物及其权利委付给保险公司。被保险货物用驳船运往或运离海轮的，每一驳船所装的货物可视作一个整批。

② 由于运输工具遭受搁浅、触礁、沉没、互撞、与流冰或其他物体碰撞以及失火、爆炸意外事故造成货物的全部或部分损失。

③ 在运输工具已经发生搁浅、触礁、沉没、焚毁意外事故的情况下，货物在此前后又在海上遭受恶劣气候、雷电、海啸等自然灾害所造成的部分损失。

④ 在装卸或转运时由于一件或数件整件货物落海造成的全部或部分损失。

⑤ 被保险人对遭受承保责任内危险的货物采取抢救、防止或减少货损的措施而支付的合理费用，但以不超过该批被救货物的保险金额为限。

⑥ 运输工具遭遇海难后，在避难港由于卸货所引起的损失以及在中途港、避难港由于卸货、存仓以及运送货物所产生的特别费用。

⑦ 共同海损的牺牲、分摊和救助费用。

⑧ 运输契约订有“船舶互撞责任”条款，根据该条款规定应由货方偿还船方的损失。

**2. 水渍险**

除包括上列平安险的各项责任外，本保险还负责被保险货物由于恶劣气候、雷电、海啸、地震、洪水自然灾害所造成的部分损失。

**3. 一切险**

除包括上列平安险的各项责任外，本保险还负责被保险货物在运输途中由于外来原因所致的全部或部分损失。

从 3 种基本险别的责任范围来看，平安险的责任范围最小，水渍险的责任范围比平安险的责任范围大，一切险的责任范围是 3 种基本险别中最大的一种，它是水渍险加一般附加险的总和。

### （二）除外责任

中国人民保险公司对 3 种基本险别规定了对下列损失不负赔偿责任：

① 被保险人的故意行为或过失所造成的损失；

② 属于发货人责任所引起的损失；

③ 在保险责任开始前，被保险货物已存在的品质不良或数量短差所造成的损失；

④ 被保险货物的自然损耗、本质缺陷、特性以及市价跌落、运输延迟所引起的损失或费用；

⑤ 本公司海洋运输货物战争险条款和货物运输罢工险条款规定的责任范围和除外责任。

### （三）责任起讫

中国人民保险公司海运货物保险条款规定的保险公司保险责任起讫主要有两点。

① 适用“仓至仓”条款（Warehouse to Warehouse Clause）。即自被保险货物运离保险单所载明的起运地仓库或储存处所开始运输时生效，包括正常运输过程中的海上、陆上、内河和驳船运输在内，直至该项货物到达保险单所载明目的地收货人的最后仓库或储存处所或被保险人用作分配、分派或非正常运输的其他储存处所为止。如未抵达上述仓库或储存处所，则以被保险货物在最后卸载港全部卸离海轮后满 60 天为止。如在上述 60 天内被保险货物需转运到非保险单所载明的目的地时，则以该项货物开始转运时终止。

② 由于被保险人无法控制的运输延迟、绕道、被迫卸货、重行装载、转载或承运人运用运输契约赋予的权限所作的任何航海上的变更或终止运输契约，致使被保险货物运到非保险单所载明目的地时，在被保险人及时将获知的情况通知保险人，并在必要时加缴保险费的情况下，本保险仍继续有效，保险责任按下列规定终止。

被保险货物如在非保险单所载明的目的地出售，保险责任至交货时为止，但不论任何情况，均以被保险货物在卸载港全部卸离海轮后满 60 天为止。

被保险货物如在上述 60 天期限内继续运往保险单所载原目的地或其他目的地时，保险责任仍按上述规定终止。

### （四）索赔时效

以上 3 种基本险别的索赔时效，从被保险货物在最后卸载港全部卸离海轮后起算，最多不超过两年。

## 二、附加险别与条款

附加险别是对基本险别的补充，根据我国海运货物保险条款的规定，附加险别不能单独投保，只能在投保一种基本险别的基础上加保。

### （一）一般附加险

**1. 偷窃提货不着险（Theft, pilferage and non-delivery, T. P. N. D.）**

保险有效期内，保险货物被偷走或窃走，以及货物运抵目的地以后，整件未交的损失，由保险公司负责赔偿。

**2. 淡水雨淋险（Fresh water rain damage）**

货物在运输中，由于淡水、雨水以及雪融所造成的损失，保险公司都应负责赔偿。淡水包括船上淡水舱、水管漏水等。

**3. 短量险（Risk of shortage）**

负责保险货物数量短少和重量的损失。通常包装货物的短少，保险公司必须要查清外包装是否发生异常现象，如破口、破袋、扯缝等；如属散装货物，往往以装船和卸船重量之间的差额作为计算短量的依据。

**4. 混杂、玷污险（Risk of intermixture &contamination）**

保险货物在运输过程中，混进了杂质所造成的损失。例如矿石等混进了泥土、草屑等使质量受到影响。此外，保险货物因为和其他物质接触而被玷污，例如布匹、纸张、食物、服装等被油类或带色的物质污染因而引起的经济损失。

**5. 渗漏险（Risk of leakage）**

流质、半流质的液体物质等油类物质，在运输过程中因为容器损坏而引起的渗漏损失。如以液体装存的湿肠衣，因为液体渗漏而使肠衣发生腐烂、变质等损失，均由保险公司负责赔偿。

**6. 碰损、破碎险（Risk of clash & breakage）**

碰损主要是对金属、木质等货物来说的，破碎则主要是对易碎性物质来说的。前者是指在运输途中，因为受到震动、颠簸、挤压而造成货物本身的损失；后者是在运输途中由于装卸野蛮、粗鲁，运输工具的颠震，造成货物本身的破裂、断碎的损失。

**7. 串味险（Risk of odour）**

例如茶叶、香料、药材等在运输途中受到一起堆存的皮革、樟脑等异味的影响使品质受到损失。

**8. 受热、受潮险（Damage caused by heating & sweating）**

例如船舶在航行途中，由于气温骤变，或者因为船上通风设备失灵等使舱内水汽凝结、发潮、发热引起货物的损失。

**9. 钩损险（Hook damage）**

保险货物在装卸过程中因为使用手钩、吊钩等工具所造成的损失，例如粮食包装袋因吊钩钩坏而造成粮食外漏所造成的损失。保险公司在承保该险别的情况下，应予赔偿。

**10. 包装破裂险（Loss for damage by breakage of packing）**

因为包装破裂造成物资的短少、玷污等损失。此外，对因保险货物运输过程中续运安全需要而产生的候补包装、调换包装所支付的费用，保险公司也应负责。

**11. 锈损险（Risk of Rust）**

保险公司负责保险货物在运输过程中因为生锈造成的损失。不过这种生锈必须在保险期内发生，如原装时就已生锈，保险公司不负责任。

上述附加险，不能独立承保，它必须附属于基本险别下。也就是说，只有在投保了基本险别以后，投保人才允许投保附加险。投保“一切险”后，上述附加险别均包括在内，无需加保。

### （二）特殊附加险

特殊附加险只能在投保“平安险”、“水渍险”和“一切险”的基础上加保。特殊附加险共有以下8种。

**1. 海上货物运输战争险（War Risk）**

这是特殊附加险的主要险别之一，是保险人承保战争或类似战争行为导致的货物损失的特殊附加险。被保险人必须投保货运基本险之后，才能经特别约定投保战争险。战争险的承保责任范围包括：

① 直接由于战争、类似战争行为、敌对行为、武装冲突或海盗行为等所造成运输货物的损失；

② 由于上述原因所引起的捕获、拘留、扣留、禁制、扣押等所造成的运输货物的损失；

③ 各种常规武器（水雷、炸弹等）所造成的运输货物的损失；

④ 由本险责任范围所引起的共同海损牺牲、分摊和救助费用。

但由于敌对行为使用原子或热核制造的武器导致被保险货物的损失和费用不负责赔偿；或根据执政者、当权者，或其他武装集团的扣押、拘留引起的承保航程的丧失和挫折而提出的任何索赔不负责赔偿。

战争险的责任起讫采用“水面”条款，以“水上危险”为限，是指保险人的承保责任自货物装上保险单所载明的启运港的海轮或驳船开始，到卸离保险单所载明的目的港的海轮或驳船为止。如果货物不卸离海轮或驳船，则从海轮到达目的港当日午夜起算满15日之后责任自行终止；如果中途转船，不论货物在当地卸货与否，保险责任以海轮到达该港可卸货地点的当日午夜起算满15天为止，等再装上续运海轮时，保险责任才继续有效。

**2. 海上货物运输罢工险（Strikes Risk）**

海上货物运输罢工险是保险人承保被保险货物因罢工等人为活动造成损失的特殊附加险。罢工险的保险责任范围包括：

① 罢工者、被迫停工工人或参加工潮暴动、民众斗争的人员的行动所造成的直接损失，恐怖主义者或处于政治目的而采取行动的人所造成的损失；

② 任何人的敌意行动所造成的直接损失；

③ 因上述行动或行为引起的共同海损的牺牲、分摊和救助费用。

海洋运输货物罢工险以罢工引起的间接损失为除外责任，即在罢工期间由于劳动力短缺或不能运输所致被保险货物的损失，或因罢工引起动力或燃料缺乏使冷藏机停止工作所致冷藏货物的损失。

罢工险责任起讫采取“仓至仓”条款。罢工险与战争险的关系密切，按国际海上保险市场的习惯，保了战争险，再加保罢工险时一般不再加收保险费；如仅要求加保罢工险，则按战争险费率收费。所以一般被保险人在投保战争险的同时加保罢工险。

**3. 进口关税险（Import Duty Risk）**

该险承保的是被保险货物受损后，仍得在目的港按完好货物交纳进口关税而造成相应货损部分的关税损失。但是，保险人对此承担赔偿责任的条件是货物遭受的损失必须是保险单承保责任范围内的原因造成的。进口关税险的保险金额根据本国进口税率确定，并与货物的保险金额分开，在保险单上另行列出。而保险人在损失发生后，对关税损失部分的赔付以该保险金额为限。投保进口关税险，往往是针对某些国家规定，进口货物不论是否短少、残损均需按完好价值纳税而适用的。

**4. 舱面险（On Deck Risk）**

该附加险承保装载于舱面（船舶甲板上）的货物被抛弃或海浪冲击落水所致的损失。一般来讲，保险人确定货物运输保险的责任范围和拟定保险费时，是以舱内装载运输为基础的。但有些货物因体积大或有毒性或有污染性或根据航运习惯必须装载于舱面，为对这类货物的损失提供保险保障，可以加保舱面货物险。加保该附加险后，保险人除了按基本险责任范围承担保险责任外，还要依舱面货物险对舱面货物被抛弃或风浪冲击落水的损失予以赔偿。由于舱面货物处于暴露状态，易受损害，所以保险人通常只是在“平安险”的基础上加保舱面货物险，以免责任过大。

**5. 黄曲霉素险（Aflatoxin Risk）**

该附加险承保被保险货物（主要是花生、谷物等易产生黄曲霉素）在进口港或进口地经卫生部门检验证明，其所含黄曲霉素超过进口国限制标准，而被拒绝进口、没收或强制改变用途所造成的损失。按该险条款规定，经保险人要求，被保险人有责任处理被拒绝进口或强制改变用途的货物或者申请仲裁。

**6. 拒收险（Rejection Risk）**

当被保险货物出于各种原因，在进口港被进口国政府或有关当局拒绝进口或没收而产生损失时，保险人依拒收险对此承担赔偿责任。但是，投保拒收险的条件是被保险人在投保时必须持有进口所需的一切手续（特许证或许可证或进口限额）。如果被保险货物在启运后至抵达进口港之前的期间内，进口国宣布禁运或禁止进口的，保险人只负责赔偿将该货物运回出口国或转口到其他目的地所增加的运费，且以该货物的保险金额为限。同时，拒收险条款还规定：被保险人所投保的货物在生产、质量、包装、商品检验等方面，必须符合产地国和进口国的有关规定。如果因被保险货物的记载错误、商标或生产标志错误、贸易合同或其他文件存在错误或遗漏、违反产地国政府或有关当局关于出口货物规定而引起的损失，保险人概不承担保险责任。

**7. 交货不到险（Failure to Deliver Risk）**

该险承保自被保险货物装上船舶时开始，在6个月内不能运到原定目的地交货。不论何种原因造成交货不到，保险人都按全部损失予以赔偿，但是，被保险人应将货物的全部权益转移给保险人，因为造成交货不到的原因并非运输上的，而是某些政治原因（如被另一国在中途港强迫卸货等），所以，被保险人在投保该险别时必须获得进口货物所有的一切许可手续，否则投保该险是无效的。同时，由于该附加险与提货不着险和战争险所承保责任范围有重叠之处，故保险公司在条款中规定，提货不着险和战争险项下所承担的责任，不在交货不到险的保险责任范围之内。

**8. 出口货物到香港（包括九龙在内）或澳门存仓火险责任扩展条款（Fire Risk Extension Clause For Storage of Cargo at Destination Hong Kong, Including Kowloon, or Macao, F. R. E. C.）**

这是一种扩展存仓火险责任的特别附加险。它对被保险货物自内地出口运抵香港（包括九龙）或澳门地区，卸离运输工具，直接存放于保险单载明的过户银行所指定的仓库期间发生火灾所受的损失，承担赔偿责任。该附加险是一种保障过户银行权益的险种。因为货物通过银行办理押汇，在货主未向银行归还贷款前，货物的权益属于银行，所以在该保险单上必须注明过户给放款银行。相应的，货物在此期间到达目的港的，收货人无法提货，必须存入过户银行指定的仓库。从而，保险单附加该险条款的，保险人承担火险责任。该附加险的保险期限，自被保险货物运入过户银行指定的仓库之时起，至过户银行解除货物权益之时，或者运输责任终止时起满30天时止。若被保险人在保险期限届满前向保险人书面申请延期的，在加缴所需保险费后可以继续延长。

## 任务四　熟悉协会货物保险的险别及条款

英国伦敦保险协会制订的《协会货物条款》（Institute Cargo Clauses，ICC）是对世界各国保险业影响最大，应用最为广泛的保险条款。

## 一、伦敦保险协会海运货物保险条款的主要内容和特点

**1. ICC 条款险别**

① 协会货物（A）险条款，即 ICC（A）。

② 协会货物（B）险条款，即 ICC（B）。

③ 协会货物（C）险条款，即 ICC（C）。

④ 协会货物战争险条款（Institute War Clauses Cargo）。

⑤ 协会货物罢工险条款（Institute Strike Clauses Cargo）。

⑥ 恶意损害险条款（Malicious Damage Clause）。

上述 6 种险别中（A）险、（B）险、（C）险属于基本险，其他属于附加险。除恶意损害险外，前 5 种险别可以单独投保。在 ICC 条款中，上述前 5 种险别均按条款的性质统一划分为 8 项主要内容，即：承保范围、险外责任、保险期限、索赔、保险利益、减少损失、防止延迟和法律与惯例。

**2. ICC 条款的特点**

① ICC 条款的战争险和罢工险在需要时能单独投保。

② ICC 条款的各种险别取消了按全部损失与部分损失区分险别的规定。

③ ICC 条款的各种险别赔偿时不计免赔率。

④ ICC 条款规定的保单是一种空白格式的保险单，其内容简洁、明确附注。

⑤ ICC 条款增加了可保利益条款、续运费条款、增值条款、放弃条款和法律与惯例条款 5 个条款。

## 二、伦敦保险协会海运货物保险条款中的主要险别

### （一）ICC（A）险的承保责任范围与除外责任

**1. ICC（A）险的承保责任范围**

ICC（A）险的承保范围较广，采用“一切风险减除外责任”的方式，即除了“除外责任”项下所列的风险保险人不予负责外，其他风险均予负责。

**2. ICC（A）险的除外责任**

（1）一般除外责任　如因包装或准备不足或不当所造成的损失；使用原子或热核武器所造成的损失和费用。

（2）不适航、不适货除外责任　主要是指被保险人在被保险货物装船时已知船舶不适航，以及船舶、运输工具、集装箱等不适货。

（3）战争除外责任。

（4）罢工除外责任。

### （二）ICC（B）险的承保责任范围与除外责任

ICC（B）险的承保范围采用除外责任之外“列明风险”的方式，即把其承保的风险意外一一列举出来。本保险负责的范围如下。

① 火灾或爆炸。

② 船舶或驳船遭受搁浅、触礁、沉没或倾覆。

③ 陆上运输工具的倾覆或出轨。

④ 船舶、驳船或其他运输工具同除水以外的任何外界物体碰撞或接触。

⑤ 在避难港卸货。

⑥ 地震、火山爆发或雷电。

⑦ 由于下列原因引起的保险标的损失。

a. 共同海损牺牲；

b. 抛货或浪击落海；

c. 海水、湖水或河水进入船舶、驳船、其他运输工具、集装箱或海运集装箱贮存处所；

d. 货物在船舶或驳船装卸时落海或跌落造成任何整件的全损。

ICC（B）险的除外责任包括ICC（A）险的除外责任以外，保险人对“海盗行为”与“恶意损害险”不负责。

### （三）ICC（C）险的承保责任范围与除外责任

ICC（C）险的承保范围和（B）险一样，采用除外责任之外“列明风险”的方式，可是仅对“重大意外事故”所致损失负责，对非重大意外事故和自然灾害所致损失均不负责。本保险负责的范围如下。

① 火灾或爆炸。

② 船舶或驳船遭受搁浅、触礁、沉没或倾覆。

③ 陆上运输工具的倾覆或出轨。

④ 船舶、驳船或运输工具同除水以外的任何外界物体碰撞。

⑤ 在避难港卸货。

⑥ 共同海损的牺牲。

⑦ 抛货。

ICC（C）险的除外责任与ICC（B）险的除外责任完全相同。

## 三、ICC条款和我国海洋货物运输保险条款的比较

ICC（A）、ICC（B）、ICC（C）险的承保范围类似于我国海洋货物运输中的“一切险”、“水渍险”和“平安险”不同之处如下。

① 海盗行为所造成的损失是ICC（A）险的承保责任范围，而在一切险中是除外责任。

② ICC（A）险包括恶意损害险，而一切险中不包括此种险。

③ ICC（B）险、ICC（C）险改变了水渍险与平安险对承保范围中某些风险不明确的弊病，采取“列明风险”的办法，即把承保风险和损失一一列明。

ICC（A）险、ICC（B）险、ICC（C）险条款的责任起讫也采用“仓至仓”条款，但比我国相关条款规定更为详细。

# 任务五　掌握进出口货物保险的实务

在国际货物买卖中，由哪一方负责投保，由价格条件确定。如按FOB条件和CFR条件成交，保险由买方办理。

## 一、确定保险金额

保险金额是指保险人承担赔偿或者给付保险金责任的最高限额，也是保险人计算保险费的基础。保险金额一般是根据保险价值确定的。保险价值一般包括货价、运费、保险费以及预期利润。

保险金额的计算公式如下。

保险金额＝CIF(CIP)价×(1＋保险加成)

在进口业务中，按双方签订的预约保险合同承担，保险金额按进口货物的 CIF 货值计算，不另加减，保费率按“特约费率表”规定的平均费率计算；如果 FOB 进口货物，则按平均运费率换算为 CFR 货值后再计算保险金额，其计算公式如下。

FOB 进口货物:保险金额＝[FOB 价×(1＋平均运费率)]/(1－平均保险费率)

CFR 进口货物:保险金额＝CFR 价/(1－平均保险费率)

## 二、填写投保单

主要包括被保险人的姓名，被保险货物的品名、标记、数量及包装，保险金额，运输工具名称，开航日期及起讫地点，投保险别，投保日期及签章等。

关于投保险别应按合同规定办理。如果合同上没有明确规定投保险别，则应参考货物性质、包装、用途、运输工具、运输路线、运输季节、货物残损规律等因素加以确定。

## 三、支付保险费、取得保险单

### （一）保险费率核算

保险费率是计算保险费的依据。目前，我国的出口货物保险费率是按照不同商品、不同目的地、不同运输工具和不同险别分别确定为“一般货物费率”和“指明货物加费费率”两大类。前者适用于所有的货物，所谓指明货物是指保险费率表中特别订明的货物。凡未列入“指明货物加费费率”表中的货物，统属于“一般货物费率”的范围。保险费率表中还有“货物运输战争险、罢工险费率”和“其他规定”，“其他规定”是解决上述 3 项费率表中所不能解决的问题。例如，一般附加险和特殊附加险的收费标准、转运及联运货物计费方法、内陆运输和保险责任扩展加费等。

下面介绍保险费率的计算方法。

(1) 出口投保货物为费率表中的一般货物，投保某一基本险，其保险费率查一般货物费率表中对应险别标明的费率。例如，长毛绒玩具（非指明货物）出口到韩国投保一切险，费率为 0.25%；出口到美国、加拿大投保一切险，费率为 0.50%，见表 8-1 所示。

**表 8-1　一般货物费率表**（部分）

<table>
<tr><th>洲别</th><th>险别<br>目的地</th><th>平安险<br>F. P. A</th><th>水渍险<br>W. A</th><th>一切险<br>A. R</th></tr>
<tr><td rowspan="5">亚洲</td><td>香港地区、澳门地区、台湾地区、日本、韩国</td><td>0.08</td><td>0.12</td><td>0.25</td></tr>
<tr><td>约旦、黎巴嫩、巴林、阿联酋、菲律宾</td><td rowspan="4">0.15</td><td rowspan="4">0.20</td><td>1.00</td></tr>
<tr><td>巴基斯坦、印度、孟加拉、马来西亚</td><td>1.50</td></tr>
<tr><td>尼泊尔、阿富汗、也门</td><td>2.50</td></tr>
<tr><td>泰国、新加坡等其他国</td><td>0.60</td></tr>
<tr><td colspan="2">欧洲、美国、加拿大、大洋洲</td><td>0.15</td><td>0.20</td><td>0.50</td></tr>
</table>

注：本表系按每百元计算。

(2) 出口投保货物为费率表中指明货物，投保一切险，其费率在计算时，应先查出“一般货物费率”表对应的费率，然后再加上“指明货物加费费率”表对应的费率，见表 8-2 所示。例如，出口洗衣机到美国，投保一切险。洗衣机在费率表中为“指明货物”，查一般货物费率为 0.5%，指明货物加费费率也为 0.5%，实际保险费率为 0.5%＋0.5%＝1%。

（3）出口货物投保平安险或水渍险加保一般附加险，又有以下两种情况。

**表 8-2 指明货物加费费率表**（部分）

| 货　物 | 加费 | 备　注 |
|---|---|---|
| 洗衣机、空调器、录音机、收音机、扩音机、照相机、闪光灯、幻灯机、闹钟、钢琴、手风琴 | 0.50 | |
| 电冰箱、电视机、放映机 | 1.00 | |
| 桅灯、汽灯、热水瓶 | 2.00 | 扣破碎免赔率 5% |
| 纸张制品 | 0.50 | |
| 玻璃器皿类、灯泡、陶瓷卫生洁具类 | 2.50 | |
| 瓷砖 | 4.00 | 扣破碎免赔率 5% |
| 窗玻璃 | 6.00 | |
| 海草制品类、柳、藤、竹、芒编制品类 | 0.50 | |
| 服装首饰、镶银制品、工艺毯 | 0.50 | |
| 机织绣类、印花类、手工抽、补、挑、绣类、细纱制品类、绣线绒花类 | 1.00 | |
| 各种钢材 | 0.30 | 保一切险（不包括生锈险）。加保平安险或水渍险，加保 IPND 时，则按一切险 50% 计收 |

① 投保货物为一般货物加保一般附加险且该附加险为所投货物的主要风险，则按一般货物费率表中对应的一切险费率的 80% 收费。如上例，出口长毛绒玩具到美国，投保水渍险，加保淡水雨淋险，其保险费率为上述所查一切险费率 0.5% 的 80%，即保险费率＝0.5%×80%＝0.4%。

② 投保货物为指明货物加保附加验，且该附加险为所投货物的主要风险时，则保险费率为一般货物费率表中对应的一切险费率，再加指明货物费率表中对应的加费费率之和的 80% 计算。

**【例 8-1】** 出口加拿大机织绣品，投保水渍险加保淡水雨淋险，其保险费率计算：（查保险费率表，机织绣品属指明货物）

（1）查一般货物保险费率表，加拿大对应的一切险费率为 0.5%；

（2）查指明货物加费费率表对应的费率为 1%；

（3）实际保险费率＝(0.5%＋1%)×80% ＝1.2%。

### （二）保险费核算

保险费＝保险金额×保险费率

保险金额＝CIF(或 CIP)货价×(1＋保险加成率)

保险加成率亦称投保加成率，由买卖合同确定，一般为 10%、20%、30%，实践中使用最多的是 10%，一般不超过 30%。

保险费＝CIF(或 CIP)货价×(1＋保险加成率)×保险费率

因为保险金额一般是以 CIF 或 CIP 价格为基础加成确定的，因此，在已知货价和运费（即 CFR 或 CPT 价）时可按下列公式计算。

CIF(或 CIP)＝CFR(或 CPT)价÷{1－[保险费率×(1＋投保加成率)]}

**【例 8-2】** 向日本出口钢材，已知 CFR 价为每公吨 520 美元，现改报 CIF 价，投报一切险，投保加成10%，试计算CIF价和保险费。

**解：** 查表钢材为指明货物，其每公吨保险费计算如下。

(1) 查一般货物费率表，到日本的一切险费率为0.25%。

(2) 查指明货物费率表，钢材加费费率为0.3%。

(3) 实际保险费率＝0.25%＋0.30%＝0.55%。

(4) CIF＝520÷{1－[0.55%×(1＋10%)]}＝523.1652(美元)。

(5) 保险费＝保险金额×保险费率＝523.1652×(1＋10%)×0.55%＝3.1651(美元)。

### (三) 保险单据

在国际贸易业务中，常用的保险单据主要有两种形式。

**1. 保险单**

保险单（Insurance Policy 或 Policy）俗称大保单。它是保险人和被保险人之间成立保险合同关系的正式凭证，因险别的内容和形式有所不同，海上保险最常用的形式有船舶保险单、货物保险单、运费保险单、船舶所有人责任保险单等。其内容除载明被保险人、保险标的（如是货物段填明数量及标志）、运输工具、险别、起讫地点、保险期限、保险价值和保险金额等项目外，还附有关保险人责任范围以及保险人和被保险人的权利和义务等方面的详细条款。如当事人双方对保险单上所规定的权利和义务需要增补或删减时，可在保险单上加贴条款或加注字句。保险单是被保险人向保险人索赔或对保险人上诉的正式文件，也是保险人理赔的主要依据。保险单可转让，通常是被保险人向银行进行押汇的单证之一。在CIF合同中，保险单是卖方必须向买方提供的单据。

**2. 保险凭证**

保险凭证（Insurance Certificate）俗称小保单。它是保险人签发给被保险人，证明货物已经投保和保险合同已经生效的文件。保险凭证上无保险条款，表明按照本保险人的正式保险单上所载的条款办理。保险凭证具有与保险单同等的效力，但在信用证规定提交保险单时，一般不能使用保险单的简化形式。

## 四、保险索赔

指当被保险人的货物遭受承保责任范围内的风险损失时，被保险人向保险人提出的索赔要求。在国际贸易中，如由卖方办理投保，卖方在交货后即将保险单背书转让给买方或其收货代理人，当货物抵达目的港（地）发现残损时，买方或其收货代理人作为保险单的合法受让人，应就地向保险人或其代理人要求赔偿。被保险人或其代理人向保险人索赔时，应做好下列几项工作。

① 当被保险人得知或发现货物已遭受保险责任范围内的损失，应及时通知保险公司，并尽可能保留现场。由保险人会同有关方面进行检验，勘察损失程度，调查损失原因，确定损失性质和责任，采取必要的施救措施，并签发联合检验报告。

② 当被保险货物运抵目的地，被保险人或其代理人提货时发现货物有明显的受损痕迹、整件短少或散装货物已经残损，应即向理货部门索取残损或短量证明。如货损涉及第三者的责任，则首先应向有关责任方提出索赔或声明保索赔权。在保留向第三者索赔权的条件下，可向保险公司索赔。被保险人在获得保险补偿的同时，须将受损货物的有关权益转让给保险公司，以便保险公司取代被保险人的地位或以被保险人名义向第三者责任方进行追偿。保险人的这种权利，叫做代位追偿权。

③ 采取合理的施救措施。保险货物受损后，被保险人和保险人都有责任采取可能的、

合理的施救措施，以防止损失扩大。因抢救、阻止、减少货物损失而支付的合理费用，保险公司负责补偿。被保险人能够施救而不履行施救义务，保险人对扩大的损失甚至全部损失有权拒赔。

④ 备妥索赔证据，在规定时效内提出索赔。保险索赔时，通常应提供的证据有：保险单或保险凭证正本、运输单据、商业发票、装箱单、检验报告、残损证明、短量证明、向承运人等第三者责任方请求赔偿的函电或其证明文件，必要时还需提供海事报告、索赔清单（主要列明索赔的金额及其计算单据，以及有关费用项目和用途等）。

根据国际保险业的惯例，保险索赔或诉讼的时效为自货物在最后卸货地卸离运输工具时起算，最多不超过两年。

## 任务六 熟悉买卖合同中保险条款的缮制

保险条款主要包括：保险投保人、保险公司、保险险别、保险费率和保险金额的约定等事项。

### 一、投保人的约定

每笔交易的货运保险由谁办理，取决于双方约定的交货条件和使用的贸易术语。

### 二、保险公司和保险条款的约定

按 CIF 或 CIP 条件出口时，合同中通常订明："由卖方向中国人民保险公司投保，并按该公司的保险条款办理"。

### 三、保险险别的约定

按 CIF 或 CIP 条件成交时，买卖双方约定的险别通常为平安险、水渍险、一切险基本险别中的一种。但有时也可根据货物情况加保一种或若干种附加险。

### 四、保险金额的约定

按 CIF 或 CIP 条件成交时，根据保险习惯做法，保险金额一般都是按 CIF 价或 CIP 价加成计算，即按发票金额再加一定的百分率。

### 五、保险单据的约定

卖方投保时，通常还规定卖方应向买方提供保险单，如被保险的货物发生承保范围内的风险损失，买方可凭保险单向保险公司索赔。

### 六、买卖合同中的保险条款实例

Insurance: To be covered by the SELLERS for 110% of the invoice value against ALL RISKS as per C. I. C dated 1/1/1981.

保险：由卖方负责，按发票总值 110%投保一切险，按 1981 年 1 月 1 日中国人民保险公司条款负责。

Insurance: To be covered by the SELLERS for 130% of the invoice value against ALL RISKSAND WAR RISK as per C. I. C dated 1/1/1981. The seller insures the goods for 10% above invoice value, and the extra premium will be for the buyer's account.

按发票总值130%投保一切险和战争险，按1981年1月1日中国人民保险公司条款负责。卖方负担按发票金额加成10%的保险费，额外部分由买方负担。

## 课后训练题

**一、选择题**

1. 在海洋运输货物保险业务中，共同海损（　　）。

A. 是部分损失的一种　　B. 是全部损失的一种

C. 有时为部分损失，有时为全部损失　　D. 是推定全损

2. 根据我国“海洋货物运输保险条款”规定，“一切险”包括（　　）。

A. 平安险加11种一般附加险　　B. 一切险加11种一般附加险

C. 水渍险加11种一般附加险　　D. 11种一般附加险加特殊附加险

3. “仓至仓”条款是（　　）。

A. 承运人负责运输起讫的条款　　B. 保险人负责保险责任起讫的条款

C. 出口人负责缴获责任起讫的条款　　D. 进口人负责付款责任起讫的条款

4. 我某公司出口茶叶一批，因保险事故被海水浸泡多时而丧失其原有用途，这种损失属于（　　）。

A. 单独损失　　B. 共同损失　　C. 实际全损　　D. 推定全损

5. “特殊附加险”是进口商为了防范战争、罢工等特殊风险可能引起的损失而向保险公司投保的险别。具体作法正确的是（　　）。

A. 一般可以单独投保

B. 可单独投保两项以上的“特殊附加险”

C. 不能单独投保

D. 在被保险人统一的情况下，可以单独投保

6. 有一批出口服装，在海上运输途中，因船体触礁导致服装严重受浸，如果将这批服装漂洗后再运至原定目的港所花费的费用已超过服装的保险价值，这批服装应属于（　　）。

A. 共同海损　　B. 实际全损　　C. 推定全损　　D. 单独海损

7. CIF合同的货物装船后因火灾被焚，应由（　　）。

A. 卖方承担损失　　B. 卖方负责请求保险公司赔偿

C. 买方负责请求保险公司赔偿　　D. 承担运费的一方赔偿

8. 为了防止运输中货物被盗，应该投保（　　）。

A. 平安险　　B. 一切险

C. 偷窃提货不着险　　D. 一切险加保偷窃提货不着险

9. 根据现行伦敦保险协会《海运货物保险条款》的规定，采用“一切风险减除外责任”的办法表示的险别是（　　）。

A. ICC（A）　　B. ICC（B）　　C. ICC（C）　　D. ICC（D）

10. 根据现行伦敦保险协会条款之规定，承包风险最小的险别是（　　）。

A. ICC（A）　　B. ICC（B）　　C. ICC（C）　　D. ICC（D）

**二、简答题**

1. 中国人民保险公司海运货物保险的险别主要有哪些？

2. 构成推定全损的基本条件是什么？对推定全损保险公司如何赔付？

3. 构成共同海损的基本条件是什么？共同海损如何分摊？

**三、计算题**

1. 我方以 50 美元/袋 CIF 新加坡出口某商品 1000 袋，货物出口前，由我方向中国人民保险公司投保水渍险、串味险及淡水雨淋险的保险费率分别为 0.6%、0.2%和 0.3%，按发票金额 110%投保。该批货物的投保金额和保险费各是多少？

2. 我出口某商品净重 100 公吨，装 5000 箱，每箱单价为 89 美元，加一成投保一切险，货到目的港后，买方发现除短少 5 箱外，还短量 380 千克，问保险公司负责赔偿的金额是多少？

**四、案例题**

1. 某货轮在某港装货后，航行途中不慎发生触礁事故，船舶搁浅，不能继续航行。事后船方反复开倒车强行浮起，但船底划破，致使海水渗入货舱，造成船货部分损失。为使货轮继续航行，船长发出求救信号，船被拖至就近港的船坞修理，暂时卸下大部分货物。前后花了 10 天，共支出修理费 5000 美元，增加各项费用支出（包括员工工资）共 3000 美元。当船修复后继续装上原货启航。次日，忽遇恶劣气候，使船上装载的某货主的一部分货物被海水浸湿。(1)从货运保险义务方面分析，以上所属的各项损失，属于什么性质的损失？(2)在投保了平安险的情况下，被保险人有权向保险公司提出哪些赔偿要求？为什么？

2. 某货轮从天津新港驶往新加坡，在航行途中船舶货舱起火，大火蔓延到机舱，船长为了船、货的共同安全，决定采取紧急措施，往舱中灌水灭火。火虽被扑灭，但由于主机受损，无法继续航行，于是船长决定雇用拖轮将货船拖回新港修理，检修后重新驶往新加坡。事后调查，这次事件造成的损失有：(1)1000 箱货被火烧毁；(2)600 箱货物由于灌水灭火受到损失；(3)主机和部分甲板被烧坏；(4)拖船费用；(5)额外增加的燃料和船长、船员工资。从上述各项损失的性质来看，哪些属于单独海损？哪些属于共同海损？并作简要说明。

# 项目九 进出口业务中货款的结算

## 能力目标

通过本章的学习，学生应该能够：

① 掌握国际贸易中汇票、本票、支票等支付工具及其使用；

② 熟悉国际贸易货款支付方式——汇付和托收；

③ 掌握国际贸易货款支付方式——信用证的操作；

④ 掌握买卖合同中的支付条款的缮制。

## 任务一　掌握国际贸易中的支付工具

现在国际贸易货款收付中，采用现金结算的较少，大多使用非现金结算，即使用代替现金作为流通手段和支付工具的票据来结算国际间的债权债务。票据是国际通行的结算和信贷工具，是可以流通转让的债权凭证。国际贸易中使用的票据主要有汇票、本票和支票。

### 一、汇票

#### （一）汇票的含义和当事人

汇票（Bill of Exchange，Draft）是一个人向另一个人签发的，要求受票人见票时或在将来的固定时间，或可以确定的时间，对某人或其指定的人或持票人支付一定金额的无条件的书面支付命令。

根据我国《票据法》的规定：汇票是出票人签发的，委托付款人在见票时或者在指定日期无条件支付确定的金额给收款人或者持票人的票据。

汇票有3个基本当事人，即出票人（通常是出口商或债权人）、受票人（也称付款人，通常是进口商或债务人）、收款人（通常是出票人指定的银行或第三方）。

#### （二）汇票的内容

**1. 根据我国《票据法》的规定，汇票必须记载下列事项：**

① 表明汇票的字样；

② 无条件支付的委托；

③ 确定的金额；

④ 付款人名称；

⑤ 收款人名称；

⑥ 出票日期；

⑦ 出票人签章。

如果汇票上未记载上述规定事项之一的，则汇票无效。

**2. 实际业务中，汇票上还需列明付款日期、付款地点和出票地点等内容**

如果没有记载相关内容的，则处理方式为：

① 汇票上未记载付款日期的，为见票即付。

② 未记载付款地的，付款人的营业场所、住所或者经常居住地为付款地。

③ 未记载出票地的，出票人的营业场所、住所或者经常居住地为出票地。

### （三）汇票的分类

**1. 按照出票人的不同，汇票可分为银行汇票和商业汇票**

银行汇票的出票人和受票人都是银行。在国际贸易中，银行应汇款人的申请并收取款项后，签发银行汇票交给汇款人，由汇款人寄交国外收款人向指定的银行取款。出票行签发汇票后，必须将付款通知书寄给国外付款行，以便付款行在收款人持票取款时进行核对。一般为光票，不随附货运单据。

商业汇票的出票人是企业或个人，受票人可以是企业或个人，也可以是银行。在国际贸易结算中，使用商业汇票较多，商业汇票通常是由出口人开立，向国外进口商或银行收取货款时使用。

**2. 按照是否随附商业单据，汇票可分为光票和跟单汇票**

光票是指不附带商业单据的汇票。光票的流通全靠出票人、付款人或背书人的信用。在国际结算中，除少量用于货款结算外，一般仅限于贸易从属费用、货款尾数、佣金等的托收或支付时使用。

跟单汇票是指附有商业单据的汇票。跟单汇票的付款以提交商业单据，如提单、发票、保险单等单据为条件。在国际贸易结算中，大多采用跟单汇票作为结算工具。

**3. 按照付款时间的不同，汇票可分为即期汇票和远期汇票**

即期汇票是指付款人见到汇票时立即付款的汇票。

远期汇票是指汇票上的付款日期记载为定日付款或将来某个确定的时间付款的汇票。在实际业务中，远期汇票的付款日期记载方法如下。

① 见票后若干天付款（at... days after sight）。

② 出票后若干天付款（at... days after date of sight）。

③ 提单签发日后若干天付款（at... days after date of bill of lading）。

④ 指定日付款（at May 5，2005）。

**4. 按照承兑人的不同，汇票可分为商业承兑汇票和银行承兑汇票**

商业承兑汇票是指由企业或个人承兑的远期汇票。商业承兑汇票是建立在商业信用的基础之上，其出票人是企业或个人。

银行承兑汇票是指由银行承兑的远期商业汇票。银行承兑汇票通常由出口人签发，银行对汇票承兑后即成为该汇票的主债务人，而出票人则成为从债务人。银行承兑汇票是建立在银行信用的基础之上，便于在金融市场进行流通。

### （四）汇票的使用

汇票的使用即汇票行为随其是即期汇票还是远期汇票而有所不同。即期汇票主要有出票、提示和付款3种行为。而远期汇票还需经过承兑手续。如需转让，通常要经过背书行为。汇票还可能遭到拒付，这时还涉及做成拒付证书和行使追索权等法律行为。

**1. 出票**

出票是指出票人在汇票上填写付款人、付款金额、付款日期和地点以及受款人等项目，经签字交给受款人的行为。

出票是创设票据的基本票据行为，是票据产生的前提，也是其他票据行为生效的前提。出票是设立汇票债权债务的行为。

在出票时，对受款人通常有以下3种写法。

（1）限制性抬头 “仅付给××公司”（Pay to ×× company only）、“付××公司，不准转让”（Pay to ××company，not transferable）。这种抬头的汇票不能流通转让，只限所指定的公司收取货款。

（2）指示式抬头 “付××公司或其指定人”（Pay to order of ×× company）。这种抬头的汇票，除指定的公司可以收取票款外，也可以经过背书转让给第三方，由第三方向汇票付款人索取票款。

（3）持票人或来人抬头 “付给来人”（Pay to bearer），抬头的汇票，无须由持票人背书，仅凭交付汇票即可转让。

出票人签发汇票后，即承担保证该汇票必然会被承兑和/或付款的责任，出票人在汇票得不到承兑或付款时，应当向持票人清偿被拒绝付款的汇票金额和到期日或提示付款日起至清偿日止的利息，以及取得拒绝证明和发出通知等的费用。

**2. 提示**

提示是持票人将汇票提交付款人要求承兑或付款的行为。付款人看到汇票，即为见票。提示根据目的不同分类如下。

（1）提示付款 持票人向付款人提交汇票，要求付款。即期汇票以及经过承兑且已到期的远期汇票需要做付款提示。

（2）提示承兑 如是远期汇票，持票人应向付款人提交汇票，并要求付款人承诺到期付款的行为。

远期汇票的提示承兑和即期汇票的提示付款均应在法定期限内进行。按我国《票据法》的规定，即期汇票和见票后定期付款汇票自出票日后一个月作付款提示和承兑提示；定日付款或出票后定期付款汇票应在到期日前向付款人提示承兑；已经承兑的远期汇票应在到期日起10日内作付款提示。

**3. 承兑**

承兑是指汇票付款人承诺在汇票到期日支付汇票金额的票据行为。承兑是由付款人在汇票上写明“承兑”字样，注明承兑日期，并签字，然后交还持票人。付款人对汇票做出承兑，即成为承兑人，并成为汇票的主债务人，而出票人便成为汇票的从债务人。承兑人有在远期汇票到期时付款的责任。

**4. 付款**

付款是指汇票付款人向持票人支付汇票金额以消灭票据关系的行为。即期汇票在付款人见票时即付；远期汇票于到期日在持票人提示付款时由付款人付款。持票人获得付款时，应当在汇票上签收，并将汇票交给付款人作为收据存查。汇票一经付款，汇票上的一切债权债务即告消灭或结束。

**5. 背书**

背书是转让汇票权利的一种法定手续，就是由汇票持有人在汇票背面签上自己的名字，或再加上受让人的名字，并把汇票交给受让人的行为。背书是一种要式法律行为，必须按照票据法规定的形式记载于票据上，即做成背书并交付，方能有效成立。

背书的目的是将汇票权利转让给受让人行使。汇票经过背书后，收款的权力就转让给了受让人，由受让人取得了汇票的权利。

背书的方式有限制性背书、空白背书和记名背书3种。限制性背书，是指背书人在背书给被背书人时带有限制性的词语，如“仅付某某公司”。凡做成限制性背书的汇票，只能由指定的被背书人凭票取款，而不能再次转让流通。空白背书，是指背书人只在汇票背面签名，而不指定被背书人。这种背书方式的汇票可交付任何人，只凭交付就可以转让。记名背书是指背书人除在汇票背面签名外，还写明被背书人名称或其指定人，如“付给某某银行或其指定人”。这种方式的背书，被背书人可以进一步进行背书转让。

经过背书的汇票，对受让人来说，在他以前的所有背书人和出票人都是他的“前手”；而对出票人和背书人来说，在他交付或背书以后的所有受让人都是他的“后手”。“前手”对“后手”负有保证汇票必然会被承兑或付款的担保责任。

在国际市场上，一张远期汇票的持有人如想在付款人付款前取得票款，可以经过背书将汇票转让给银行或贴现公司，即将汇票进行贴现。贴现是指远期汇票的承兑后，尚未到期，由银行或贴现公司从票面金额中扣减按一定贴现率计算的后，将余款付给持票人的行为。

**【例9-1】** 面额为10000美元的见票后90天付款的汇票，6月20日得到付款人的承兑，该汇票应于9月18日到期，持票人于6月30日持汇票去银行要求贴现，银行核算计息天数（7～8月份各31天，9月份18天，共计80天）。如果贴现年利率为10%，按欧美算法，一年按360天计算，则

贴现利息＝汇票金额×贴现天数×年贴现率/360

＝10000×80×10%/360＝222.22(美元)

银行向持票人净付款＝汇票金额－贴现利息

＝10000－222.22＝9777.78(美元)

银行受让汇票后，于9月18日向付款人提示，收取十足票款10000美元。

**6. 拒付和追索**

持票人提示汇票要求承兑时遭到拒绝，或持票人提示付款时遭到拒绝，均称拒付。除了拒绝承兑和拒绝付款外，付款人不见票、死亡或宣告破产，以致付款事实上已不可能时，也称拒付。汇票一旦遭到拒绝承兑或拒绝付款，持票人就产生了追索权。

追索权是指汇票遭到拒付，持票人对其前手（背书人、出票人）有请求其偿还汇票金额及费用的权利。如拒付的汇票已经承兑，出票人可凭以向法院起诉，要求承兑汇票的承兑人付款。

(1) 追索对象　所有前手包括出票人，持票人可以选择向所有前手包括出票人中的一个或数个人进行追索。被追索的前手有权向他的前手直至出票人再次行使追索权。

(2) 追索条件　按国际通行规则，持票人进行追索时，应将拒付事实书面通知其前手，并提供被拒绝承兑或被拒绝付款的证明或退票理由书。

(3) 追索金额　追索的金额包括被拒付的汇票金额、自到期日或提示付款日起至清偿日止的利息以及持票人取得拒绝证明和向前手发出被拒绝通知的费用。

## 二、本票

本票是一个人向另一个人签发的，保证见票时或定期或在可以确定的将来时间，对某人或其指定人或持票人支付一定金额的无条件的书面承诺。

本票根据出票人的不同，分为一般本票和银行本票。一般本票又称为商业本票，是由企业或个人签发的，又可分为即期本票和远期本票。银行本票是由银行签发的，全部是即期的。

本票必须具备的内容：表明本票的字样；无条件支付的承诺；确定的金额；收款人名称；出票日期；出票人签章。

本票与汇票的区别如下。

(1) 当事人不同　汇票有3个基本当事人即出票人、受票人（付款人）和收款人。本票只有两个当事人即出票人和收款人。本票的付款人就是出票人本身。

(2) 远期汇票需要承兑，远期本票无需承兑　远期汇票经过承兑后，承兑人处于主债务人的地位，而出票人则居于从债务人的地位；本票的出票人始终居于主债务人的地位。

(3) 性质不同　汇票是支付命令，本票是支付承诺。

## 三、支票

我国《票据法》给支票下的定义是：支票是出票人签发的，委托办理支票存款业务的银行或者其他金融机构在见票时无条件支付确定的金额给收款人或者持票人的票据。

**1. 支票的必备内容**

① 表示支票的字样。

② 无条件支付的委托。

③ 确定的金额。

④ 付款人名称。

⑤ 出票日期。

⑥ 出票人签章。

**2. 支票的种类**

根据我国《票据法》的规定，支票可分为：

① 普通支票（既可提现，又可转账）；

② 现金支票（只能提现，不能转账）；

③ 转账支票（只能转账，不可提现）。

**3. 支票与汇票、本票的区别**

① 当事人：支票和汇票有三个，本票有两个。

② 性质：支票和汇票属于委托支付证券，本票属于自付证券。

③ 到期日：支票为见票即付，汇票和本票除此之外，还有定日付款、出票后或见票后定期付款等。

④ 承兑：汇票需承兑，本票无需承兑，支票均为即期，无需承兑。

⑤ 出票人与付款人的关系：汇票的出票人与付款人之间无资金关系；本票的出票人与付款人是同一个人；支票的出票人与付款人之间有资金关系，即出票人在付款人处有存款。

# 任务二　熟悉国际贸易货款支付方式——汇付和托收

国际货款支付方式主要有汇付、托收和信用证3种方式。支付方式按资金的流向与支付工具的传递方向的不同组合，可以分为顺汇和逆汇两种方法。顺汇是指资金流动方向与支付工具的传递方向相同。汇付方式采用的是顺汇方法。逆汇是指资金的流动方向与支付工具的传递方向相反。汇付方式属于顺汇，托收方式和信用证方式属于逆汇。

## 一、汇付

汇付又称汇款。采用汇付方式结算货款时，卖方将货物发运给买方后，将有关货运单据由直接寄送买方；而买方则径自通过银行将款项汇交卖方。

### （一）汇付方式的当事人

在汇付业务中，通常有 4 个当事人。

**1. 汇款人**

即付款人，通常是进口方，买卖合同的买方或其他经贸往来中的债务人。

**2. 收款人**

通常是出口方，或买卖合同的卖方或其经贸往来中的债权人。

**3. 汇出行**

是接受汇款人的委托或申请，汇出款项的银行，通常是进口方或其他经贸往来中的债务人所在地的银行。

**4. 汇入行**

即接受汇出行的委托，解付汇款的银行，通常是汇出行的代理行，并位于出口地。

### （二）汇付的种类及其业务程序

**1. 电汇**

电汇（T/T）是由汇款人委托汇出行用电报、电传等电信手段发出委托通知书给收款人所在地的汇入行，委托他将款项解付给指定的收款人的一种汇付方式。汇入行在收到电汇委托通知书并经核对密押无误后，即通知收款人凭适当身份证明文件取款，收款人收取货款后出具收据作为收妥款项的凭证。汇入行解付款项后，除向汇出行收回垫款或邮寄付讫借记通知进行转账外，应将收据寄交汇出行，以便在必要时交给汇款人，作为款项已经交付清楚的凭证。

电汇的优点是交款迅速，但其缺点是费用较高。

电汇的业务程序如图 9-1 所示。

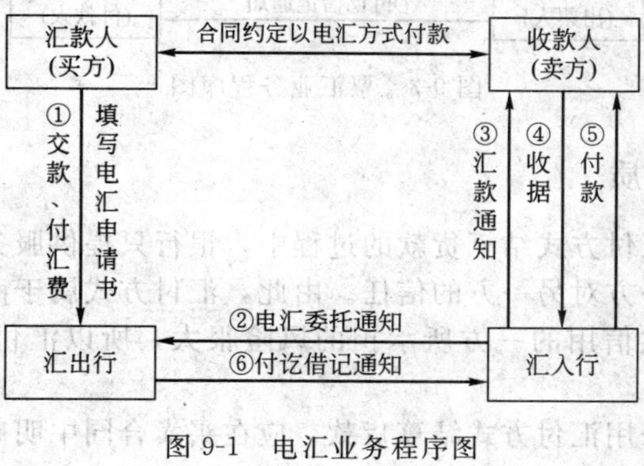


图 9-1　电汇业务程序图

**2. 信汇**

信汇（M/T）与电汇类似，只是汇出行不是使用电信手段，而是以信汇委托书或支付通知书作为结算工具，通过邮政航空信件方式寄给汇入行的一种汇付方式。汇入行在收到汇出行邮寄来的委托书或通知书后首先要核对汇出行的签字或印鉴，证实无误后才能付款给收款人，以借记通知寄给汇出行转账。

信汇的优点是费用较低，但收款人收到款项的时间较晚。

信汇的业务程序如图 9-2 所示。

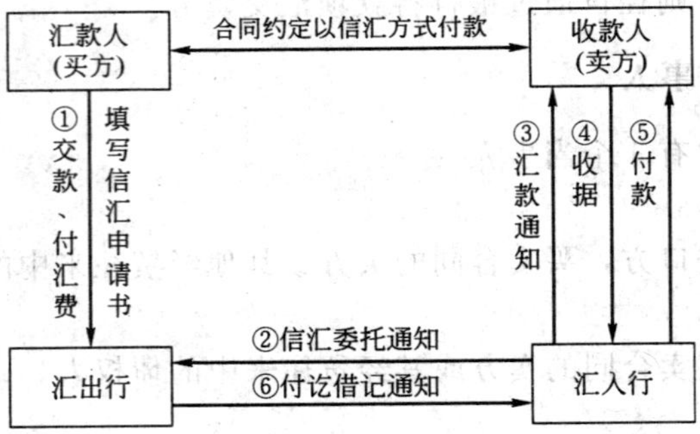


图 9-2　信汇业务程序图

**3. 票汇**

票汇（D/D）是以银行及其汇票作为结算工具的一种汇付方式。一般是指汇出行应付款人的申请，开立以其代理行或其他往来银行为付款人的银行即期汇票，列明收款人名称、金额等，交由汇款人自行寄交给收款人，由收款人凭票向付款行取款的一种汇付方式。

票汇的优点是费用很低，但收款人收到货款的时间较晚。

票汇的业务程序如图 9-3 所示。

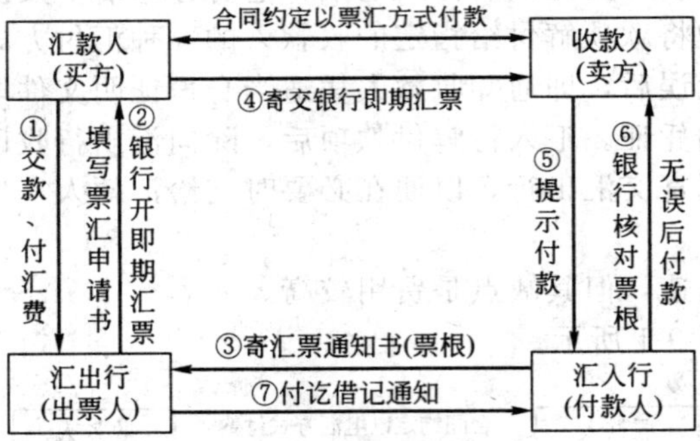


图 9-3　票汇业务程序图

## （三）汇付方式的性质

在进出口贸易使用汇付方式结算货款的过程中，银行只提供服务而不提供信用，因此使用汇付方式完全取决于一方对另一方的信任。由此，汇付方式属于商业信用。由于商业信用不如银行信用可靠，提供信用的一方所承担的风险很大，所以汇付方式在国际贸易中使用较少。

在国际贸易中如果采用汇付方式结算货款，应在买卖合同中明确规定使用何种方式和货款汇到的时间。

## 二、托收

托收是债权人（出口人）出具汇票委托银行向债务人（进口人）收取货款的一种支付

方式。

### （一）托收的当事人

托收方式的基本当事人有 4 个：委托人、托收行、代收行和付款人。

**1. 委托人**

是开出汇票委托银行向国外付款人收款的出票人，通常就是买卖合同中的卖方。

**2. 托收行**

是委托人的代理人，是接受委托人的委托转托国外银行向国外付款人代为收款的银行，通常是卖方所在地的银行。

**3. 代收行**

是托收行的代理人，是接受托收行的委托代向付款人收款的银行，通常为买方所在地的银行。

**4. 付款人**

是汇票的受票人，通常就是买卖合同的买方。

在托收的四个基本当事人中，委托人和托收行之间是委托代理关系，托收行和代收行之间是委托代理关系，委托人和付款人之间存在合同关系，委托人和代收行之间、代收行和付款人之间不存在法律上的关系。

### （二）托收的种类

**1. 光票托收**

光票托收是指仅凭汇票，不附带商业单据的托收，即仅把汇票委托银行代为收款。光票托收一般用于货款尾数、小额货款、贸易从属费用和索赔款的收取。

**2. 跟单托收**

跟单托收是指汇票附带商业单据的托收。跟单托收的基本做法是：出口人根据买卖合同先行发运货物，然后开立汇票，连同有关货运单据（即商业单据）委托出口地银行（托收行）通过其在进口地的代理行（代收行）向进口人收取货款。

跟单托收按交付商业单据条件的不同，分为付款交单和承兑交单。

（1）付款交单（Documents against Payment，D/P）　付款交单是卖方的交单需以买方的付款为条件，即出口人将汇票连同商业单据交给银行委托收款时，指示银行只有在进口人付清货款时才能交出商业单据。如果进口人拒付，就不能从银行取得商业单据，也无法提取单据项下的货物。付款交单按支付时间的不同又可分为即期付款交单和远期付款交单。

① 即期付款交单（D/P sight）。指由出口人通过银行向进口人提示汇票和商业单据，进口人于见票时即需付款，在付清货款后，领取商业单据。

② 远期付款交单（D/P after sight）。指由出口人通过银行向进口人提示汇票和商业单据，进口人即在汇票上承兑，并于汇票到期日由代收银行再次向其提示时经付款后向代收银行取得单据。在汇票到期付款前，汇票和商业单据由代收行掌握。

不论是即期付款交单或是远期付款交单，进口商必须在付清货款后，才能取得单据，提取或转售货物。

（2）承兑交单（D/A）　指出口人的交单以进口人在汇票上承兑为条件。进口人承兑汇票后，即可向银行取得货运单据，待汇票到期后付款。承兑交单方式只适用于远期汇票的托收。由于承兑交单是进口人只要在汇票上承兑之后，即可取得货运单据，凭以提取货物。也就是说，出口人已交出了物权凭证，其收款的保障依赖进口人的信用，一旦进口人到期不付款，出口人便会遭到货物与货款全部落空的损失。

### （三）托收方式的基本程序

（1）出口人按照合同规定发运货物后取得运输单据，连同汇票及发票等商业单据，填写托收申请书一并交托收行，委托代收货款。

（2）托收行根据出口人的指示，向代收行发出托收委托书连同汇票、单据寄交代收行要求按照申请书的指示代收货款。

（3）代收行收到汇票和单据后，应及时向进口人作付款或承兑提示。如果是即期汇票，进口人应立即付清货款，取得货运单据；如果为远期汇票，进口人应立即承兑汇票。

（4）代收行收到货款后，应即将货款拨付托收行。

（5）托收行收到货款后应即转交出口人。

即期付款交单、远期付款交单和承兑交单一般业务程序如图 9-4 至图 9-6 所示。

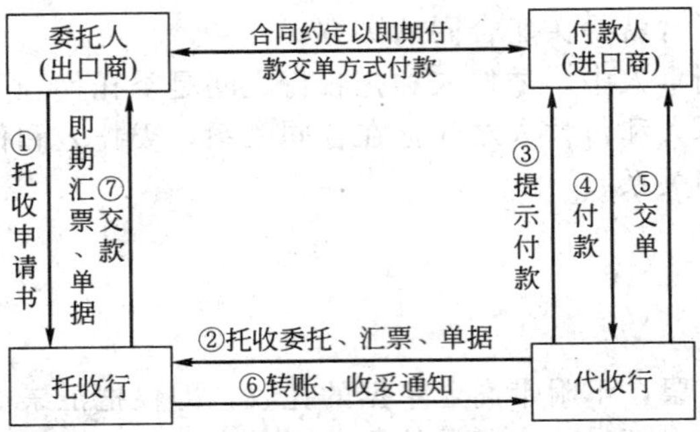


图 9-4　即期付款交单业务程序图

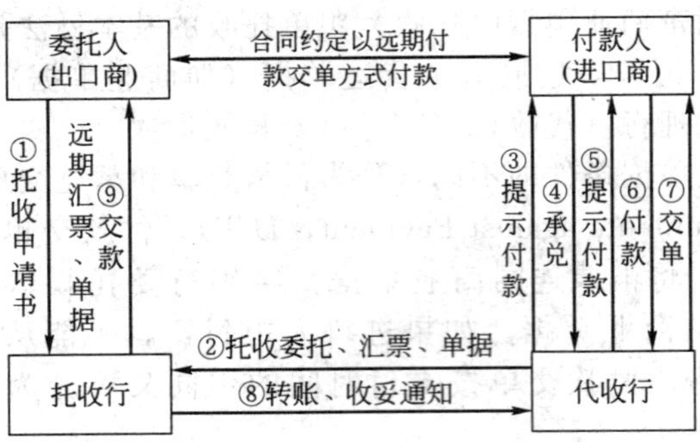


图 9-5　远期付款交单业务程序图

### （四）托收的性质及其利弊

托收的性质为商业信用。银行办理托收业务时，只是按委托人的指示办事，既不保证付款人必然付款，也无审核货运单据是否齐全、是否符合买卖合同的义务；当发生进口商拒绝付款赎单的情况后，除非事先取得托收银行同意，代收银行也无代为提货、办理进口手续和存仓保管的义务。

出口人委托银行收取的货款，能否收到，全靠进口商的信用。而且在货物已经运出，一旦遭到拒付，就会使出口商陷入极为被动的境地。在付款交单条件下，进口商在未付清货款

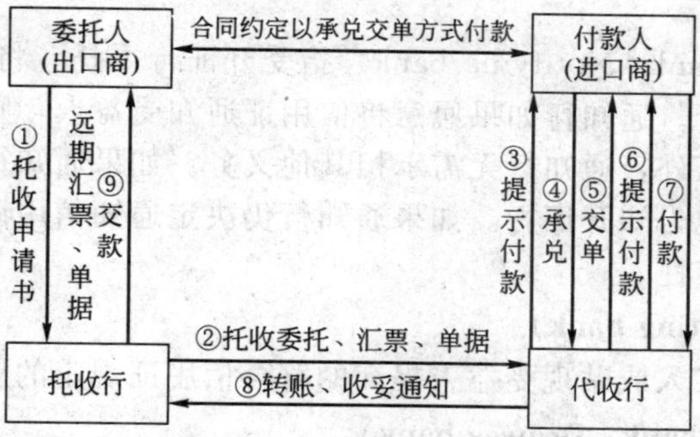


图 9-6　承兑交单业务程序图

前，取不到货运单据，提不走货物，货物的所有权仍属出口商，如果进口商到期拒绝付款赎单，出口商虽然还可把货物另行处理，但需要承担一笔额外费用或降价处理等损失。在承兑交单情况下，进口商只需在汇票上履行承兑手续，即可取得单据，把货物提走。如果再发生进口商到期不付款的情况，出口商就会遭受钱货两空的重大损失。总之，无论是承兑交单还是付款交单，对出口人来说都存在一定的风险。

但是，托收方式对进口商来说，却是极为有利的，因为不需要占用进口商的资金。尤其是在承兑交单的情况下，进口商在远期汇票上承兑后就可取得货运单据，提取货物，等远期汇票到期后再付款。

# 任务三　掌握国际货款支付方式——信用证

## 一、信用证的含义

根据《UCP600》的解释，信用证是指一项约定，无论其如何命名或描述，该约定不可撤销并因此构成开证行对相符提示予以兑付的确定承诺。在进出口业务中，信用证通常解释为：信用证是指银行（开证行）根据进口商（开证申请人）的请求，开给出口商在一定条件下保证付款的凭证。其条件是受益人在信用证约定的期限内提交符合信用证条款规定的单据。

## 二、信用证的有关当事人

基本当事人有：开证申请人、开证行、受益人。此外在使用中还会涉及到通知行、保兑行、议付行、付款行、偿付行等。

**1. 开证申请人**

开证申请人（Applicant）又称开证人，指向银行提出申请开立信用证的人，一般是买方。

**2. 开证行**

开证行（Opening bank）指接受开证申请人的申请并根据其指示开立信用证的银行，一般是指进口地银行。开证申请人和开证行的权利和义务以开证申请书为依据。信用证一经开出，开证行就有按信用证规定的条款承担付款的责任。

**3. 受益人**

受益人（Beneficiary）指信用证上所指定的有权使用信用证的人，一般是卖方。

**4. 通知行**

通知行（Advising bank；Notifying bank）指受开证行委托，将信用证传递给受益人的银行，一般是出口地银行。通知行如果愿意将信用证通知受益人，则应合理审慎地鉴别信用证的表面真实性。除此以外，通知行无需承担其他义务。如果通知行不能确定信用证的表面真实性，就必须不延误地告知开证行。如果通知行仍决定通知信用证，则必须告知受益人其未能核实信用证表面真实性。

**5. 议付行（Negotiating bank）**

根据开证行的授权买入或贴现受益人提交的符合信用证规定的票据的银行。

**6. 付款行（Paying bank；Drawee bank）**

开证行的付款代理，代开证行验收单据，付款后，无权向受益人追索。

**7. 偿付行（Reimbursement bank）**

它也是开证行的付款代理，但它不负责审单，只是代替开证行偿还议付垫款的第三国银行。

**8. 保兑行（Confirming bank）**

应开证行请求在信用证上加具保兑的银行，它具有与开证行相同的责任和地位。保兑银行在信用证上加具保兑后，即对受益人独立负责，承担必须付款或议付的责任。在付款或议付后，不论开证行倒闭或无理拒付，都不能向受益人追索。

## 三、信用证的内容

**1. 关于信用证本身**

信用证的类型（Form of credit）、信用证号码（L/C number）、开证日期（Date of issue）、信用证金额（L/C amount）、有效期和到期地点（Expiry date and Place）、开证银行（Issuing/Opening bank）、通知银行（Advising/Notifying bank）、开证申请人（Applicant）、受益人（Beneficiary）、单据提交期限（Documents presentation period）。

**2. 关于汇票**

出票人（Drawer）、付款人（Drawee）、付款期限（Tenor）、出票条款（Drawn clause）。

**3. 关于单据**

商业发票（Commercial invoice）、提单（Bill of lading）、保险单（Insurance policy）、产地证明书（Certificate of origin）、其他单据（Other documents）。

**4. 关于货物**

品名（Commodity name）、数量和包装（Quantity and Packing）及单价（Unit price）。

**5. 关于运输**

装货港（Port of loading/Shipment）、卸货港或目的地（Port of discharge or destination）、装运期限（Latest date of shipment）、可否分批装运（Partial shipment allowed/Not allowed）、可否转船运输（Transshipment allowed/Not allowed）。

**6. 其他**

特别条款（Special condition）、开证行对议付行的指示（Instructions to negotiating bank）、索汇方法（Method of reimbursement）和寄单方法（Method of dispatching documents）、开证行付款保证（Engagement /undertaking clause）、惯例适用条款（Subject to UCP clause）、开证行签字（Signature）。

## 四、信用证支付的一般程序

**1. 买卖双方订立合同**

买卖双方在进行交易磋商达成一致意见以后，签订买卖合同，并且在合同中约定采用信用证方式支付货款。在信用证支付条款中一般包括开证银行、信用证的种类、信用证的金额、信用证的到期日和到期地点、买方向银行申请开证并送达卖方的时间等。

**2. 申请开证**

开证申请人即为合同的进口方，应按合同规定的期限向所在地银行申请开证。申请开证时，申请人应填写并向银行递交开证申请书，开证申请书的内容包括两个方面：一是指示银行开立信用证的具体内容，该内容应与合同条款相一致。对这一部分内容，申请人也可附上合同，由银行据以缮制信用证后交申请人确认。二是关于信用证业务中申请人和开证行之间权利和义务关系的声明。其基本内容包括：申请人承认在付清货款前开证行对单据及其代表的货物拥有所有权，必要时，开证行可以出售货物，以抵付进口人的欠款；承认开证行有权接受“表面上符合要求”的单据，对伪造单据、货物与单据不符或货物中途灭失、受损、延迟到达，开证行概不负责；保证单据到达后如期付款赎单，否则，开证行有权没收申请人所交付的押金，以充当申请人应付款项的一部分；承认电讯传递中如有错误、遗漏或单据邮递损失等，银行不负责任。

申请人申请开证时，应向开证行交付一定比例的押金或其他担保品，押金为信用证金额的百分之几到百分之几十，其高低由开证行规定，与申请人的资信和市场行情有关。对资信良好的客户，有的银行会授以一定的开证额度，在规定额度内开证，可免交保证金。

**3. 开证行开立信用证**

开证行接受申请人的开证申请后，应严格按照开证申请书的指示拟定信用证条款，有的草拟完信用证后，还应送交开证申请人确认。开证行应将其所开立的信用证邮寄或电传或通过 SWIFT 电讯网络送交出口地的分行或代理行，请他们代为通知或转交受益人。通知行的主要责任是鉴定信用证签名或电传密押的真实性。

信用证的开证方式有信开（Open by Airmail）和电开（Open by telecommunication）两种。前者是指开证行以航邮将信用证寄给通知行；电开即是由开证行将信用证加注密押后以电讯方式通知受益人所在地的代理行，即通知行，请其转告受益人。电开方式又分“全电开证”和“简电开证”。“全电开证”是将信用证的全部内容加注密押后发出，该电讯文本为有效的信用证正本。“简电开证”是将信用证主要内容发电预先通知受益人，银行承担必须使其生效的责任，但简电本身并非信用证的有效文本，不能凭以议付或付款，银行随后寄出的“证实书”才是正式的信用证。如今大多用“全电开证”的方式开立信用证。

**4. 通知行通知受益人**

通知行收到信用证后，经核对签字印鉴或密押无误，应立即将信用证转知受益人，并留存一份副本备查。

通知行通知受益人的方式有两种：一种是将信用证直接转交受益人；另一种是当该信用证以通知行为收件人时，通知行应以自己的通知书格式照录信用证全文经签署后交付受益人。这两种形式对受益人来说，都是有效的信用证文本。按《UCP600》规定，如通知行无法鉴别信用证的表面真实性，它必须毫不迟延地通知开证行说明它无法鉴别；如通知行仍决定通知受益人，则必须告知受益人它未能鉴别该证的真实性。

**5. 交单议付**

受益人收到信用证后，应立即进行审核，如发现信用证中所列条款内容与买卖合同不相符合，或者不符合有关国际惯例（主要是《2010 通则》和《UCP600》）中的规定，应即通知申请人要求修改，申请人向开证行提交修改申请书，开证行做出修改通知书后按原来信用证的传递方式交付通知行，经通知行审核签字密押无误后转受益人。

受益人对信用证的内容审核无误，或收到修改通知书审核后可以接受，即可根据信用证的规定发运货物，缮制并取得信用证规定的全部单据，开立汇票（或不开汇票，视信用证规定），连同信用证正本和修改通知书（如果有修改通知书），在信用证规定的有效期和交单期内，递交给通知行或与自己有往来的银行或信用证中指定的议付行办理议付。

议付是受益人利用信用证取得资金融通的一种方式。即由受益人向当地银行递交信用证规定的全套单据，银行在单证一致的前提下，扣除了预付款的利息和手续费后，购进受益人出具的汇票和全套单据。它俗称“买单”，又称“出口押汇”。议付是可以追索的。

**6. 寄单索偿**

议付行议付后，取得了信用证规定的全套单据，即可凭单据向开证行或其指定银行请求偿付货款。如果开证行未在信用证内指定其他银行，则议付行应将单据寄交开证行；若开证行在信用证中指定了一家付款行，则议付行应将单据寄交指定付款行。

**7. 偿付**

收到单据的开证行或付款行，在审单无误后，即应将款项偿付给议付行。开证行和付款行的付款，是不可追索的。

开证行或付款行如发现单据和信用证不符，应在不迟于收到单据的次日起 5 个营业日内通知议付行表示拒绝接受单据，如果未能在该期限内表示拒绝，则开证行必须履行付款责任。

**8. 申请人付款赎单**

开证行在向议付行偿付后，即通知申请人付款赎单。开证人应到开证行审核单据，若单据无误，即应付清全部货款与有关费用（如开证时曾交付押金，则应扣除押金的本息），若单据和信用证不符，申请人有权拒付。申请人付款后，即可从开证行取得全套单据。此时申请人与开证银行之间因开立信用证而构成的契约关系即告结束，如图 9-7 所示。

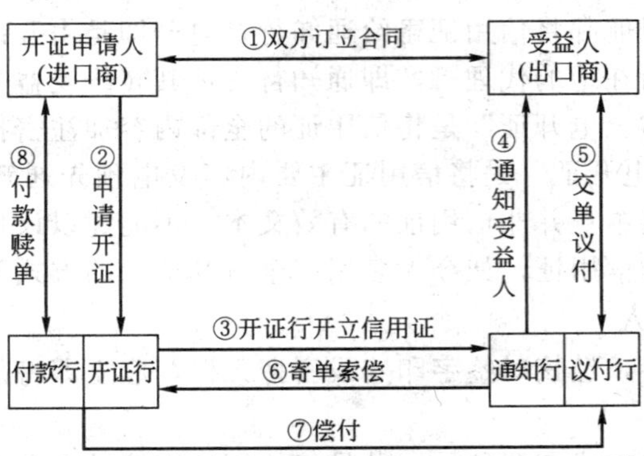


图 9-7 信用证支付的一般流程

## 五、信用证的种类

### （一）跟单信用证与光票信用证

根据付款凭证不同，信用证可分为跟单信用证和光票信用证。

跟单信用证（Documentary credit）是开证行凭跟单汇票或仅凭商业单据付款的信用证。光票信用证（Clean credit）是开证行仅凭不附商业单据的汇票付款的信用证。在国际贸易货款结算中，主要是用跟单信用证。

### （二）保兑信用证和不保兑信用证

以有无另一银行加以保证兑付，可以分为保兑信用证和不保兑信用证。

保兑信用证（Confirmed L/C）指开证行开出的信用证，由另一银行保证对符合信用证条款规定的单据履行付款义务。经保兑行保兑的信用证，保兑行保证凭符合信用证条款规定的单据履行向受益人或其指定人付款的责任，而且付款或议付后对受益人没有追索权。保兑行不是以开证行的代理人的身份，而是以“本人”身份对受益人独立负责，并对受益人负首先付款的责任。即保兑行和开证行一样承担的也是首要的、独立的付款责任，即使保兑信用证的开证行因某种原因丧失付款能力或者不愿承担付款责任，保兑行的付款责任也不受影响。

不保兑信用证（Unconfirmed L/C）指开证行开出的信用证没有经另一家银行保兑。

### （三）即期信用证和远期信用证

根据付款时间不同，可以分为即期信用证和远期信用证。

即期信用证（Sight L/C）指开证行或付款行收到符合信用证条款的跟单汇票或商业单据后，立即履行付款义务的信用证。

远期信用证（Usance L/C）指开证行或付款行收到信用证的单据时，在规定期限内履行付款义务的信用证。

### （四）可转让信用证和不可转让信用证

根据受益人对信用证的权利可否转让，可分为可转让信用证和不可转让信用证。

可转让信用证（Transferable L/C）指信用证的受益人（第一受益人）可以要求授权付款、承担延期付款责任，承兑或议付的银行（统称“转让行”），或当信用证是自由议付时，可以要求信用证中特别授权的转让银行，将信用证全部或部分转让给一个或数个受益人（第二受益人）使用的信用证。应在信用证中注明“可转让”字样；第一受益人可将信用证的全部或部分利益转让给一个或数个受益人；只可转让一次。

信用证只能按原证规定条款转让，但信用证金额、商品的单价、到期日、交单日及最迟装运日期可以减少或缩短，保险加成比例可以增加，信用证的申请人可以变动。但信用证的转让并不等于买卖合同的转让，如果第二受益人不能按时交货或单据有问题，第一受益人仍要负买卖合同上卖方的责任。

不可转让信用证（Non-transferable L/C）指受益人不能将信用证的权利转让给他人的信用证。凡信用证中未注明“可转让”字样的，即是不可转让信用证。

### （五）循环信用证

信用证被全部或部分使用后，其金额又恢复到原金额，可再次使用，直至规定的次数或规定的总金额用完为止的信用证。

**1. 按时间循环信用证（Revolving L/C）**

是受益人在一定的时间内可多次支取信用证规定的金额。

**2. 按金额循环信用证**

是指在信用证金额议付后，仍恢复到原金额可再使用，直至用完规定的总额为止。恢复原金额的具体做法有以下 3 种。

(1) 自动循环　受益人交单议付一定金额后，信用证可自动恢复到原金额，再次按原金额使用，直至规定的总额或次数用完。

(2) 非自动循环　受益人每次装货议付后，须接到开证行通知信用证再次生效后，才能恢复到原金额的再使用。

(3) 半自动循环　受益人每次装货议付后，在若干天内开证行未提出中止循环的通知，信用证即自动恢复至原金额再次使用。

### (六) 对开信用证

是两张信用证的开证申请人互以对方为受益人而开立的信用证。第一个证的受益人就是第二个证（回头证）的开证申请人。两证金额大致相等。对开信用证（Reciprocal L/C）通常使用于加工贸易中，当国内的加工企业从国外进口原材料、零部件时，作为开证申请人向银行申请开立一份以国外供应商为受益人的信用证，同时国外供应商作为成品的购买方，以开证申请人的身份向当地银行申请开立一份以国内加工企业为受益人的购买成品的信用证，这样的两份信用证称为对开信用证。一般情况下，两份信用证同时生效。

### (七) 对背信用证

对背信用证（Back to back L/C）又称转开信用证，是指受益人要求原证的通知行或其他银行以原证为基础，另开一张内容相似的新信用证。这主要出现在中间商达成交易时，实际买方不愿申请开立可转让信用证，而实际卖方又强调必须使用信用证方式支付时。实际买方作为开证申请人向银行申请开立一份以中间商为受益人的不可转让信用证给中间商，中间商收到这份信用证后，以这份信用证作为抵押和开证基础要求当地的银行开立一份以实际卖方作为受益人的信用证，这份信用证我们称为对背信用证。它是在前一份信用证的基础上开立的，很多方面相同，但信用证的金额、有效期、交单期、装运期等可以比前一份信用证低或缩短。

### (八) 预支信用证

预支信用证（Anticipatory L/C）是指开证行授权通知行，允许受益人在装运前预支货款的信用证，是进口商通过银行开给出口商的一种以出口贸易融资为目的的信用证。预支货款的条款常用红字打出，所以也称“红条款信用证”（Red clause L/C）。

## 六、信用证业务的特点

#### 1. 信用证是不可撤销的

《UCP600》第三条的规定：“信用证是不可撤销的，即使信用证中对此未作指示也是如此。”由此可以得出，只要开证行将信用证开出寄交通知行，即使信用证中未明确规定是不可撤销的，信用证一律为不可撤销的。未得到受益人、开证行、保兑行（如果有的话）的同意，既不能修改也不能撤销。

#### 2. 信用证是一项独立文件

信用证虽以贸易合同为基础，但它一经开立，就成为独立于贸易合同之外的另一种契约。贸易合同是买卖双方之间签订的契约，只对买卖双方有约束力；信用证则是开证行与受益人之间的契约，开证行和受益人以及参与信用证业务的其他银行均应受信用证的约束，但这些银行当事人与贸易合同无关，故不受合同的约束。对此，《UCP600》第四条明确规定：“信用证与可能作为其依据的销售合同或其他合同，是相互独立的交易。即使信用证中提及该合同，银行也与该合同完全无关，并不受其约束。”

**3. 开证行承担第一性的付款责任**

信用证支付方式是一种银行信用，由开证行以自己的信用做出付款保证，开证行提供的是信用而不是资金，其特点是在符合信用证规定的条件下，首先由开证行承担付款的责任。《UCP600》第二条明确规定，信用证是指一项约定，无论其如何命名或描述，该约定不可撤销并因此构成开证行对相符提示予以兑付的确定承诺。在信用证支付方式下，开证行不仅承担第一性的，而且是独立的付款责任，即使信用证的开证申请人在信用证开出后丧失偿付能力，在单证一致的情况下，开证行仍需承担付款责任。

**4. 信用证业务是纯单据业务**

《UCP600》第五条明确规定：“银行处理的是单据，而不是单据所涉及的货物、服务或其他行为。”可见，信用证业务是一种纯粹的凭单据付款的单据业务。该惯例在第七条、第八条及第十五条对此作了进一步的规定和说明，只要单据与单据相符、单据与信用证相符，只要能确定单据在表面上符合信用证条款，银行就得凭单据付款。因此，单据成为银行付款的唯一依据，即银行只认单据是否与信用证相符，而“对于任何单据的形式、完整性、准确性、真实性、伪造或法律效力，或单据上规定的或附加的一般及/或特殊条件，概不负责任”，对于货物的品质、包装是否完好，数（重）量是否完整等，也不负责任。所以在使用信用证支付的条件下，受益人要想安全、及时收到货款，必须做到“单、单一致”、“单、证一致”。

## 七、SWIFT 信用证

SWIFT 是环球银行金融电讯协会的简称，是一个国际银行同业间非盈利性的合作组织。该组织于 1973 年在比利时成立，总部设在布鲁塞尔，并在荷兰鹿特丹和美国纽约设立与总部相互连接的大型电脑操作中心。凡利用 SWIFT 系统设计并通过 SWIFT 系统传递的信用证称为 SWIFT 信用证。

**1. 跟单信用证开证（MT700）**

① 必选 20 DOCUMENTARY CREDIT NUMBER（信用证号码）。

② 可选 23 REFERENCE TO PRE-ADVICE（预先通知号码）。

如果信用证是采取预先通知的方式，该项目内应该填入“PREADV/”，再加上预先通知的编号或日期。

③ 必选 27 SEQUENCE OF TOTAL（电文页次）。

④ 可选 31C DATE OF ISSUE（开证日期）。

如果这项没有填，则开证日期为电文的发送日期。

⑤ 必选 31D DATE AND PLACE OF EXPIRY（信用证有效期和有效地点）。

该日期为最后交单的日期。

⑥ 必选 32B CURRENCY CODE，AMOUNT（信用证结算的货币和金额）。

⑦ 可选 39A PERCENTAGE CREDIT AMOUNT TOLERANCE（信用证金额上下浮动允许的最大范围）。

该项目的表示方法较为特殊，数值表示百分比的数值，如：5/5，表示上下浮动最大为5%。39B 与 39A 不能同时出现。

⑧ 可选 39B MAXIMUM CREDIT AMOUNT（信用证最大限制金额）。

⑨ 可选 39C ADDITIONAL AMOUNTS COVERED（额外金额）。

表示信用证所涉及的保险费、利息、运费等金额。

⑩ 必选 40A FORM OF DOCUMENTARY CREDIT（跟单信用证形式）。

⑪ 必选 41A AVAILABLE WITH... BY...（指定的有关银行及信用证兑付的方式）。

指定银行作为付款、承兑、议付。

兑付的方式有 5 种：BY PAYMENT（即期付款）；BY ACCEPTANCE（远期承兑）；BY NEGOTIATION（议付）；BY DEF PAYMENT（迟期付款）；BY MIXED PAYMENT（混合付款）。

如果是自由议付信用证，对该信用证的议付地点不做限制，该项目代号为：41D，内容为：ANY BANK IN...

⑫ 可选 42A DRAWEE（汇票付款人）。

必须与 42C 同时出现。

⑬ 可选 42C DRAFTS AT...（汇票付款日期）。

必须与 42A 同时出现。

⑭ 可选 42M MIXED PAYMENT DETAILS（混合付款条款）。

⑮ 可选 42P DEFERRED PAYMENT DETAILS（迟期付款条款）。

⑯ 可选 43P PARTIAL SHIPMENTS（分装条款）。

表示该信用证的货物是否可以分批装运。

⑰ 可选 43T TRANSSHIPMENT（转运条款）。

表示该信用证是直接到达，还是通过转运到达。

⑱ 可选 44A LOADING ON BOARD/DISPATCH/TAKING IN CHARGE AT/FORM（装船、发运和接收监管的地点）。

⑲ 可选 44B FOR TRANSPORTATION TO...（货物发运的最终地）。

⑳ 可选 44C LATEST DATE OF SHIPMENT（最后装船期）。

装船的最迟的日期。

㉑ 可选 44D SHIPMENT PERIOD（船期）。

44C 与 44D 不能同时出现。

㉒ 可选 45A DESCRIPTION OF GOODS AND/OR SERVICES（货物描述）。

通常包括货物名称、价格条款。

㉓ 可选 46A DOCUMENTS REQUIRED（单据要求）。

㉔ 可选 47A ADDITIONAL CONDITIONS（特别条款）。

㉕ 可选 48 PERIOD FOR PRESENTATION（交单期限）。

表明开立运输单据后多少天内交单。

㉖ 必选 49 CONFIRMATION INSTRUCTIONS（保兑指示）。

如果指示为 CONFIRM：要求保兑行保兑该信用证；MAY ADD：收报行可以对该信用证加具保兑；WITHOUT：不要求收报行保兑该信用证。

㉗ 必选 50 APPLICANT（信用证开证申请人）。

一般为进口商，填写其名称和地址。

㉘ 可选 51A APPLICANT BANK（信用证开证的银行）。

㉙ 可选 53A REIMBURSEMENT BANK（偿付行）。

㉚ 可选 57A “ADVISE THROUGH” BANK（通知行）。

㉛ 必选 59 BENEFICIARY（信用证的受益人）。

一般为出口商，填写其名称和地址。

㉜ 可选 71B CHARGES（费用情况）。

表明费用是否由受益人（出口商）出，如果没有这一条，表示除了议付费、转让费以外，其他各种费用由开出信用证的申请人（进口商）出。

㉝ 可选 72 SENDER TO RECEIVER INFORMATION（附言）。

㉞ 可选 78 INSTRUCTION TO THE PAYING/ACCEPTING/NEGOTIATING BANK（给付款行、承兑行、议付行的指示）。

**2. 信用证修改（MT707）**

① 必选 20 SENDER'S REFERENCE（信用证号码）。

② 必选 21 RECEIVER'S REFERENCE（收报行编号）。

发电文的银行不知道收报行的编号，填写“NONREF”。

③ 可选 23 ISSUING BANK'S REFERENCE（开证行的号码）。

④ 可选 26E NUMBER OF AMENDMENT（修改次数）。

该信用证修改的次数，要求按顺序排列。

⑤ 可选 30 DATE OF AMENDMENT（修改日期）。

如果信用证修改没填这项，修改日期就是发报日期。

⑥ 可选 31C DATE OF ISSUE（开证日期）。

如果这项没有填，则开证日期为电文的发送日期。

⑦ 可选 31E NEW DATE OF EXPIRY（信用证新的有效期）。

信用证修改的有效期。

⑧ 可选 32B INCREASE OF DOCUMENTARY CREDIT AMOUNT（信用证金额的增加）。

⑨ 可选 33B DECREASE OF DOCUMENTARY CREDIT AMOUNT（信用证金额的减少）。

⑩ 可选 34B NEW DOCUMENTARY CREDIT AMOUNT AFTER AMENDMENT（信用证修改后的金额）。

⑪ 可选 39A PERCENTAGE CREDIT AMOUNT TOLERANCE（信用证金额上下浮动允许的最大范围的修改）。

该项目的表示方法较为特殊，数值表示百分比的数值，如：5/5，表示上下浮动最大为 5%。

⑫ 可选 39B MAXIMUM CREDIT AMOUNT（信用证最大限制金额的修改）。

39B 与 39A 不能同时出现。

⑬ 可选 39C ADDITIONAL AMOUNTS COVERED（额外金额的修改）。

表示信用证所涉及的保险费、利息、运费等金额的修改。

⑭ 可选 44A LOADING ON BOARD/DISPATCH/TAKING IN CHARGE AT/FORM（装船、发运和接收监管的地点的修改）。

⑮ 可选 44B FOR TRANSPORTATION TO...（货物发运的最终地的修改）。

⑯ 可选 44C LATEST DATE OF SHIPMENT（最后装船期的修改）。

修改装船的最迟的日期。

⑰ 可选 44D SHIPMENT PERIOD（装船期的修改）。

44C 与 44D 不能同时出现。

⑱ 可选 52a APPLICANT BANK（信用证开证的银行）。

⑲ 必选 59 BENEFICIARY（BEFORE THIS AMENDMENT）（信用证的受益人）。

该项目为原信用证的受益人，如果要修改信用证的受益人则需要在 79 NARRATIVE（修改详述）中写明。

⑳ 可选 72 SENDER TO RECEIVER INFORMATION。

（附言）/BENCON/：要求收报行通知发报行受益人是否接受该信用证修改。

/PHONBEN/：请电话通知受益人（列出受益人的电话号码）。

/TELEBEN/：用快捷有效的电讯方式通知受益人。

㉑ 可选 78 NARRATIVE（修改详述）详细的修改内容。

**3. SWIFT 信用证实例**

SEQUENCE OF TOTAL　＊27　:1/1

FORM OF DOC. CREDIT　＊40 A　:CONFIRMED AND IRREVOCABLE

DOC. CREDIT NUMBER　＊20　:M521588

DATE OF ISSUE　＊31 C　:011202

EXPIRY　＊31 D　:DATE 020130 PLACE CHINA

APPLICANT　＊50　:SASAKO GARMENT TRADING
CORPORATION3-5-8ORBURA, MINATO-KU, OSAKA 105-8005, JAPAN

BENEFICIARY　＊59　:NANTONG QIANJIN GARMENT
CO., LTD NO. 69 GONGNON ROAD
NANTONG JIANGSU CHINA

AMOUNT　＊32 B　:CURRENCY USD AMOUNT 185600. 00

AVAILABLE WITH/BY　＊41 D　:ANY BANK BY NEGOTIATON

DRAFTS AT...　＊42 C　:DRAFTS AT 30DAYS SIGHT FOR 100PCT
OF THE INVOICE VALUE

DRAWEE　＊42 A　:BANK OF CHINA OSAKA (OSAKA BRANCH)

PARTIAL SHIPMENTS　＊43 P　:PARTIAL SHIPMENTS ALLOWED

TRANSSHIPMENT　＊43 T　:TRANSSHIPMENT NOT ALLOWED

LOADING IN CHARGE　＊44 A　:SHANGHAI PORT

FOR TRANSPORT TO...　＊44 B　:JAPANESE PORT

LATEST DATE OF SHIP.　＊44 C　:020115

DESCRIPT. OF GOODS　＊45 A　:AS PER THE S/C CHJ01-01 1600DOZ OF MEN'S SHIRT PRICE
TERM:CIF OSAKA

DOCUMENTS EQUIRED　＊46 A　:1) SIGNED COMMERCIAL INVOICE IN 1
ORIGINAL AND 3 COPIES.

2) FULL SET OF CLEAN ON BOARD OCEAN BILLS OF LADING MADE OUT TO ORDER AND BLANK ENDORSED MARKED 'FREIGHT COLLECT' AND NOTIFY ACCOUNTEE.

3) PACKING LIST IN 1 ORIGINAL AND 3 COPIES

4) INSURANCE POLICY OR CERTIFICATE IN TWO FOLD ENDORSED IN BLANK, FOR 110% OF THE INVOICE VALUE COVERING THE FOLLOWING RISKS ALL RISKS AND WAR RISKS AS PER PICC. CLAIM PAYABLE IN OSAKA JAPAN.

ADDITIONAL COND.　＊47A　:1) ALL DOCUMENTS MUST BE SENT TO
US IN ONE LOT BY REGISTERED AIRMAIL.

2) A FEE FOR USD50. 00 OR EQUIVALENT IN THE CREDIT CURRENCY WILL BE DEDUCTED FROM PAYMENT ON EACH SET OF DOCUMENTS CONTAINING DISCREPANCIES.

3) THE GOODS TO BE PACKED IN EXPORT STRONG CARTONS.

4) 5PCT MORE OR LESS BOTH IN AMOUNT AND QUANTITY ALLOWED.

5) T. T. REIMBURSEMENT IS NOT ACCEPTABLE.

DETAILS OF CHARGES　＊71 B　:ALL BANKING CHARGES OUTSIDE JAPAN FOR THE ACCOUNT OF THE BENEFICIARY.

PRESENTATION PERIOD　＊48　:DOCUMENTS TO BE PRESENTED WITHIN 15DAYS AFTER THE DATE OF ISSUANCE OF THE SHIPPING DOCUMENTS BUT WITHIN THE VALIDITY OF THE CREDIT

续表

| | | |
|---|---|---|
| CONFIRMATION | *49 | :WITHOUT |
| INSTRUCTIONS | *78 | :ALL DRAFTS DRAWN HEREUNDER MUST |

INDICATE THE NUMBER, DATE OF ISSUE AND NAME OF THIS CREDIT. THE AMOUNT OF EACH DRAWING UNDER THIS CREDIT MUST BE ENDORSED BY THE NEGOTIATING BANK ON THE REVERS HEREOF. WE HEREBY ENGAGE WITH DRAWERS, ENDORSERS AND BONA FIDE HOLDERS OF DRAFTS DRAWN UNDER AND IN COMPLIANCE WITH TERMS OF THIS CREDIT THAT SUCH DRAFTS WILL BE DULY HONORED UPON PRESENTATION TO THE DRAWEE.
THIS LETTER OF CREDIT IS SUBJECT TO《UCP600》.

# 任务四　掌握买卖合同中的支付条款的缮制

## 一、合同中的汇付条款

对于使用汇付方式结算货款的交易，在买卖合同中应当明确规定汇付的时间、具体的汇付方式和金额等。

① 买方应不晚于 2006 年 9 月 25 日将全部货款用电汇/信汇/票汇方式预付给卖方。

② 买方在收到本合同所列单据后，应于 30 天内电汇付款。

## 二、合同中的托收条款

**1. 即期付款交单**

“买方凭卖方开具的即期跟单汇票，于第一次见票时立即付款，付款后交单。”

**2. 远期付款交单**

“买方对卖方开具的见票后 30 天付款的跟单汇票，于第一次提示时即予承兑，并应与汇票到期日即予付款，付款后交单。”

**3. 承兑交单**

“买方对卖方开具的见票后 90 天付款的跟单汇票，应于第一次提示时即予以承兑，并应与汇票到期日即付款，承兑后交单。”

## 三、合同中的信用证条款

### （一）信用证支付条款的主要内容

**1. 开证时间**

如果采用信用证方式支付，一般应在合同中明确规定买方向银行申请开证和信用证传递给买方的时间。如：“签订合同后 30 天内开证”、“在装运月前 45 天开证”。

**2. 信用证的种类**

**3. 信用证项下汇票的付款日期**

**4. 信用证金额**

**5. 信用证有效期和到期地点**

信用证的有效期是指银行承担议付、承兑或付款责任的期限。议付的到期地点一般在出口地；承兑和付款的到期地点则为开证行或其指定的付款行所在地。

### （二）信用证支付条款的具体订法

**1. 即期信用证支付条款**

买方应于装运月份前 30 天通过卖方可接受的银行开立并送达卖方不可撤销的即期信用证，有效期至装运月份后 15 天在中国议付。

The Buyers shall open through a bank acceptable to the Sellers an Irrevocable Sight Letter of Credit to reach the Sellers 45 days before the month of shipment, valid for negotiation in China until the 15th day after the month of shipment.

**2. 远期信用证支付条款**

买方应于 2005 年 8 月 30 日前（或接到卖方通知后 10 天内或签约后 30 天内）通过中国银行大阪分行开立以卖方为受益人的不可撤销的见票后 45 天（或装船日后 30 天）付款的信用证，信用证议付有效期延至上述装运期后 15 天在中国到期。

The Buyers shall arrange with Bank of China, OSAKA Branch for opening an Irrevocable Letter of Credit in favour of the Sellers before Aug. 30, 2005 (or within 10 days after receipt of Sellers advice; or within 30 days after signing of this contract), The said Letter of Credit shall be available by draft (s) at 45 days sight (or after 30 date of shipment) and remain valid for negotiation in China until the 15th after the aforesaid time of shipment.

**3. 循环信用证支付条款**

买方应于第一批装运月份前 30 天通过卖方可接受的银行开立并送达卖方不可撤销即期循环信用证，该证在 1998 年期间，每月自动可供 50000 美元，并保持有效至 1999 年 1 月 15 日在北京议付。

The Buyers shall open through a bank acceptable to the Sellers an Irrevocable Revolving Letter of Credit at sight to reach the Sellers 30 days before the month of first shipment. The Credit Shall be automatically available during the period of 1998 for USD50000 per month, and remain valid for negotiation in Beijing until Jan. 15, 1999.

## 课后训练题 ▶▶▶

### 一、选择题

1. 使用 D/P、D/A 和 L/C 3 种结算方式，对卖方而言，风险由大到小依次为（　　）。

A. D/A、D/P 和 L/C　　B. L/C、D/P 和 D/A

C. D/P、D/A 和 L/C　　D. D/A、L/C 和 D/P

2. 属于银行信用的国际贸易支付方式是（　　）。

A. 汇付　　B. 托收　　C. 信用证　　D. 票汇

3. 按照《UCP600》的规定，受益人最后向银行交单议付的期限是不迟于提单签发日的（　　）。

A. 11 天　　B. 15 天　　C. 21 天　　D. 25 天

4. 保兑行对保兑信用证承担的付款责任是（　　）。

A. 第一性的　　B. 第二性的　　C. 第三性的　　D. 第四性的

5. 信用证的第一付款人是（　　）。

A. 进口商　　B. 开证行　　C. 出口商　　D. 通知行

6. 持票人将汇票提交付款人要求承兑的行为是（　　）。

A. 转让　　B. 出票　　C. 见票　　D. 提示

7. T/T 指的是（　　）。

A. 信汇　　B. 电汇　　C. 票汇　　D. 信用证

8. 下列几种结算方式中，对卖方而言风险最大的是（　　）。

A. 票汇　　B. 承兑交单　　C. 即期付款交单　　D. 远期付款交单

9. 根据《UCP 600》的规定，可转让信用证只能转让（　　）。

A. 1次　　B. 2次　　C. 3次　　D. 4次

10. 对卖方而言，具有双重保证的信用证指的是（　　）。

A. 循环信用证　　B. 跟单信用证　　C. 保兑信用证　　D. 可转让信用证

11. 国际货物买卖使用托收方式，委托并通过银行收取货款，使用的汇票是（　　）。

A. 商业汇票，属商业信用　　B. 银行汇票，属银行信用

C. 商业汇票，属银行信用　　D. 银行汇票，属商业信用

12. 信用证上如未明确付款人，则制作汇票时，付款人应为（　　）。

A. 开证申请人　　B. 开证银行　　C. 议付银行　　D. 受益人

**二、简答题**

1. 请比较汇票、本票和支票的异同。
2. 简述汇票的使用过程。
3. 信用证的主要内容有哪些？
4. 简述信用证与买卖合同的关系。
5. 简述信用证的主要类型及其含义。

**三、计算题**

某公司出口货物一批，采用远期信用证进行结算，若远期汇票的金额为30万美元，该公司提前30天到银行结款，银行按照6%的贴现率扣除贴现利息，请问该公司能够得到多少金额？

**四、案例分析**

1. 某出口公司收到一份国外开来的L/C，出口公司按L/C规定将货物装出，但在尚未将单据送交当地银行议付之前，突然接到开证行通知，称开证申请人已经倒闭，因此开证行不再承担付款责任。问：出口公司如何处理？

2. 我某出口企业收到国外开来不可撤销信用证一份，由设在我国境内的某外资银行通知并加以保兑。我出口企业在货物装运后，正拟将有关单据交银行议付时，接到该外资银行通知，由于开证银行已宣布破产，该行不承担对该信用证的议付或付款责任，但可接受我出口公司委托向买方直接收取货款的业务。对此，你认为我方应如何处理为好？

# 项目十

# 进出口业务中争议的预防和处理

## 能力目标

通过本章的学习，学生应该能够：

① 掌握进出口商品的检验方式及单证；

② 熟悉进出口合同中的异议与索赔条款；

③ 熟悉进出口合同中的不可抗力条款；

④ 掌握进出口合同中争议的处理。

## 任务一　掌握进出口商品的检验方式及单证

商品检验（Commodity Inspection），是指专门的进出口商品检验机构和其他指定的机构，依照法律、法规或进出口合同的规定，对进出口商品的品质、规格、数量、包装、安全性能等进行各种分析和测量，并出具检验证书的活动。

在国际贸易中，大多数场合下买卖双方不是当面交接货物，而在长途运输和装卸过程中，又可能由于各种风险和承运人的责任造成货损。为了便于分清责任，确认事实，往往需要由权威的、公正的商检机构对商品进行检验并出具检验证书以资证明。这种由商检机构出具的检验证书，已成为国际贸易中买卖双方交接货物、结算货款、索赔和理赔的主要依据。因此，商品检验是国际贸易中不可缺少的重要环节，检验条款是国际贸易合同中的一项重要条款。

### 一、买方的检验权

在国际贸易货物交接过程中买方如认为他所购买的货物在质量、数量、包装等方面均符合买卖合同的规定，而同意收下卖方所交付的货物，这表示买方“接受”了货物。但买方“收到”货物并不等于他已经“接受”货物，因为如果他收到货物后经检验，认为与买卖合同的规定不符时，他可以拒收。这就意味着为了防止自己的利益受损，买方有权对自己购买的货物进行检验。

世界各国的法律及《公约》对此均作了相关规定，以保障买方的利益。如英国1893年《货物买卖法》规定：当货物交付买方时，除另有协议外，买方有权要求有合理的机会检验货物，以便确定它们是否与合同的规定相符。《公约》规定：买方必须在按情况实际可行的最短时间内检验货物或由他人检验货物；还规定如果合同涉及货物的运输，检验可推迟到货物到达目的地后进行。

货物经检验如发现不符合同规定，而且确属卖方责任者，买方有权采取要求卖方予以损害赔偿等补救措施，直至拒收货物。但买方对货物的检验权并不是表示对货物接受的前提条件，买方对收到的货物可以进行检验，也可以不进行检验。假如买方没有利用合理的机会对货物进行检验，就是放弃了检验权，他也就丧失了拒收货物的权利。

**【例 10-1】** 日本出口公司 A 与我国香港 B 公司以 CIF 香港条件出口一批电子产品，B 公司又将该批货物转卖给内地公司 C。货到香港后，B 公司发现货物的质量有问题，但 B 公司仍将原货转销内地。其后，B 公司在合同规定的索赔期限内凭中国内地商检机构签发的检验证书，向 A 公司提出退货要求。请问：A 公司应如何处理？为什么？

**分析：** A 公司应拒绝 B 公司的要求。因为 B 公司收到货物后，没有利用合理的机会对货物进行检验，在发现货物有质量问题之后仍将原货转销内地，即表示 B 公司接受了货物，同时意味着 B 公司丧失了拒收货物的权利。

## 二、商品检验的时间和地点

确定商品检验的时间和地点，实际上就是确定买卖双方中哪一方行使对货物的检验权的问题。如前所述，国际上一般都承认买方在接受货物之前有权检验货物。但是，买方在何时何地检验货物，各国法律并无统一规定。不过，检验的时间、地点往往与合同所使用的贸易术语、商品及其包装的性质、行业惯例、国家的法令等密切相关。为使交易顺利进行，防止产生争议，买卖双方应将检验时间与地点在合同的检验条款中具体订明。

在国际贸易中，商品的检验时间和地点的确定通常有以下 3 种方式。

### （一）在出口国检验

**1. 产地检验**

此种检验方法是由出口方检验人员会同买方验收人员于货物在工厂（产地）发运前进行检验。卖方承担货物离厂（产地）前的责任。在运输途中出现的品质、数量等方面的风险由买方承担。

**2. 装船前或装船时在装运港检验**

出口货物在装运港装船前或装船时，以双方约定的商检机构验货后出具的品质、重量、数量和包装等检验证明，作为决定商品品质和重量的最后依据。这叫做离岸品质和离岸重量。所谓最后依据是指卖方取得商检机构出具的各项检验证书时，就意味着所交货物的品质和重量与合同的规定相符，买方对此无权提出任何异议，从而否决了他对货物的复验权，除非买方能证明，货物到目的地时的变质或短量是由于卖方未能履行合同的品质、数量、包装等条款，或因货物固有的瑕疵而引起的。

### （二）在进口国检验

**1. 在目的港（地）检验**

货至目的港（地）卸货后，由买卖双方约定的目的港（地）商检机构验货并出具品质、重量等检验证明作为最后依据，这叫做到岸品质和到岸重量。

**2. 在买方营业处所以及最终用户所在地检验**

对密封包装的货物，或规格复杂、精密度高的货物，不能在使用之前拆开包装检验，或需要具备一定的检验条件和检验设备才能检验时，可将货物运至买方营业处所或最终用户所在地进行检验。由这里的检验机构出具的品质、质量等证明作为最后依据。

在上述检验中，如发现货物的品质或重量等与合同规定不符且责任属于卖方，买方可向其提出索赔或按双方事先约定处理。

### （三）在出口国检验、在进口国复验

即以装运港（地）的检验证书作为收付货款的依据，而非最后依据，货物到达目的港（地）后允许买方复验，如约定的检验机构复验后发现货物不符合合同规定，并证明这种不符合情况系原装不良，买方有权在规定的时间凭复验证书内向卖方提出索赔。这种做法兼顾了买卖双方的利益，在我国的进出口业务中，大都采用这种做法。

## 三、商品检验机构和检验证书

### （一）商品检验机构

#### 1. 国际上的商品检验机构

国际上的检验机构，有官方的，也有非官方的。官方的检验机构只对特定商品（粮食、药物等）进行检验，如美国食品药物管理局（FDA）。

除政府设立的官方商品检验机构外，世界上许多国家中还有由商会、协会、同业公会或私人设立的半官方或民间商品检验机构，担负着国际贸易货物的检验和鉴定工作。由于民间商品检验机构承担的民事责任有别于官方商品检验机构承担的行政责任，所以，在国际贸易中更易被买卖双方接受。民间商品检验机构根据委托人的要求，以自己的技术、信誉及对国际贸易的熟悉，为贸易当事人提供灵活、及时、公正的检验鉴定服务，受到对外贸易关系人的共同信任。

目前在国际上比较有名望、有权威的民间商品检验机构有：瑞士通用公证行（SGS）、英国英之杰检验集团（IITS）、日本海事检定协会（NKKK）、新日本检定协会（SK）、日本海外货物检查株式会社（OMIC）、美国安全试验所（UL）、美国材料与试验学会（ASTM）、加拿大标准协会（CSA）、国际羊毛局（IWS）、中国商品检验公司（CCIC）。

#### 2. 我国的检验机构

我国进出口商品检验主要由官方的“中华人民共和国进出口商品检验局”（以下简称国家商检局）（SACI）及其分支机构承担，此外还有各种专门从事动植物、食品、药品、船舶、计量器具等官方检验机构。

根据《中华人民共和国商品检验检疫法》（以下简称《商检法》）授权和国家规定，我国商检机构的基本任务，是实施进出口商品法定检验、公证鉴定、监督管理进出口商品检验工作和统一管理并签发普遍优惠制原产地证书。

（1）实施法定检验　进出口商品检验分为法定检验和非法定检验两大类。法定检验是指国家商检部门根据对外贸易发展的需要，对涉及社会公共利益的进出口商品实施强制检验。凡列入《检验检疫商品目录》内的进出口商品，都必须经我国的商检机构实施检验。

（2）实施监督管理　按照《商检法》规定，商检机构应该通过行政管理手段，对进口商品的收货和用货单位、代理接运单位，出口商品的生产、经营单位和储运单位，以及指定或认可的检验机构的进出口商品检验工作进行监督抽查；组织和促使上述有关单位或其他进出口贸易关系方，对其进出商品检验工作按规定进行验收和检验，以保证出口商品质量和防止次劣商品进口。

（3）提供公证鉴定服务　商检机构根据对外贸易关系方，如外贸、运输、保险等有关各方以及进口商品的收货人，代理接运部门和出口商品的生产、供货部门的申请；外国厂商和

检验机构的委托；仲裁、司法机关的指定，办理进出门商品的公证鉴定业务，签发各种商品的公证鉴定证书，作为办理进出口商品交接、结算、计费、理算、通关、计税、索赔、仲裁等的有效凭证。

（4）统一管理并签发普遍优惠制原产地证明书　国家质量监督检验检疫总局设在各地的商检机构，是经我国政府授权的唯一管理和签发普惠制原产地证书的政府机构，签证手续按《中华人民共和国普惠制原产地证明书签证管理办法》办理。

### （二）商品检验证书

商检证书，是各种进出口商品检验证书、鉴定证书和其他证明书的统称，是对外贸易有关各方履行契约义务、处理索赔争议和仲裁、诉讼举证，具有法律依据的有效证件，也是海关验放、征收关税和优惠减免关税的必要证明。商检证书的种类主要如下。

**1. 品质检验证书**

它是出口商品交货结汇和进口商品结算索赔的有效凭证；法定检验商品的证书，是进出口商品报关、输出输入的合法凭证。商检机构签发的放行单和在报关单上加盖的放行章有与商检证书同等通关效力；签发的检验情况通知单具有商检证书同等性质。

**2. 重量或数量检验证书**

它是出口商品交货结汇、签发提单和进口商品结算索赔的有效凭证；出口商品的重量证书，也是国外报关征税和计算运费、装卸费用的证件。

**3. 兽医检验证书**

它是证明出口动物产品或食品经过检疫合格的证件。适用于冻畜肉、冻禽、禽畜罐头、冻兔、皮张、毛类、绒类、猪鬃、肠衣等出口商品；是对外交货、银行结汇和进口国通关输入的重要证件。

**4. 卫生/健康证书**

它是证明可供人类食用的出口动物产品、食品等经过卫生检验或检疫合格的证件。适用于罐头、肠衣、冻鱼、冻虾、食品、蛋品、乳制品、蜂蜜等，是对外交货、银行结汇和通关验放的有效证件。

**5. 消毒检验证书**

它是证明出口动物产品经过消毒处理，保证安全卫生的证件。适用于猪鬃、皮张、马尾、山羊毛、羽毛、人发等商品，是对外交货、银行结汇和国外通关验放的有效凭证。

**6. 熏蒸证书**

它是用于证明出口粮谷、油籽、豆类、皮张等商品，以及包装用木材与植物性填充物等，已经过熏蒸灭虫的证书。

**7. 残损检验证书**

它是证明进口商品残损情况的证件。适用于进口商品发生残、短、渍、毁等情况；可作为收货人向发货人或承运人或保险人等有关责任方索赔的有效证件。

**8. 积载鉴定证书**

它是证明船方和集装箱装箱部门正确配载积载货物，作为证明履行运输合同义务的证件。可供货物交接或发生货损时处理争议之用。

**9. 财产价值鉴定证书**

它是作为对外贸易关系人和司法、仲裁、验资等有关部门索赔、理赔、评估或裁判的重要依据。

**10. 船舱检验证书**

用以证明承运出口商品的船舱清洁、密固、冷藏效能及其他技术条件是否符合保护承载商品的质量和数量完整与安全的要求。可作为承运人履行租船合同的适载义务，买卖双方进行货物交接和处理货损货差事故的依据。

**11. 生丝品级及公量检验证书**

它是出口生丝的专用证书。其作用相当于品质检验证书和重量/数量检验证书。

**12. 产地证明书**

它是出口商品在进口国通关输入和享受减免关税优惠待遇和证明商品产地的凭证。

**13. 舱口检视证书、监视装/卸载证书、舱口封识证书、油温空距证书、集装箱监装/拆证书**

作为证明承运人履行契约义务，明确责任界限，便于处理货损货差责任事故的证明。

**14. 价值证明书**

作为进口国管理外汇和征收关税的凭证。在发票上签盖商检机构的价值证明章与价值证明书具有同等效力。

**15. 货载衡量检验证书**

它是证明进出口商品的重量、体积吨位的证件。可作为计算运费和制订配载计划的依据。

**16. 集装箱租箱交货检验证书、租船交船剩水/油重量鉴定证书**

可作为契约双方明确履约责任和处理费用清算的凭证。

## 四、进出口商品检验工作程序

我国进出口商品检验工作，主要有 4 个环节：接受报验、抽样、检验和签发证书。

**1. 接受报验**

报验是指对外贸易关系人向商检机构报请检验。报验时需填写“报验申请单”，填明申请检验、鉴定工作项目和要求，同时提交对外所签买卖合同，成交小样及其他必要的资料。

**2. 抽样**

商检机构接受报验之后，及时派人赴货物堆存地点进行现场检验、鉴定。抽样时，要按照规定的方法和一定比例，在货物的不同部位抽取一定数量的、能代表全批货物质量的样品（标本）供检验之用。

**3. 检验**

商检机构接受报验之后，认真研究申报的检验项目，确定检验内容，仔细审核合同（信用证）对品质、规格、包装的规定，弄清检验的依据，确定检验标准、方法，然后抽样检验，仪器分析检验；物理检验；感官检验；微生物检验等。

**4. 签发证书**

在出口方面，凡列入《出入境检验检疫机构实施检验检疫的进出境商品目录》（以下简称《法检目录》）内的出口商品，经检验合格后签发放行单（或在“出口货物报关单”上加盖放行章，以代替放行单）。凡合同、信用证规定由商检部门检验出证的，根据规定签发所需商检证书；不向国外提供证书的，只发放行单。《法检目录》以外的出口商品，应由商检机构检验的，经检验合格发给证书或放行单后，方可出运。在进口方面，进口商品经检验后，分别签发“检验情况通知单”或“检验证书”，供对外结算或索赔用。凡由收、用货单位自行验收的进口商品，如发现问题，供对外索赔用。对验收合格的，收、用货单位应在索赔有效期内把验收报告送商检机构销案。

## 五、买卖合同中的检验条款

### （一）检验条款的主要内容

检验的时间与地点、检验机构、检验标准与方法、复验的期限、地点和机构、商品检验的内容、检验证书的种类。

### （二）检验条款实例

**1. 以装运港检验证书为最后依据**

例如："双方同意以装运港中华人民共和国国家质量监督检验检疫总局所签发的品质/数量检验证书为最后依据，对双方具有约束力。"(It is mutually agreed that the Certificate Of Quality/Quantity issued by the General Administration of Quality Supervision, Inspection and Quarantine of the People′s Republic of China at the port of shipment shall be regarded as final and binding upon both parties)

**2. 以装运港检验证书为议付货款的依据，货到目的港后买方有权复验**

例如："双方同意以装运港中华人民共和国国家质量监督检验检疫总局签发的品质和数量（重量）检验证书作为信用证项下议付所提交单据的一部分。买方有权对货物的品质或数量（重量）进行复验。复验费由买方负担。如发现品质和数量（重量）与合同不符，买方有权向卖方索赔，但须提供经卖方同意的公证机构出具的检验报告。索赔期限为货到目的港××天内。"［It is mutually agreed that the Certificate of quality and quantity (weight) issued by the AQSIQ at the port of shipment shall be part of the documents to be presented for negotiation under the relevant L/C. The buyers shall have the right to re-inspect the Quality and Quantity (weight) of the cargo. The re-inspection fee shall be borne by the Buyers. Should the Quality and/or Quantity (weight) be found not in conformity with that of the contract, the Buyers are entitled to lodge with the Sellers a claim which should be supported by survey reports issued by a recognized surveyor approved by the Sellers. The claim, if any, shall be lodged within ×× days after arrival of the cargo at the port of destination］

### （三）订立检验条款应注意的事项

在订立检验条款时除必须明确检验的时间、地点、检验机构名称以及证书的种类外，还必须注意以下 3 个方面的问题。

**1. 检验条款的内容应与合同其他条款的内容相衔接，不能产生矛盾**

检验证书的内容要与品质、数量、包装以及信用证的内容完全相同。否则，不利于合同的履行及货款的支付。例如，在采用信用证支付的方式条款下有关商检机构、检验证书等规定必须与支付条款有关议付单据的规定相一致。我方接交的商检证书与信用证的规定不符，就会遭到银行的拒付。

**2. 应明确规定进出口商品复验地点、复验期限和复验机构**

期限和时间，按照国际惯例，不管交货是实际交货还是象征性交货，除非双方与当事人另行达成协议，货物检验的时间和地点不是在交货地，而是在目的地。这种目的地通常是指最后目的地。对国外复验机构的选定，应选择政治上对我国较友好，又有一定业务能力的机构。

**3. 应明确进出口商品的检验方法**

对出口商品，应坚持由我国商品检验机构按我国有关检验标准及规定的方法进行检验。目前暂无统一标准的，可参照同类商品的标准或由我国生产部门会同商检部门共同商定标准及检验方法进行。同时，也不排除对个别商品采用国外标准及方法进行检验。对我国的进口商品检验，除按合同规定办理外，也可按生产国标准或国际通用标准进行检验。

# 任务二　熟悉进出口合同中的异议与索赔条款

## 一、异议

异议（Disputes）是指交易的一方认为另一方未能全部或部分履行合同规定的责任而引起的业务纠纷。在国际贸易业务中，这种纠纷屡见不鲜，究其主要原因如下。

① 卖方不交货，或未按合同规定的时间、品质、数量、包装条款交货，或单证不符。

② 买方不开或缓开信用证，不付款或不按时付款赎单，无理拒收货物，在 FOB 条件下不按时派船接货等。

③ 合同条款的规定欠明确，买卖双方国家的法律或对国际贸易惯例的解释不一致，甚至对合同是否成立有不同的看法。

④ 在履行合同过程中遇到了买卖双方不能预见或无法控制的情况，如某种不可抗力，双方有不一致的解释等。

由上述原因引起的争议，集中起来讲就是：是否构成违约，双方对违约的事实有分歧，对违约的责任及其后果的认识相悖。对此，双方应本着友好协商、互谅互认精神，妥善解决。

## 二、违约及其法律后果

国际货物买卖合同对合同双方当事人具有法律约束力，任何一方当事人都必须按照合同规定严格履行其合同义务，否则即构成违约。违约一方面会引起买卖双方之间的争议；另一方面也会给对方造成经济损失。对此，违约的另一方当事人应当承担相应的违约责任。

对违约方的违约行为及其应承担的法律后果如何，取决于有关法律对此所做的解释和所确定的法律责任。在国际贸易中，由于各国的法律体系不一样，对违约的法律后果的相关规定也不相同。

### （一）英国法律的规定

**1. 违反要件**

所谓“要件”，即合同中重要的和根本性条款，一般认为与商品相关的品质、数量、交货期等条件属于要件。违约方若违反要件，受害方可要求解除合同并可要求损害赔偿。

**2. 违反担保**

“担保”是指合同中次要的和附属性条款，是与商品无直接联系的条件。违约方若违反担保，受害方只能要求损害赔偿。

**3. 违反中间条款**

视后果的严重程度，可要求损害赔偿或解除合同。

如果买方在法律上已被视为接受了货物，并且因此而丧失了拒收货物的权利，买方就必须将对方的违反要件作为违反担保处理。

### （二）美国法律的规定

**1. 轻微违约**

轻微违约是指一方当事人的违约情况比较轻微，没有影响对方在交易中取得主要利益。违约方若轻微违约，受害方只能要求损害赔偿。

**2. 重大违约**

重大违约是指一方当事人违约，致使另一方无法取得该交易下的本应获得的主要利益。违约方若为重大违约，受害方在要求损害赔偿的同时还可以要求解除合同。

### （三）我国法律的规定

我国《合同法》规定：当事人一方延迟履行债务或有其他违约行为致使不能实现合同目的，对方可以不经催告解除合同。当事人一方延迟履行主债务，经催告后在合理期限内未履行的，对方可以解除合同。

### （四）《联合国国际货物销售合同公约》的规定

**1. 根本违反合同**

一方当事人违反了合同的结果，如果使另一方当事人蒙受损失，以至于实际上剥夺了他根据合同规定有权期待得到的东西，即为根本违反合同。这种根本违反合同是由于当事人的主观行为造成的，以至于给另一方当事人造成实质性的损害，如卖方完全不交付货物，或买方无理拒收货物、拒绝付款。凡根本违反合同，该合同无效，受害人可要求损害赔偿。

**2. 非根本违反合同**

一方当事人违反了合同，使另一方当事人蒙受损失，剥夺了他根据合同规定有权期待得到的东西，但若当事人不能预知，而且处于相同情况的另外一个通情达理的人也不能预知会发生这种结果，那么就不构成根本性违约。非根本性违反合同，受害方只能要求损害赔偿。

## 三、索赔与理赔

### （一）索赔与理赔的含义

索赔（Claim）是指受损的一方，根据合同或法律规定，向违约方提出赔偿要求。而违约的一方对索赔进行处理，即为理赔（Claim Settlement）。索赔和理赔是一个问题的两个方面。对受损方而言，称作索赔；对违约方而言，称作理赔。

索赔是处理违约的一种最常见的补救措施。除此以外，还可以采取如退货、更换、修理、减价、延迟履行、替代履行、解除合同等。按照一般规定，在采取其他违约补救措施时，不影响受损害方提出索赔的权利。但受损害方提出索赔时可否同时要求解除合同，则要视违约的具体情况而定。

索赔案件的发生，主要有以下原因：卖方违约、买方违约、买卖双方均有违约责任。

### （二）索赔与理赔应注意的问题

**1. 索赔需注意的问题**

① 注重实际，查明责任。查明对方是否确实违约，如属对方责任，可向对方提出索赔；如是船运公司或保险人的责任，应向船运公司或保险人索赔。

② 必须在合同规定的期限内提出索赔；若按《公约》，则索赔期为两年。

③ 按合同预先规定的金额提出索赔；或根据实际损失情况确定适当的金额。

④ 备齐索赔单证，如提单、发票、保险单、装箱单、磅码单、商检机构出具的货损检验证书或由船长签署的短缺残损证明，以及索赔清单。

**2. 理赔应注意的问题**

① 对方索赔理由是否充足、属实。

② 对方索赔证件和有关文件是否齐全、清楚、有无夸大损失等。

③ 合理确定赔付办法，如赔付部分货物、退货、换货、补货、修整、赔付一定金额、对索赔货物给予价格折扣或按残损货物百分比对全部货物降价等办法。

## 四、买卖合同中的索赔条款

国际货物买卖合同的索赔条款有两种规定方式，一是异议和索赔条款（Discrepancy and Claim Clause）；另一个是罚金条款（Penalty Clause）。

### （一）异议和索赔条款

异议索赔条款常见于一般商品买卖合同，主要适用于商品品质、数量方面的索赔。异议索赔条款的内容一般包括索赔的依据、索赔期限、损失赔偿的办法等。

**1. 索赔依据**

索赔依据是指索赔时应提供的证据及出证机构。索赔依据包括法律依据和事实依据。法律依据是指合同和法律规定，当事人在对违约事实提出索赔时，必须符合有关国家法律的规定。事实依据是指违约的事实、情节及其证据，是提出索赔要求的客观基础。

**2. 索赔期限**

索赔期限是指索赔方提出索赔的有效时限。索赔期限的规定方法有两种，即法定索赔期和约定索赔期。法定索赔期是指合同适用的法律规定的期限。约定索赔期是指买卖双方在合同中规定的期限。约定索赔期的效力一般高于法定索赔期的效力。

一般索赔期限不宜过长，也不宜规定得太短。规定索赔期的起算方法如下。

① 货物到达目的港后××天起算。

② 货物到达目的港卸离海轮后××天起算。

③ 货物到达买方营业场所或用户所在地后××天起算。

④ 货物经检验后××天起算。

**3. 索赔金额的确定**

在实际业务中，违约行为发生的原因很多，具体情况复杂，在磋商交易和订立合同时很难预见到将来在履约过程中会发生何种违约情况，违约程度如何。因此，除个别情况外，在买卖合同中对索赔的办法和金额一般只做笼统规定。

关于索赔金额，按照《公约》的规定，主要有以下几种确定方法。

① 一方当事人违反合同应负的损害赔偿额，应与另一方当事人因他违反合同而遭受的包括利润在内的损失额相等。这种损害赔偿不得超过违反合同一方在订立合同时，依照他当时已知道或理应知道的事实和情况，对违反合同所能预料到或理应预料到的损失。

② 如果合同被宣告无效，而在宣告无效后一段合理时间内，买方已以合理方式购买替代货物，或者卖方已以合理方式把货物转卖，则要求损害赔偿的一方可以取得合同价格和替代货物交易价格之间的差额以及按照第①种方法可以取得的任何其他损害赔偿。

③ 如果合同被宣告无效，而货物又有时价，要求损害赔偿的一方，如果没有已替代货物购买或转卖，则可以取得合同规定的价格和宣告合同无效时的时价之间的差额以及按照第①种方法可以取得的任何其他损害赔偿。

④ 如买方在收到货物之后宣告合同无效，则以接收日的时价与合同价格之间的差额作为索赔金额，而不以宣告日的时价为准。

⑤ 受损方必须按情况采取合理措施，减轻由于违约方违反合同而引起的损失，包括利润方面的损失。如果他不采取这种措施，违约方可以要求从损失赔偿中扣除可以减轻的损失数额。

**（二）罚金条款**

罚金条款亦称违约金条款或罚则，是指在合同中规定，如一方未履约或未完全履约，其应向对方支付一定数额的约定罚金，以弥补对方的损失。罚金就其性质而言是违约金。一般适用于卖方拖延交货、买方拖延接货和延迟开立信用证等情况。罚金多少视延误时间长短而定，并规定最高的罚款金额，违约方被罚后仍须履行合同。否则除罚金外，还要承担由于不能履约而造成的各种损失。

罚金起算日期的计算方法有两种：一种是交货期或开证期终止后立即起算；另一种是规定优惠期，即在合同规定的有关期限终止后再宽限一段时间，在优惠期内免于罚款，待优惠期届满后再起算罚金。

我国《合同法》规定："当事人可以约定一方违约时应根据违约情况向对方支付一定数额的违约金，也可以约定因违约产生的损失赔偿额的计算方法。约定的违约金低于造成的损失的，当事人可以请求人民法院或者仲裁机构予以适当增加；约定的违约金过分高于造成的损失的，当事人可以请求人民法院或者仲裁机构予以适当减少。当事人就迟延履行约定违约金的，违约方支付违约金后，还应当履行债务。"

**【例 10-2】** 我某公司与新加坡一公司签订了某一商品的生产线合同。设备是二手货，共 15 条生产线，由 A 国某公司出售，价值 80 多万美元。合同规定，出售商保证设备在拆卸之前均在正常运转，否则更换或退货。设备运抵目的地后发现，这些设备在拆运前早已停止使用，在目的地装配后因设备损坏、缺件根本无法马上投产使用。但是，由于合同规定如要索赔需商检部门在"货到现场后 15 天内"出证，而实际上货物运抵工厂并进行装配就已经超过 15 天，无法在这个期限内向外索赔。这样，工厂只能依靠自己的力量进行加工维修。经过半年多时间，花了大量人力物力，也只开出了 4 套生产线。

**分析：**在此案例中，我国公司在订立检验和索赔条款时，忽略了索赔有效期的合理制订，这说明在国际贸易中某些商品的索赔期限制订得不宜过短，应根据商品的特性合理有效地规定索赔期限。我国的进口商在订立合同条款时不能把一笔贸易看作是订合同、交货、收货几个简单环节，而忽略检验、索赔这两个重要环节。合同质量条款订得再好，索赔条款订得不合理，质量条款只能是一句空话。大量事实说明，外商在索赔有效期上提出不合理意见，往往表明其质量上存在问题，需要设法掩盖。如果只满足于合同中形容质量的漂亮词藻，不注意索赔条款，就很可能发生此类事故。

## 任务三　熟悉进出口合同中的不可抗力条款

国际贸易合同是买卖双方当事人在特定的环境条件下签订的，如果在合同的履行过程中，合同赖以存在的环境条件发生了非常人所能预见和控制的变化，使得合同的履行受阻，那么，不能履行合同义务的一方当事人能否免责，另一方当事人能否因此而要求损害赔偿？对此，大陆法系国家以情势变迁或合同落空为理由要求免责。但在具体案件中，要判断合同是否已落空或能否用情势变迁原则，往往十分困难。因此双方当事人最好在合同中拟定一项条款，事先约定双方在发生他们所不能控制的意外事故不能履行义务时可以免责，这样的条款叫做不可抗力条款。

## 一、不可抗力事件的含义及构成条件

**1. 不可抗力事件的含义**

不可抗力（Force Majeure）事件是指当事人在订立合同时不能预见、对其发生和后果不能避免并不能克服的事件。

**2. 构成不可抗力事件应当具备的条件**

① 意外事件必须发生在合同成立之后。

② 意外事件不是由合同当事人的过失或疏忽所造成的。

③ 意外事件的发生及其后果是当事人无法预见、无法控制、无法避免和无法克服的。

**3. 不可抗力事件的范围**

① 自然灾害。即人类无法控制的自然界力量所引起的灾害，如水灾、火灾、风灾、旱灾、雨灾、冰灾、雪灾、雷电和地震等。

② 社会原因引起的（政府行为事件和社会异常事件）。政府行为事件是指合同成立后，政府当局发布了新的法律、法规和行政禁令等，致使合同无法履行。社会异常事件是指战争、罢工、暴动、骚乱等事件，给合同履行造成障碍。

并非所有自然原因和社会原因引起的事件都属于不可抗力事件，如汇率变化、价格波动等正常贸易风险，或如怠工、关闭工厂、船期变更等就不属于此范围。

## 二、不可抗力事件的处理

**1. 解除合同或变更合同**

不可抗力事件的处理通常有两种方法：解除合同和变更合同。变更合同是指由一方当事人提出并经另一方当事人同意，对原订合同的条件或内容作适当的变更修改，包括延期履行、分期履行、替代履行和减量履行。

至于究竟是解除合同还是变更合同，应视不可抗力事件对履行合同的影响程度而定。一般原则是如果不可抗力事件的发生使合同履行成为不可能，则可解除合同；如果不可抗力事故只是暂时阻碍了合同履行，只能采用变更合同的办法。

**2. 免责的有效期间**

《公约》规定，不可抗力事件的免责“对障碍存在的期间有效”。如若合同未经双方同意宣告无效，则合同关系继续存在，一旦履行障碍消除，双方仍须继续履行合同义务。

**3. 通知和证明**

《公约》还规定在不可抗力事件发生后，不能履约的一方应及时通知另一方，并提供必要的证明文件，并且在通知中应提出处理意见。如果因未及时通知而使另一方受到损害，则应负赔偿责任。

不可抗力事件的处理，关键是对不可抗力事件的认定，尽管在合同的不可抗力条款中作了一定的说明，但在具体问题上，双方会对不可抗力事件是否成立出现分歧。在处理不可抗力事件时，通常应注意下列事项。

（1）区分商业风险和不可抗力事件　商业风险往往也是无法预见和不可避免的，但是它和不可抗力时间的根本区别在于一方当事人承担了风险损失后，有能力履行合同义务，典型情况是对“种类货”的处理，此类货物可以从市场中购得，因而卖方通常不能免除交货责任。

（2）重视“特定标的物”的作用 对包装后刷上唛头或通过运输单据等已确定将货物确定为某项合同的标的物，称为“特定标的物”，此类货物由于意外事件而灭失，卖方可以确认为不可抗力事件。如果货物并未特定化，则会造成免责的依据不足。

## 三、买卖合同中的不可抗力条款

国际货物买卖合同中的不可抗力条款，一般要包括不可抗力事件的范围、不可抗力的后果、发生不可抗力事件后通知对方的期限和方式、不可抗力的证明文件及出具证明的机构等内容。

### （一）不可抗力条款的规定办法

**1. 概括式**

概括式即对不可抗力事件的范围只作笼统规定，而不具体规定哪些事件属于不可抗力事件的范围。例如：“由于不可抗力的原因，致使卖方不能部分或全部装运或延迟装运合同货物，卖方对这种不能装运或延迟装运本合同货物不负有责任。”

If the shipment of the contracted goods is prevented or delayed in whole or in part due to Force Majeure, the Sellers shall not be liable for nonshipment or late shipment of the goods of this contract.

这种规定方式过于含糊，买卖双方很容易因解释上的差异而产生纠纷。

**2. 列举式**

列举式即以一一列举的方式，详细说明不可抗力事件的范围。例如：“由于战争、地震、火灾、水灾、雪灾、暴风雨的原因，致使卖方不能全部或部分装运或延迟装运合同货物，卖方对这种不能装运或延迟装运本合同货物不负有责任。”

If the shipment of contracted goods is prevented or delayed in whole or in part by reason of war, earthquake, fire, flood, heavy snow, storm , the Seller shall not be liable for non-shipment or late shipment of the goods of this contract.

这种规定方式虽然具有明确的优点，但灵活性较差，很容易造成遗漏。一旦发生了规定范围以外的意外事件，就无法援引。

**3. 综合式**

综合式即将列举式和概括式两种规定方式结合起来，除列举一些不可抗力的具体事故外，同时再注明“或者其他不可抗力事故”。例如：“如因战争、地震、火灾、雪灾、暴风雨或其他不可抗力事故，致使卖方不能全部或部分装运或延迟装运合同货物，卖方对这种不能装运或延迟装运本合同货物不负有责任。”

If the shipment of the contracted goods is prevented or delayed in whole or in part by reason of war, earthquake, fire, flood, heavy snow, storm or other causes of Force Majeure, the Sellers shall not be liable for nonshipment or late shipment of the goods of this contract .

3 种方式中，概括式较为笼统，列举式难于兼容，只有综合式既明确具体，又有一定的灵活性，因而较多采用。

### （二）不可抗力事件的处理方法

一是解除合同，二是变更合同。

### (三) 不可抗力事件发生后通知对方的期限与方式

按照国际惯例，当发生不可抗力事故影响合同履行时，当事人必须及时通知对方，对方接到通知后也应及时答复，如有异议应及时提出。尽管如此，买卖双方为明确责任，一般在不可抗力条款中还应规定一方发生事故后通知对方的期限和方式。

例如："一方遭受不可抗力事件之后，应以电报或电传方式，并应在15天内以航空挂号信提供事故的详细情况及其对合同履行影响程度的证明文件。"

Should the seller be involved in Force Majeure, the seller shall notify the Buyer by cable or telex within 15 days by registered airmail with a certification attesting the specification of the event or events as well as the degree of influence upon the fulfillment of the contract.

### (四) 不可抗力事件的出证机构

在国外，出具证明的机构通常是事故发生地的商会或公证机构或政府主管部门。在我国，则由中国国际贸易促进委员会出具证明文件。

### (五) 国际货物买卖合同中不可抗力条款的表述

由于战争、地震、火灾、水灾、雪灾、暴风雨或其他不可抗力事故，致使卖方不能全部或部分装运或延迟装运合同货物，卖方对这种不能装运或延迟装运本合同货物不负有责任。但卖方须用电报或电传方式通知买方，并应在15天内以航空挂号信件向买方提供由中国国际贸易促进委员会出具的证明此类事件的证明书。

If the shipment of contracted goods is prevented or delayed in whole or in part by reason of war, earthquake, fire, flood, heavy snow, storm or other causes of Force Majeure, the Seller shall not be liable for nonshipment or late shipment of the goods of this contract. However, the Sellers shall notify the Buyers by cable or telex and furnish the letter within 15 days by registered airmail with a certificate issued by the China Council for the Promotion of International Trade attesting such event or events.

**【例10-3】** 2005年2月13日，内地某公司A和香港地区某公司B签订了乙酸纤维素板的来料加工和补偿贸易合同。合同的主要内容是内地A公司利用港方B公司和另外两家香港的金融机构共同提供的设备为港方B进行来料加工，每生产1吨板材的加工费为1600美元，港方B负责提供给中方A的来料即乙酸纤维素板的数量为：2005年不少于80吨，2006年不少于150吨，2007年不少于200吨，以后每年不少于200吨。内地A公司以来料加工费偿还设备贷款的本息。但在实际履行中，港方B公司仅在2005年12月30日提供来料34吨，2006年9月4日来料17吨，2007年2月16日来料1.1吨，合计来料52.1吨。2007年10月，双方签订补充协议，再次规定了港方B公司提供来料的义务和数量。结果该补充协议仍未履行，致使中方引进的设备无法得到充分利用，只偿还了设备贷款的本息的一小部分。内地A公司提请仲裁，要求港方B公司赔偿包括设备贷款在内的经济损失。港方B公司答辩称：B公司未能履行合同的全部义务，是因为国际市场发生重大变化，原料价格上涨，数量短缺，无法买到原料所致。最后德国生产该原料的工厂停产，B公司更是无法买到。这是不可抗力事件，B公司不应承担责任。试分析本案中，B公司应不应该承担责任？

**分析：** B公司应该承担责任。

① 根据买卖合同的有关法律和惯例，当事人一方因不可抗力事件不能履行合同的全部和部分义务时，应及时通知另一方并出具有关的证明文件。本案中港方B公司并未及时通

知对方并出具有关证明。

② 不可抗力事件必须是该事件的发生和后果是当事人不可避免的、不能克服的。本案合同及补充协议中并未规定具体一家或几家工厂提供原料，所以，一家德国工厂停产不能提供规定的原料，并不能证明其他工厂也无法生产和提供同类的原料。对此，港方B公司所述的理由不充分，不足以证明该事件的发生和后果是不可避免的和不能克服的。

③ 不可抗力事件还必须是事前无法预见的。而本案中，双方在签订补充协议前，港方B公司已经没有完全履行合同。在签订补充协议时，B公司理应预见在执行补充协议时将存在在签订补充协议前曾出现过甚至还将继续存在的不能履行的风险。

由上述分析可知：港方B公司以德国一家工厂停产买不到规定的原料为不可抗力要求免责的说法是不成立的。本案具有补偿贸易和来料加工的性质，没有港方B公司的来料，内地A公司就没有加工费可以补偿进口设备的贷款，就势必影响合同的全面履行，港方B公司应负违约责任并承担赔偿中方的经济损失。

# 任务四　掌握进出口合同中争议的处理

在国际贸易中，情况复杂多变，买卖双方签订合同后，由于种种原因，使合同未履行或未完全履行，这就引起了交易双方间的争议。解决争议的途径有下列几种：协商、调解、仲裁和诉讼。

## 一、协商

协商解决是买卖双方进行磋商，双方都做一定的让步，在彼此都认可的基础上达成和解协议。这种方法无须经过法律程序，不必支付相应的司法费用，可以避免双方陷入关系紧张的局面，有利于今后的合作与发展，是解决争议的最好途径。

## 二、调解

调解是指纠纷发生后，纷争各方无法自行协商解决，而由没有利害关系的第三方来协调，促成纷争各方之间达成和解的一种活动。同仲裁和诉讼相比，调解的优点很多，如时间快捷、费用低廉、程序简便等。当然，调解也有一定的局限性，如果不是在法院或仲裁庭的主持下进行的，那么调解不具有司法强制力。

## 三、仲裁

### （一）仲裁及仲裁机构

仲裁（Arbitration）是指买卖双方达成协议，自愿将有关争议交给双方同意的仲裁机构进行裁决，且裁决是终局的，具有法律约束力，当事人双方必须遵照执行。仲裁对双方当事人来说，审理时间短，审理费用低，灵活性强，因此，大部分国际贸易纠纷是通过仲裁来解决的。

仲裁机构是指受理案件并做出裁决的机构。一种是临时机构，另一种是常设机构。临时仲裁机构是为了解决特定的争议而组成的仲裁庭，争议处理完毕后，仲裁庭即不复存在。常设的仲裁机构有国际性仲裁机构，如设在巴黎的国际商会仲裁院；有全国性的仲裁机构，如英国伦敦仲裁院；有附设在特定行业性仲裁机构，如伦敦谷物商业协会内部设立的仲裁机构。

### (二) 仲裁协议

仲裁协议有书面形式和口头形式之分。在我国，解决国际贸易争议的仲裁协议必须是书面的。

**1. 书面仲裁协议的形式**

① 合同中的仲裁条款（Arbitration Clause）。

② 提交仲裁的协议（Submission，Arbitration Agreement）是指争议发生之后订立的，同意将已经发生的争议提交仲裁裁决的协议。

③ 援引（Reference）式仲裁协议是指争议发生之前或之后，通过援引方式达成的仲裁协议，即同意有关争议按照某公约中的仲裁条款所述内容进行仲裁。

**2. 仲裁协议的作用**

① 仲裁协议表明双方当事人是自愿提交仲裁的，从而约束双方当事人只能以仲裁方式来解决争议。

② 授予仲裁机构对仲裁案件的管辖权。

③ 排除法院对争议案件的管辖权。

### (三) 买卖合同中的仲裁条款

国际买卖合同中的仲裁条款通常包括仲裁范围、仲裁地点、仲裁机构、仲裁规则和程序、仲裁裁决的效力等内容。

**1. 仲裁范围**

仲裁范围是指当事人提交仲裁解决的争议范围，也是仲裁庭依法管辖的范围。

**2. 仲裁地点**

仲裁地点是指仲裁所选择的地点，这是争议双方最为关心的问题。因为仲裁地点与仲裁时所适用该国的有关仲裁规则或法律有密切关系，规定在哪个国家仲裁，往往就要适用该国的仲裁规则或法律。适用不同国家的法律，往往会使仲裁得出不同的结果。因此，争议双方一般都希望将仲裁地点定在本国。

我国商人在订立仲裁条款时，对仲裁地点一般有以下 3 种选择：

① 力争定在我国仲裁；

② 如争取不到在我国仲裁，可以选择在被诉方所在国仲裁；

③ 定在双方同意的第三国仲裁。

**3. 仲裁程序与规则**

仲裁程序（Arbitration procedure）是指双方当事人将所发生的争议根据仲裁协议的规定提交仲裁时应办理的各项手续。

仲裁程序的主要内容如下。

(1) 提出仲裁申请（Arbitration application）这是仲裁程序开始的首要手续。各国法律对申请书的规定不一致。我国《中国国际经济贸易仲裁委员会仲裁规定》规定：当事人一方申请仲裁时，应向该委员会提交包括下列内容的签名申请书：

① 申诉人和被诉人的名称、地址；

② 申诉人所依据的仲裁协议；

③ 申诉人的要求及所依据的事实和证据。

申诉人向仲裁委员提交仲裁申请书时，应附具本人要求所依据的事实的证明文件，指定一名仲裁员，预缴一定数额的仲裁费。如果委托代理人办理仲裁事项或参与仲裁的，应提交书面委托书。

(2) 组织仲裁庭　根据《中华人民共和国仲裁法》及《中国国际经济贸易仲裁委员会仲裁规则》的规定，申诉人和被申诉人各自在仲裁委员会仲裁员名册中指定一名仲裁员，并由仲裁委员会主席指定一名仲裁员为首席仲裁员，共同组成仲裁庭审理案件；双方当事人亦可在仲裁委员名册共同指定或委托仲裁委员会主席指定一名仲裁员为独任仲裁员，成立仲裁庭，单独审理案件。

(3) 审理案件　仲裁庭审理案件的形式有两种：一是不开庭审理，这种审理一般是经当事人申请，或由仲裁庭征得双方当事人同意，只依据书面文件进行审理并做出裁决；二是开庭审理，这种审理按照《仲裁规则》的规定，采取不公开审理。如果双方当事人要求公开进行审理时，由仲裁庭做出决定。

(4) 做出裁决　裁决是仲裁程序的最后一个环节。裁决做出后，审理案件的程序即告终结，因而这种裁决被称为最终裁决。根据我国仲裁规则，除最终裁决外，仲裁庭认为有必要或接受当事人之提议，在仲裁过程中，可就案件的任何问题做出中间裁决或者部分裁决。中间裁决是指对审理清楚的争议所做的暂时性裁决，以利对案件的进一步审理；部分裁决是指仲裁庭对整个争议中的一些问题已经审理清楚，而先行做出的部分终局性裁决。这种裁决是构成最终裁决的组成部分。仲裁裁决必须于案件审理终结之日起 45 天内以书面形式做出，仲裁裁决除由于调解达成和解而做出的裁决书外，应说明裁决所依据的理由，并写明裁决是终局的和做出裁决书的日期地点，以及仲裁员的署名等。

当事人对仲裁裁决书，应依照其中所规定的时间自动履行，裁决书未规定期限的，应立即履行。一方当事人不履行的，另一方当事人可以根据中国法律的规定，向中国法院申请执行，或根据有关国际公约及中国缔结或参加的其他国际条约的规定办理。

按照各国际仲裁规则的一般规定，仲裁裁决如是：在无仲裁协议的情况下做出的、或以无效（已过期）的仲裁协议为据做出的裁决；仲裁员的行为不当或越权做出的裁决；以伪造证据为依据所做出的裁决；或裁决的事项是属于仲裁地法律规定不得提交仲裁处理的裁决等，当事人可在法定期限内，请求仲裁地的管辖法院撤销仲裁裁决，并宣布其为无效。

**4. 仲裁效力**

仲裁效力是指仲裁机构所作的裁决对双方当事人是否有约束力，是否是终局性的，以及能否向法院上诉，要求变更裁决等。

多数国家都规定，仲裁裁决具有终局效力，对双方均具约束力，任何一方都不得向法院起诉要求变更。

**5. 仲裁费用**

仲裁费用由败诉方承担，但也可由仲裁庭酌情决定。

**6. 仲裁条款的实例**

对仲裁条款表达如下：“凡因执行本合同所发生的或与本合同有关的一切争议，双方应通过友好协商办法解决，如果协商不能解决，应提交××国××地××仲裁机构，并根据其仲裁程序规则进行仲裁，仲裁裁决是终局的，对双方都具有约束力，仲裁费用由败诉方负担。”

All disputes arising out of performance of, or relating to this contract, Shall be settled amicably through friendly negotiation. In case no settlement can be reached through negotiation, the case shall then be submitted to …… for arbitration, in accordance with its rules of arbitration. The arbitral award is final and binding upon both parties. The charges arising from the arbitration shall be undertaken by the losing party.

## 四、诉讼

诉讼是指双方当事人发生争议后，通过协商和调解均不能解决，或争议所涉及的金额巨大或后果严重，合同中又没有签订仲裁条款，则双方当事人的任何一方都可以向有管辖权的法院起诉，申请判决。法院做出的判决具有强制约束力，败诉方必须无条件履行。

一般来说，若非绝对必要，企业应尽量避免选择诉讼来解决争议，尤其是在海外的诉讼，这主要是由于：

① 诉讼时间拖延很长，容易造成存货的堆积与交易的中断；

② 诉讼会造成重大的成本负担，不单是诉讼费用，还有商誉的损失更是无法估计；

③ 难以收到所判决的罚款；

④ 在外国法院可能会受到不公正的待遇。

《中华人民共和国合同法》第一百二十八条规定："当事人可以通过和解或者调解解决合同争议。当事人不愿和解、调解或者和解、调解不成的，可以根据仲裁协议向仲裁机构申请仲裁。涉外合同的当事人可以根据仲裁协议向中国仲裁机构或者其他仲裁机构申请仲裁。当事人没有订立仲裁协议或者仲裁协议无效的，可以向人民法院起诉。当事人应当履行发生法律效力的判决、仲裁裁决、调解书；拒不履行的，对方可以请求人民法院执行。"我国法律对解决涉外合同争议的规定与国际通行做法是一致的。

## 课后训练题

### 一、选择题

1. 以仲裁方式解决贸易争议的必要条件是（　　）。

A. 双方当事人订有仲裁协议　　B. 双方当事人订有合同

C. 双方当事人无法以协商解决　　D. 一方因诉讼无果而提出

2. "离岸重量、到岸品质"是指（　　）。

A. 装运港检验　　B. 目的港检验

C. 出口国检验、进口国复验　　D. 装运港检验重量、目的港检验品质

3. 短交在多数情况下，应该向谁索赔（　　）。

A. 保险公司　　B. 买方　　C. 卖方　　D. 承运人

4. 在国际贸易中，一方违约使另一方遭受经济损失，受损方依法解除合同后（　　）。

A. 无权再提出损害赔偿

B. 有权再提出损害赔偿

C. 是否有权再提出损害赔偿要求，视损失的金额大小而定

D. 是否有权再提出损害赔偿要求，由仲裁机构裁决

5. 贸易争端经仲裁机构做出的裁决（　　）。

A. 具有法律约束力

B. 没有法律约束力

C. 败诉方同意，则有约束力；否则，无约束力

D. 必须经过法院的确认才有法律约束力

6. 构成不可抗力事件需要具备一定的条件，下列（　　）中并非构成不可抗力事件的条件。

A. 事件必须是在订立合同之后发生的　　B. 事件是当事人无法预见、无法预防的

C. 该事件的发生导致了标的物的灭失　　D. 该事件不是当事人的过失所造成的

7. 下列有关仲裁协议作用的表述中，(　　) 是不正确的。

A. 约束当事人以仲裁方式解决争议，不向法院起诉

B. 排除了当事人以协商和调解方式解决争议的可能

C. 排除了法院对有争议案的管辖权

D. 使仲裁机构取得对争议案的管辖权

8. 国际贸易中解决争议的方式有多种，其中有第三方参与并建立在自愿基础上的是(　　)。

A. 协商　　B. 调解　　C. 仲裁　　D. 诉讼

9. 下列因素中，(　　) 是不可抗力因素。

A. 政府禁令　　B. 能源危机　　C. 市价跌落　　D. 战争因素

10. 某年 9 月我某外贸公司与外商签订一份农产品出口合同，规定当年 10～12 月交货，后因 10 月份以后价格猛涨，外贸公司因高亏不能出口，查 8 月份产地曾发生严重水灾，货源受损。因此，(　　)。

A. 我方可以利用不可抗力条款免除责任

B. 我方不能利用不可抗力条款免除责任

C. 只要本省贸促会能出具不可抗力证书，我方可以免除责任

D. 我方可以要求延迟到下一年度履约

**二、简述题**

1. 简述仲裁协议的形式及其作用。

2. 简述不可抗力的构成条件及其处理。

**三、案例分析题**

1. 有一份合同，印度 A 公司向美国 B 公司出口一批黄麻。在合同履行的过程中，印度政府宣布对黄麻实行出口许可证和配额制度。A 公司因无法取得出口许可证而无法向美国 B 公司出口黄麻，遂以不可抗力为由主张解除合同。印度公司能否主张这种权利？为什么？

2. 某公司以 CFR 条件对德国出口一批小五金工具。合同规定货到目的港后 30 天内检验；买方有权凭检验结果提出索赔。我公司按期发货，德国客户也按期凭单支付了货款。可半年后，我公司收到德国客户的索赔文件，称上述小五金工具有 70%已锈损，并附有德国某地一检验机构出具的检验证书。对德国客户的索赔要求，我公司应如何处理？

3. 我国某进出口公司向美国商人出口一批瓷器 300 件，合同规定凭样品买卖，复验期为买方收到货物之后 45 天。美国商人收到货物之后发现，有 20 件瓷器在造型和色彩上同样品相比存在很大差异，于是在收到货物之后的第 25 日向我进出口公司提出拒收全部货物并撤消合同的要求。请问美国商人是否有此权利？为什么？

4. 甲方与乙方签订了出口某种货物的买卖合同一份，合同中的仲裁条款规定："凡因执行本合同所发生的一切争议，双方同意提交仲裁，仲裁在被诉人所在国家进行。仲裁裁决是终局的，对双方具有约束力。"在履行合同的过程中，乙方提出甲方所交的货物品质与合同规定不符，于是双方将争议提交甲国仲裁。经仲裁庭调查审理，认为乙方的举证不实，裁决乙方败诉，事后，甲方因乙方不执行裁决向本国法院提出申请，要求法院强制执行，乙方不服。问：乙方可否向本国法院提请上诉？为什么？

# 项目十一

# 进出口合同的磋商、签订和履行

**能力目标**

通过本章的学习，学生应该能够：

① 熟悉出口交易前应该做的准备工作；

② 掌握交易磋商的形式、过程和内容；

③ 掌握出口合同的履行过程，了解收汇和退税业务，熟悉各类出口单据；

④ 了解进口合同的磋商、签订和履行。

## 任务一 做好出口交易前的准备工作

为了顺利达成交易，磋商前应该掌握必要的商业信息，如本企业经营的优势和劣势、国际市场的规律、出口经营之道、竞争对手的情况、国外消费者的喜好等，并在此基础上制订相应的出口经营方案。行情调研、出口经营方案、配额商品的招标投标均为磋商前的准备工作。

### 一、行情调研

行情调研是为了获得与贸易有关的各种信息，通过对信息的分析，得出国际市场行情特点，判定贸易的可行性并进而据以制订交易计划。行情调研范围和内容包括：经济调研、市场调研、客户调研。

**1. 经济调研**

经济调研的目的在于了解一个国家或地区的总体经济状况、生产力发展水平、产业结构特点、国家的宏观经济政策、货币制度、经济法律和条约、消费水平和基本特点等。总之，是对经济大环境总体的了解，预估可能的风险和效益情况。对外贸易尽量与总体环境好的国家和地区开展。

**2. 市场调研**

市场调研主要是针对某一具体商品，调查其市场供需状况、国内生产能力、生产的技术水平和成本、产品性能、特点、消费阶层和高潮消费期、产品在生命周期中所处的阶段、该产品市场的竞争和垄断程度等内容。目的在于确定该商品贸易是否具有可行性、获益性。

**3. 客户调研**

客户调研在于了解欲与之建立贸易关系的国外客户的基本情况。包括它的历史、资金规模、经营范围、组织情况、信誉等级等其自身总体状况，还包括他与世界各地其他企业和与我国企业开展对外经济贸易关系的历史和现状。只有对国外客户有了一定的了解，才可以与之建立外贸联系。我国对外贸易实际工作中，常有因对对方情况不清，匆忙与之进行外贸交易活动而造成重大损失的事件发生。因此在交易磋商之前，一定要对国外客户的资金和信誉状况有十足的把握，不可急于求成。

调研信息的主要来源如下。

① 一般性资料。如一国官方公布的国民经济总括性数据和资料，内容包括国民生产总值、国际收支状况、对外贸易总量、通货膨胀率和失业率等。

② 国内外综合刊物。

③ 委托国外咨询公司进行行情调查。

④ 通过我国外贸公司驻外分支公司和商务参赞处，在国外进行资料收集。

⑤ 利用交易会、各种洽谈会和客户来华做生意的机会了解有关信息。

⑥ 派遣专门的出口代表团、推销小组等进行直接的国际市场调研，获得第一手资料。

## 二、制订经营方案

制订经营方案，是指进出口企业根据国家的政策、法令，对其所经营的出口商品做出一种业务计划安排。它是交易有计划、有目的地顺利进行的前提。出口商品经营方案一般包括以下内容。

**1. 商品的国内货源情况**

如生产地、主销地、主要消费地；商品的特点、品质、规格、包装、价格、产量、库存情况。

**2. 国外市场情况**

如市场容量、生产、消费、贸易的基本情况，主要进出口国家的交易情况，今后可能发展变化的趋势，对商品品质、规格、包装、性能、价格等各方面的要求，国外市场经营该商品的基本做法和销售渠道。

**3. 确定出口地区和客户**

在行情研究、信息分析的基础上，选择最有利的出口地区和合作伙伴。

**4. 经营历史情况**

如我国出口商品目前在国际市场上所占地位、主要销售地区及销售情况、主要竞争对手、经营该种商品的主要经验和教训等。

**5. 经营计划安排和措施落实**

如销售数量和金额，增长速度，采用的贸易方式，支付手段、结算办法，销售渠道，运输方式等。

## 三、出口配额的投标和出口许可证的申领

如果所出口的商品属于配额管理或者许可证管理商品，出口商每年都需向主管机关申领出口许可证或者参加出口配额的投标。

# 任务二　掌握出口合同的磋商和签订

在国际货物买卖中，交易双方就买卖商品的有关条件进行协商以期达成交易的过程，称

为交易磋商（Business Negotiation），又作贸易谈判。

## 一、交易磋商的形式、内容及程序

### （一）交易磋商的形式

交易磋商在形式上可分为口头和书面两种。口头磋商主要是指在谈判桌上面对面的谈判，如参加各种交易会、洽商会等。另外，还包括通过国际长途电话进行的交易磋商。书面磋商是指通过信件、电报、电传等通信方式来洽谈交易。

### （二）交易磋商的内容

交易磋商的内容，涉及买卖合同的各项条款，其中包括品名、品质、数量、包装、价格、装运、保险、支付以及商检、索赔、仲裁和不可抗力等。

### （三）交易磋商的程序

交易磋商的程序可概括为 4 个环节：邀请发盘、发盘、还盘和接受。其中，只有发盘和接受是每笔交易必不可少的两个基本环节。

**1. 邀请发盘**

邀请发盘也称询盘，是指交易的一方打算购买或出售某种商品，向对方询问买卖该项商品的有关交易条件，或者就该项交易提出带有保留意见的建议。

询盘对买卖双方均无约束力，接受询盘的一方可给予答复，亦可不做回答。但作为交易磋商的起点，在商业习惯上收到询盘的一方应迅速做出答复。邀请发盘实例如下。

请电告灰鸭绒最低价。

请发盘 50 公吨特浅琥珀蜂蜜。

可供中国东北大豆，请递盘。

**2. 发盘**

发盘是指交易的一方（发盘人）向另一方（受盘人）提出购买或出售某种商品的各项交易条件，并表示愿意按这些条件与对方达成交易、订立合同的行为。发盘既是商业行为又是法律行为，在合同法中称为要约。

（1）发盘的构成条件　根据《公约》关于要约的解释，构成一项有效发盘应具备以下几个条件。

① 发盘要有特定的受盘人。受盘人可以是一个，也可以是一个以上特定的人；可以是自然人，也可以是法人，但必须特定化。

② 发盘的内容必须十分确定。按《公约》规定一项订约建议只要列明货物品名、数量（或确定数量的方法，如 3 月份的总产量）和价格或确定价格的方法，如 7 月份某商品交易所的价格）3 项条件，即可被认为其内容“十分确定”。在我国的外贸业务中，一般都要求在发盘中列明商品名称、品质或规格、数量、包装、价格、交货和支付等主要条件。

③ 表明发盘人受其约束。这是指发盘人在发盘时向对方表示，在得到有效接受时即可按发盘的内容订立合同。如果发盘人在发盘中带有排除自己受约束的词句（例如，发盘中写明“接受以我方确认为有效”、“未售有效”），则该发盘不是一项有效的发盘。

④ 传达到受盘人。根据《公约》规定，发盘于达到受盘人时生效。

（2）发盘的生效时间和有效期

① 发盘的生效时间。根据我国《合同法》规定：“要约到达受要约人时生效。采用数据电文形式订立合同，收件人指定特定系统接受数据电文的，该数据电文进入该特定系统的时

间，视为到达时间；未指定特定系统的，该数据电文进入收件人任何系统的首次时间，视为到达时间。”

《公约》规定，发盘送达受盘人时生效。明确发盘生效的时间，具有重要的法律和实践意义，这关系到受盘人能否表示接受、关系到发盘人何时可以撤回或修改其内容。

② 发盘的有效期。发盘中通常都规定有效期，作为发盘人受约束的期限和受盘人接受的有效时限。但规定有效期并非构成发盘的必要条件，如果发盘中没有明确规定有效期，受盘人应在合理的时间内接受，否则无效。

发盘人在规定有效期时最好明确、具体。通常其规定的方法有两种，一是规定最迟接受期限，如“发盘限5月18日复到”；规定一段接受的期限，如“本发盘有效期5天”。采用第一种方法较好，比较明确地规定了受盘人的接受到达发盘人的时间。采用第二种方法容易产生争议，因为有效期从哪一天开始起算没有明确，是从发盘人发出发盘时开始起算，还是从受盘人收到发盘时开始起算，双方容易发生争议。

（3）发盘的撤回　发盘发出之后，在其到达受盘人之前，发盘人可以撤回其发盘，前提是撤回的通知在发盘到达受盘人之前或同时到达受盘人。发盘被有效撤回将阻止发盘的生效。

（4）发盘的撤销　发盘的撤销不同于撤回，它是指发盘送达受盘人，即已生效后，发盘人再取消该发盘，解除其效力的行为。对发盘能否撤销，不同的法律体系有不同的规定。

英美普通法认为发盘在原则上对发盘人没有约束力，在受盘人表示接受之前，即使发盘中规定了有效期，发盘人也可以随时予以撤销。

大陆法认为发盘对发盘人具有约束力，不得随意撤销其发盘。

《公约》规定：在发盘被受盘人有效接受之前，发盘可以撤销，条件是如果撤销通知于受盘人发出接受通知之前送达受盘人。但在以下两种情况下，发盘不可以撤销。

① 发盘中写明接受发盘的期限或以其他方式表示发盘是不可撤销的。如：

“兹发盘甲商品，1000箱，每箱520美元CFR伦敦，限5月31日前复到我方。”

“兹发盘乙商品，500公吨，每公吨260美元CIF纽约。本发盘不可撤销。”

② 受盘人有理由信赖该项发盘是不可撤销的，而且受盘人已本着对该项发盘的信赖行事。

**【例11-1】**　甲是一个工程承包商，从招标公告上得知乙有一项工程正在对外招标，甲想利用自己的技术和资金优势获得本项工程的承包权，但在做投标书时需要知道工程主要投入品的价格，于是分别向A（水泥生产厂商）、B（施工设备生产厂商）、C（钢材生产厂商）3家企业发去询盘，询问一定数量的水泥、施工设备、钢材的价格，并且在询盘中明确表示询问价格的目的是为了投标（投标截止日8月10日，开标日8月30日）。A、B、C分别向甲发来了发盘，甲根据3家企业在发盘中的报价制订了标书，并按时进行了投标。A的发盘中没有规定有效期。8月15日由于水泥市场价格上升，A电告甲，要求撤销发盘，遭到甲的拒绝。问此种情况下，A的发盘能否被撤销？

**分析：**此种情况下，A的发盘不能撤销。虽然A的发盘中没有规定有效期，但根据《公约》关于发盘不可撤销的规定的第二条：受盘人有理由信赖该项发盘是不可撤销的，而且受盘人已本着对该项发盘的信赖行事。本案中甲在发给A的询盘中明确告诉他询问价格的目的是为了投标，投标具有发盘的性质，对投标人具有约束力，在开标之前不可撤销和修改，在中标后必须签约。据此，虽然A的发盘中没有规定有效期，但对受盘人甲来说，他有理由信赖该项发盘是不可撤销的，而且已本着对该项发盘的信赖行事，根据发盘中的价格制订了标书，并按时投标。因此该项发盘是不可撤销的，它至少持续到开标日，如果甲中标了，可立即告诉 A 接受他的发盘。

(5) 发盘的终止　发盘的终止是指发盘失去其法律效力，发盘人不再受该发盘的约束，同时受盘人也失去了接受该发盘的权利。发盘终止的情形包括：

① 在发盘规定的有效期或合理时间内未被接受；

② 发盘被发盘人依法撤回或撤销；

③ 被受盘人拒绝或还盘的通知到达发盘人；

④ 发盘人发盘之后，发生了不可抗力事故，使合同成立的基础丧失；

⑤ 在发盘被接受前，当事人丧失行为能力或死亡或法人破产等。

**3. 还盘**

还盘是指受盘人不同意或不完全同意发盘人在发盘中提出的条件，为了进一步协商，对发盘提出修改意见。还盘是对发盘的拒绝。还盘一经作出，原发盘即失去效力，受盘人不再受其约束。

同时对发盘表示有条件的接受，也是还盘的一种形式。例如，“如价格减 6%可接受”、“接受，再订购 1000 台同样商品”，这种答复就只能视作还盘或邀请发盘。

一项还盘等于是受盘人向原发盘人提出的一项新的发盘。还盘人就成为新发盘人，原发盘人就成为新受盘人，他有对新发盘作出接受、拒绝或再还盘的权利。

**4. 接受**

接受是指受盘人接到对方的发盘或还盘后，同意对方提出的条件，愿意与对方达成交易，并及时以声明或行为表示出来。

(1) 构成条件　《公约》关于接受的解释，构成一项有效接受应具备以下几个条件。

① 接受必须由受盘人做出。发盘的有效构成条件之一是必须有特定的受盘人，相对应的，接受必须由发盘特定的受盘人做出，否则就不是有效的接受，而只能视为一项新的发盘。

**【例 11-2】** 江苏某进出口公司向日本一企业发盘，在发盘的有效期内，该公司没有做出接受，而是将我方发盘的内容告知了它的一个子公司，该子公司在知悉发盘的内容后，愿意与我方成交，于是在我方发盘的有效期内向我方发来了表示接受的电传。根据《公约》的规定，这个接受是无效的接受，因为它不是我方发盘的受盘人做出的，只能视为该子公司发给我方的一个新的发盘。

② 接受必须表示出来。根据《公约》规定，受盘人对发盘表示接受，既可以通过口头或书面向发盘人发表声明的方式接受，也可以通过其他实际行动来表示接受。沉默或不行为本身并不等于接受。例如，受盘人向发盘人发电：“你 7 月 2 日电传接受。”受盘人按照发盘的要求，向银行申请开立信用证传给发盘人等。

③ 接受的内容必须与发盘相符。根据英美法系的“镜相规则”，接受必须像照镜子一样照出发盘。大陆法系也采取类似的原则。因此，如对发盘表示接受但附有添加、限制或其他更改的答复，即为拒绝该项发盘，并构成还盘。

《公约》原则上规定接受的内容应与发盘相符。但为了促进交易的达成，对接受内容与发盘不完全一致是否是有效接受做了不同的规定。

《公约》第十九条规定：对发盘表示接受但载有添加、限制或其他更改的答复，即为拒绝该项发盘，并构成还盘。但是，对发盘表示接受但载有添加或不同条件的答复，如所载的添加或不同条件在实质上并不变更该项发盘的条件，除发盘人在不过分迟延的期间内以口头或书面通知反对其间的差异外，仍构成接受。如果发盘人不做出这种反对，合同的条件就以该项发盘的条件以及接受通知内所载的更改为准。即载有实质性变更的接受是无效的接受，载有非实质性接受的变更，除非发盘人及时表示反对外，该接受有效。

**【例 11-3】** 南通某企业对外发盘："某商品 1000 箱，牢固纸箱包装，每箱 320 美元 FOB 南通。"受盘人在发盘的有效期内发来电传："接受，木箱包装。"此时该受盘人的接受中对发盘的包装条件做了变更，按照《公约》规定此种变更属于非实质性变更，这个接受是否有效主要取决于发盘人。如果发盘人不及时表示反对，该接受有效；如果发盘人不想与对方按该条件成交，就需及时向对方发电表示反对。

我国《合同法》规定："受要约人对要约的内容作出实质性变更的，为新要约。有关合同的标的、数量、质量、价款或者报酬、履行期限、履行地点和方式、违约责任和解决争议方法等的变更，是对要约的实质性变更。

④ 必须在有效期内接受。一般发盘中都会规定有效期，发盘的有效期既是对发盘人的约束，也是对受盘人的约束，即要求受盘人必须在发盘的有效期内做出接受。

另外，接受的传递方式应符合发盘的要求。发盘人发盘时，如规定了具体的接受传递方式，则接受应按发盘所规定的方式传递；如没有规定传递方式，则受盘人可按发盘所采用的，或采用比其更快的传递方式将接受通知送达发盘人。

(2) 接受的生效时间　不同的法律体系对接受的生效时间有不同的规定。

大陆法系一般采用"到达生效"原则，即载有接受意思表示的通知到达发盘人时生效。

英美法系一般采用"投邮生效"原则，即受盘人只要将载有接受意思表示的通知投邮，该接受就立即生效。

《公约》规定，接受送达发盘人时生效。如接受通知未在发盘规定的时限内送达发盘人，或者发盘没有规定时限，而在合理时间内未曾送达发盘人，则该项接受称作逾期接受。

我国《合同法》也是采用的"到达生效"原则。

(3) 接受的撤回　接受可以撤回，如果撤回的通知于接受到达发盘之前或同时送达发盘人。如果接受已送达发盘人，即接受一旦生效，合同就告成立，不得撤销或修改其内容，因为这样做，无异于撤销或修改合同。

(4) 逾期接受　逾期接受又称迟到的接受。各国法律一般认为逾期接受无效，它只能视作一个新的发盘。但《公约》规定，只要发盘人毫不迟延地用口头或书面通知受盘人，认为该项逾期接受可以有效，愿意承受逾期接受的约束，合同仍可于接受通知送达受盘人时订立。如果发盘人对逾期接受表示拒绝或不立即向发盘人发出上述通知，则该项逾期接受就无效，合同不能成立。该《公约》还规定，如果载有逾期接受的信件或其他书面文件显示，依照当时寄发情况，只要传递正常，它本应是能够及时送达发盘人的，则此项逾期接受应当有效，合同于接受通知送达发盘人时订立，除非发盘人毫不迟延地用口头或书面通知受盘人，他认为他的发盘因逾期接受而失效。

## 二、合同的成立和书面合同的签订

### (一) 合同成立的时间

我国《合同法》规定，承诺生效时合同成立。当事人采用合同书形式订立合同的，在双方当事人签字或者盖章时合同成立。当事人采用信件、数据电文等形式的，可以在合同成立之前要求签订确认书，签订确认书时合同成立。

《公约》规定，接受送达发盘人时生效，接受生效时间，实际上就是合同成立的时间。

此外，根据我国法律和行政法规规定，应当由国家批准的合同在获得批准时，为合同成立的时间。

### （二）合同有效成立的条件

① 当事人必须在自愿和真实的基础上达成协议。
② 当事人必须具有订立合同的行为能力。
③ 合同的标的和内容必须合法。
④ 合同的形式必须符合法律规定的要求。

### （三）书面合同的签订

**1. 书面合同的意义**

① 它是合同成立的证据。
② 它是履行合同的依据。
③ 有时是合同生效的条件。

**2. 书面合同的形式**

根据我国《合同法》规定，合同的书面形式是指合同书、信件和数据电文（包括电报、电传、传真、电子数据交换和电子邮件）等可以有形地表现所载内容的形式。

**3. 书面合同的内容**

（1）约首　包括合同名称，订约双方当事人的名称、地址。有的合同还用序言形式说明定约意图并放在约首。

（2）本文　是合同的中心部分，具体列明交易的条件、条款，规定双方当事人的权利和义务。

（3）约尾　说明合同的份数，使用的方案以及效力，订约时间，地点，以及生效时间。

**4. 书面进出口合同实例**

SALES CONTRACT

合同编号：CHJ01-01　　Contract No：CHJ01-01

签订地点（Signed at）：中国南通 NANTONG，CHINA

签订日期（Date）：2001/11/15

买方（The Buyers）：SASAKO GARMENT TRADING CORPORATION

地址（Address）：3-5-8 ORBURA，MINATO-KU，OSAKA 105-8005，JAPAN

卖方（The Sellers）：NANTONG QIANJIN GARMENT CO. LTD

地址（Address）：NO. 69 GONGNONG ROAD NANTONG JIANGSU CHINA

双方同意按下列条款由买方售出下列商品：

The Buyers agree to buy and the Sellers agree to sell the following goods on terms and conditions as set forth below：

| 商品名称 Name of Commodity，Specifications | 规格 Style | 数量 Quantity | 单价（CIF OSAKA）Unit Price | 总值 Amount |
|---|---|---|---|---|
| MAN'S SHIRT | NO. 9018 | 1600DOZ | USD116. 00/Doz | USD185600. 00 |

（Remarks 备注：装运数量允许有 5%的增减 Shipment Quantity 5% more or less allowed）

（1）贸易术语（Terms of Trade）：CIF OSAKA

（2）装运期限（Time of Shipment）：JANUARY 2002

（3）装运口岸（Port of loading）：SHANGHAI，CHINA

（4）目的口岸（Port of Destination）：OSAKA，JAPAN WITH PARTIAL SHIPMENT ALLOWED.

（5）保险由卖方负责，按本合同总值 110%投保一切险和战争险。

Insurance：To be covered by the _SELLERS_ for 110% of the invoice value against ALL RISKS&WAR RISK.

（6）包装（Packing）：男式衬衫用纸箱装，每箱 5 打。

Men's shirts are packed in cartons of 5 dozen each.

(7) 付款 (Terms of Payment): By Irrevocable letter of credit at 30 days after sight, the covering Letter of Credit must reach the Sellers 30 days before the shipment and is to remain valid in China until the 15th day after the above said time of shipment, failing which the Sellers reserve the right to cancel this Sales Contract without further notice and to claim from the Buyers for losses resulting there from.

(8) 商检 (Inspection): The Inspection Certificate of Quality / Quantity, issued by China Exit and Entry Inspection and Quarantine Bureau shall be regarded as evidence of the Sellers' delivery.

其他条款 (General TERMS)

(1) 异议和索赔条款 (Discrepancy): In case of quality discrepancy, claim should be lodged by the Buyers within 30 days after the arrival of the goods at the port of destination, while for quantity discrepancy, claim should be lodged by the Buyers within 15 days after the arrival of the goods at the port of destination. In all cases, claims must be accompanied by Survey Reports of Recognized Public Surveyors agreed to by the Sellers. Should the responsibility of the subject under claim be found to rest on the part of the Sellers, the Sellers shall, within 20 days after receipt of the claim, send their reply to the Buyers together with suggestion for settlement.

(2) The covering Letter of Credit shall stipulate the Sellers' option of shipping the indicated percentage more or less than the quantity hereby contracted and be negotiated for the amount covering the value of quantity actually shipped. (The Buyers are requested to establish the L/C in amount with the indicated percentage over the total value of the order as per this Sales Contract.)

(3) The contents of the covering Letter of Credit shall be in strict conformity with the stipulations of the Sales Contract. In case of any variation there of necessitating amendment of the L/C, the Buyers shall bear the expenses for effecting the amendment. The Sellers shall not be held responsible for possible delay of shipment resulting from awaiting the amendment of the L/C and reserve the right to claim from the Buyers for the losses resulting there from.

(4) Except in cases where the insurance is covered by the Buyers as arranged, insurance is to be covered by the Sellers with a Chinese insurance company. If insurance for additional amount and /or for other insurance terms is required by the Buyers, prior notice to this effect must reach the Sellers before shipment and is subject to the Sellers' agreement, and the extra insurance premium shall be for the Buyers' account.

(5) The Sellers shall not be held responsible if they fail, owing to Force Majeure cause or causes, to make delivery within the time stipulated in this Sales Contract or cannot deliver the goods. However, the Sellers shall inform immediately the Buyers by cable. The Sellers shall deliver to the Buyers by registered letter, if it is requested by the Buyers, a certificate issued by the China Council for the Promotion of International Trade or by any competent authorities, attesting the existence of the said cause or causes. The Buyers' failure to obtain the relative Import License is not to be treated as Force Majeure.

(6) Arbitration: All disputes arising in connection with this Sales Contract or the execution thereof shall be settled by way of amicable negotiation. In case no settlement can be reached, the case at issue shall then be submitted for arbitration to the China International Economic and Trade Arbitration Commission in accordance with the provisions of the said Commission. The award by the said Commission shall be deemed as final and binding upon both parties.

(7) Supplementary Condition (s): Should the articles stipulated in this Contract be in conflict with the following supplementary condition (s), the supplementary condition (s) should be taken as valid and binding.

| 卖方 (Sellers): ××× | 买方 (Buyers): ××× |
|---|---|
| NANTONG QIANJIN | SASAKO GARMENT |
| GARMENT CO., LTD. | TRADING CORPORATION |

## (四) 签订合同注意事项

### 1. 合同条款要体现我国的对外政策

① 成交对象和交货目的港要贯彻我国的对外政策。政策不允许的不能成交，也不能将货物发往政策不允许的地区。

② 对香港、澳门地区出口合同的装运口岸不能写中国口岸或中国上海，必须写具体港口名称，如上海。不能将港澳地区与中国并列。有的外贸公司在出口合同格式的装运口岸栏里已铅印了 CHINESE PORTS 字样的，在制作合同同时更应引起注意。

③ 对那些明确规定需在国内办理投保的国家，不要强制对方接受 CIF 条件。

**2. 合同条款内容要一致**

① 成交条件与保险条款要一致。CIF 条件成交的应当是我方保险，FOB 或 C&F 条件成交的应当是对方保险。

② 成交条件与交货港口要一致。CIF 或 C&F 条件要附带一个目的港即卸货港，FOB 条件要有装运港。

③ 单价和总值要保持一致，在币别的使用上也要一致。

④ 包装条件与刷唛标记要一致。散装货不能有刷唛的要求。

⑤ 付款方式与装运期限要一致。

⑥ 合同总数量与分批装运的数量要一致。

⑦ 交货期与信用证开到日期要一致。

⑧ 有的格式合同对某些条款是填写内容和供选择的，在制作合同时要正确填写或删除。不删除或删错了都会造成条款内容不一致。

**3. 合同条款的内容要明确**

① 对交货目的港不要只写国名地区名称，如美国港口等，因一个国家有很多港口只写国名不利于船舶的安排。对有重名港口名称后要写上国名。如维多利亚，加拿大、几内亚等国家都有叫维多利亚的港口。如对方派船合同，装港必须明确，卸货港则可按买方要求办理。

② 对合同的交货期，信用证开到日期等的书写上，应写明年月。

③ 对包装条件的规定要明确，应列明用什么东西包装及每件（包）的重量。

④ 必须明确保险由谁办理，并须明确保险险别及适用条款。

⑤ 一般均应订上溢短装比例，散装大宗货一般为 5%～10%，一般件杂货为 1%～5%。

⑥ 在合同中必须明确支付方式。对信用证必须明确是不可撤销的。并须明确开到地点和时间，到期地点以及受益人名称。对开到地点、开出时间和到期地点一般均应在中国境内，对信用证的有效期至少掌握在装船期后 15 天。

⑦ 对合同中唛头标记，应争取按国际通常做法制作，即横式，共为 4 行，每行不超过 17 个字母，第一行为收货人缩写，第二行为合同号码，第三行为目的港名称，第四行为箱号或件数。

⑧ 对整船出运的货物，往往会涉及滞期/速遣条款。我方派船合同一般发生在国外目的港，对方派船合同发生在国内装港。因此，应根据不同情况，分别在合同上附上一份运输条款。

**4. 加强审核，尽量避免差错**

① 合同签订后，要对合同号、买方地址、电挂、电传、传真、成交方式、单价、币制、包装重量、溢短比例、装卸港、保险、信用证开到地点等条款一一进行审核，防止漏打、错打。

② 要防止英文拼写错误，特别是对品名、价格条款、目的港等更要认真审核，防止打印上的错误，尽量减少和避免差错。

总之，合同是一个法律文件，必须严肃认真地对待。合同履行的大量工作都集中反映在运输部门。合同签订得好坏，对顺利履行合同关系极大。作为运输部门，更应做好对合同中有关运输条款的把关工作，为日后的顺利履行打下一个良好的基础。

# 任务三 掌握出口合同的履行

## 一、准备货物

备货，是出口单位根据合同或信用证规定，向生产加工及仓储部门或国内工厂下达联系单或签订购销合同，并对货物进行清点、加工整理、刷制运输标志以及办理申报检验和领证等工作。

在备货工作中，应注意以下问题。

### （一）货物的品质、规格与合同规定一致

在第一章中我们学过，品质的表示方法有两大类，即用实物样品表示和用文字说明表示。当采用样品表示时，卖方必须保证所交货物的品质与样品完全一致；当采用文字说明表示商品品质时，卖方交付的货物品质必须与合同规定的规格、等级、标准等文字说明相符。

合同中的品质条款是买卖双方交接货物的品质依据，卖方所交货物的品质固然不能低于合同规定的品质标准，但货物品质也不宜高于合同规定，高于合同规定，有可能也会构成违约。

### （二）货物的数量应符合出口合同规定

交货的数量应按合同与信用证对数量的规定办理。如信用证规定交货数量为“约”量，按《UCP600》规定，凡“约”、“近似”、“大约”或类似文字用于信用证所列的数量时，应解释为允许该数量可有10%的增减幅度。又规定，除非信用证规定货物数量不得增减，只要支取的金额不超过信用证金额，也可有5%的增减幅度，但当信用证规定的数量以包装单位或以个件计数时，则此幅度不能适用。

同时应注意凡按重量计量的货物，而在买卖合同或信用证中均未规定按何种方法计量者，按惯例应以净重计量。

### （三）货物的包装和唛头应符合合同和信用证规定

卖方应该按照合同规定的方式装箱或者包装，否则买方有权拒收货物。如合同对包装未作规定，按《公约》规定，应按照同类货物通用方式装箱或包装，如果没有此种通用方式，则应按照足以保全和保护货物的方式装箱或包装。

通常情况下，会在货物外包装上印刷唛头。如果合同中规定了唛头，卖方应按照合同中规定的格式将唛头印刷在货物的外包装上，如果没有规定，卖方可以自行设计。

### （四）备货时间应根据合同和信用证规定的交货时间和期限办理

按时交货时卖方的主要义务之一，因此卖方必须在合同规定的交货期前准备好货物，以便按时交货，否则会构成违约，买方有权拒收货物并提出索赔，甚至会宣告合同无效。如果合同没有明确规定是否允许分批装运，卖方必须一次将合同货物全部装运。如果合同中规定了分批装运和每批装运的时间、数量，卖方必须严格按此执行，在每一批货物装运期到来之前备好货，按时装运。

如果采用信用证方式支付，卖方同样必须注意备货和装运货物的时间问题。如果信用证中规定禁止分批，卖方应一次性将货物全部准备好，按期装运。如果信用证中没有明确禁止

分批装运，卖方可以选择一次性装运，也可以选择分批装运，但不得迟于信用证规定的最迟交货期。如果信用证中在规定允许分批装运的同时，规定了批次和每批装运的数量和时间，卖方就必须严格执行。因为《UCP600》规定，在此种分批装运的规定方法下，如果卖方任一期未按期装运，除非信用证另有规定，则信用证对该期及以后各期均告失效。

### （五）货物要适合通常的用途和特定的使用目的

一般买卖合同中不会对货物的用途进行规定，但实际上，按照一般规则，卖方要保证他所交付的货物适合通常的用途和特定的使用目的，这是卖方应该承担的默示义务。《公约》第三十五条第二款规定："除双方当事人业已另有协议外，货物除非符合以下规定，否则即为与合同不符；货物适用于同一规格货物通常使用的目的；货物适用于订立合同时曾明示或默示地通知卖方的任何特定目的。"

### （六）卖方对货物要有完全的所有权并不得侵犯他人权利

在备货过程中，还应注意卖方所交货物必须是第三方不能提出任何权利或请求的。即卖方应保证对所售货物享有合法的完全的所有权。准备交付的货物还必须是第三方不能根据工业产权（商标、专利、实用新型的专有权）或其他知识产权（如著作权）主张任何权利或请求的。对此《公约》第四十一条规定：卖方所交付的货物，必须是第三方不能提出任何权利或要求的货物，除非买方同意在这种权利或要求的条件下，收取货物。《公约》第四十二条规定如下。

（1）卖方所交付的货物，必须是第三方不能根据工业产权或其他知识产权主张任何权利或要求的货物，但以卖方在订立合同时已知道或不可能不知道的权利或要求为限，而且这种权利或要求根据以下国家的法律规定是以工业产权或其他知识产权为基础的。

① 如果双方当事人在订立合同时预期货物将在某一国境内转售或做其他使用，则根据货物将在其境内转售或做其他使用的国家的法律。

② 在任何其他情况下，根据买方营业地所在国家的法律。

（2）卖方在上一款中的义务不适用于以下情况。

① 买方在订立合同时已知道或不可能不知道此项权利或要求。

② 此项权利或要求的发生，是由于卖方要遵照买方所提供的技术图样、图案、程式或其他规格。

在备货过程中，还应注意货物的"特定化"问题。所谓"特定化"是指通过在货物上加标记等方式将货物划归有关合同的行为。根据《公约》规定，在货物上加标记、或以装运单据、或向买方发出通知或其他方式清楚注明有关合同以前，风险不转移到买方承担。

## 二、出口报验

出口报验是出口生产、经营单位按照《商检法》规定，向当地出入境检验检疫局申请办理检验手续。一般在货物备妥后填写"出境货物报验单"，附上合同和信用证副本等凭据，向商检部门报验，实施"先报验，后报关"的通关模式。

## 三、落实信用证

### （一）催证

如果在出口合同中买卖双方约定采用信用证方式，买方应严格按照合同的规定申请开立信用证，这也是卖方履约的前提。但在实际业务中，有时国外进口商在市场发生变化或资金发生短缺的情况时，往往会拖延开证。对此，卖方为了保证按时履约，提高履约率，有必要根据备货情况及时函告合同开证时间和备货与装运所需时间，并告知对方及时开证。

### （二）审证

信用证是依据合同开立的，信用证内容应该是与合同条款一致的。但在实践中，由于种种因素，如工作的疏忽、电文传递的错误、贸易习惯的不同、市场行情的变化或进口商有意用开证的主动权加列有利于己方利益的条款等，往往会出现开立的信用证条款与合同规定不符。为确保收汇安全和合同顺利执行，防止导致经济上已不应有的损失，我们应该对所收到的信用证进行认真的核对与审查。

**1. 审证依据**

在审核信用证时依据主要有两个：一是买卖合同，二是有关国际惯例，主要是《UCP600》。

**2. 银行审证要点**

在实际业务中，银行和卖方共同承担审证任务。其中，银行着重审核开证行的政治背景、资信能力、付款责任和索汇路线等方面的内容

（1）政策性的审查　来证国家必须是与我国有经济往来的国家和地区，应拒绝接受与我国无往来关系的国家和地区的来证。来证各项内容应符合我国方针政策，不得有歧视性内容，否则应根据不同情况向开证行交涉，要求修改。

（2）开证银行资信的审查　为了保证安全收汇，对开证行的资信、经营作风等必须进行审查，对资信不佳的银行，应酌情采取适当措施。

（3）对信用证的性质与开证行付款责任的审查　信用证内要载有保证付款的文句。

对有些国家的来证，虽然注明有“不可撤销”的字样，但在证内对开证行付款责任方面加列“限制性”条款或“保留”条件的条款，必须特别注意。如来证注明“以领到进口许可证后通知时方能生效”等，应在接到上述生效通知书后方能生效。

（4）检查信用证的通知方式是否安全、可靠　信用证一般是通过受益人所在国家或地区的通知/保兑行通知给受益人的。这种方式的信用证通知比较安全，因为根据《UCP600》的有关规定，通知行应对所通知的信用证的表面真实性负责；如果不是这样寄交的，遇到下列情况之一的应特别注意。

① 信用证是直接从海外寄来，那么应该小心查明它的来历。

② 信用证是从本地某个地址寄出，要求把货运单据寄往海外，而我方并不了解他们指定的那家银行。对上述情况，应该首先通过银行调查核实。

**3. 卖方审证要点**

（1）检查信用证的付款时间是否与有关合同规定相一致　应特别注意下列情况。

① 信用证中规定有关款项须在向银行交单后若干天内或见票后若干天内付款等情况。对此，应检查此类付款时间是否符合合同规定的要求。

② 信用证在国外到期。规定信用证国外到期，有关单据必须寄送国外，由于我们无法掌握单据到达国外银行所需的时间且容易延误或丢失，有很高的风险。通常我们要求信用证在受益人所在国到期和交单。

③ 如信用证中的装运期和有效期是同一天，即通常所称的“双到期”。在实际业务操作中，应将装运期提前一定的时间（一般在有效期前15天），以便有合理的时间来制单结汇。

（2）检查信用证受益人和开证人的名称和地址是否完整和准确　受益人应特别注意信用证上的受益人名称和地址应与文件上的名称和地址内容相一致。买方的公司名称和地址写法

是不是也完全正确？在填写发货票时照抄信用证上写错了的买方公司名号和地址是有可能的，但如果受益人的名称不正确，将会给今后的收汇带来不便。

(3) 检查装运期的有关规定是否符合要求　超出信用证规定装运期的运输单据将构成不符点，银行有权不付款。检查信用证规定的装期应注意以下几点。

① 能否在信用证规定的装期内备妥有关货物并按期出运；如来证收到时装期太近，无法按期装运，应及时与客户联系修改。

② 实际装运期与交单期时间相距时间太短。

③ 信用证中规定了分批装运的时间和数量，应注意能否办到。否则，任何一批未按期出运，以后各期即告失效。

(4) 检查能否在信用证规定的交单期内交单　如来证中规定向银行交单的日期不得迟于提单日期后若干天，如果过了限期或单据不齐有错漏，银行有权不付款。交单期通常按下列原则处理。

① 信用证有规定的，应按信用证规定的交单期向银行交单。

② 信用证没有规定的，向银行交单的日期不得迟于提单日期后 21 天，同时必须在信用证的有效期内。

应充分考虑办理下列事宜对交单期的影响：生产及包装所需的时间、内陆运输或集中到港区运输所需时间、进行必要的检验如法定商检所需的时间、申领出口许可证产地证所需的时间（如果需要）、报关查验所需的时间、船期安排情况、到商会和/或领事馆办理认证或出具有关证明所需的时间（如果需要）、申领检验证明书所需的时间、缮制和审核信用证规定的单据所需的时间、单据送交银行所需的时间包括单据送交银行后经审核发现有误退回更正的时间。

(5) 检查信用证内容是否完整　如果信用证是以电传或电报拍发给了通知行即“电讯送达”，那么应核实电文内容是否完整，如果电文无另外注明，并写明是根据即《UCP600》，那么，该电文是可以被当作有效信用证执行。

(6) 检查信用证的金额、币制是否符合合同规定　主要检查内容有：

① 信用证金额是否正确；

② 信用证的金额应该与事先协商的相一致；

③ 信用证中的单价与总值要准确，大小写并用内容要一致；

④ 如数量上可以有一定幅度的伸缩，那么，信用证也应相应规定在支付金额时允许有一定幅度；

⑤ 如果在金额前使用了“大约”一词，其意思是允许金额有 10%的伸缩；

⑥ 检查币制是否正确。如合同中规定的币制是“美元”，而信用证中使用的是“日元”。

(7) 检查信用证的数量是否与合同规定相一致　应注意以下几点：

① 除非信用证规定数量不得有增减，那么，在付款金额不超过信用证金额的情况下，货物数量可以允许有 5%的增减；

② 特别注意的是以上提到的货物数量可以有 5%增减的规定一般适用于大宗货物，对以包装单位或以个体为计算单位的货物不适用。如：10000PCS 100% COTTON SHIRTS (10000 件全棉衬衫) 由于数量单位是“件”，实际交货时只能是 10000 件，而不能有 5%的增减。

(8) 检查价格条款是否符合合同规定　不同的价格条款涉及具体的费用如运费、保险费由谁分担。

例如，合同中规定是：FOB SHANGHAI AT USD100/PC，根据此价格条款有关的运费和保险费由买方即开证申请人承担；如果信用证中的价格条款没有按合同的规定作上述表示，而是做了如下规定：CIF NEW YORK AT USD100/PC，对此条款如不及时修改，那么受益人将承担有关的运费和保险费。

(9) 检查货物是否允许分批出运　除信用证另有规定外，货物是允许分批付运的。特别注意：如信用证中规定了每一批货物出运的确切时间，则必须按此照办，如不能办到，必须修改。

(10) 检查货物是否允许转运　除信用证另有规定外，货物是允许转运的。

(11) 检查有关的费用条款　主要内容有：

① 信用证中规定的有关费用，如运费或检验费等应事先协商一致，否则，对额外的费用原则上不应承担；

② 银行费用如事先未商定，应以双方共同承担为宜。

(12) 检查信用证规定的文件能否提供或及时提供　主要有：

① 一些需要认证的单据特别是使馆认证等能否及时办理和提供；

② 由其他机构或部门出具的有关文件如出口许可证、运费收据、检验证明等能否提供或及时提供；

③ 信用证中指定船龄、船籍、船公司或不准在某港口转船等条款能否办到等。

(13) 检查信用证中有无陷阱条款　应特别注意下列信用证条款有陷阱的条款，具有很大的风险。

① 1/3 正本提单直接寄送客人的条款。如果接受此条款，将随时面临货、款两空的危险。

② 将客户检验证作为议付单据的条款。接受此条款，受益人正常处理信用证业务的主动权很大程度上掌握在对方手里，影响安全收汇。

(14) 检查信用证中有无矛盾之处　例如：运输方式为航空，却要求提供海运提单；价格条款是 FOB，保险应由买方办理，而信用证中却要求提供保险单。

(15) 检查有关信用证是否受《UCP600》的约束　明确信用证受《UCP600》的约束可以使我们在具体处理信用证业务中，对信用证的有关规定有一个公认的解释和理解，避免因对某一规定的不同理解产生的争议。

## (三) 改证

通过审证，发现问题后，必须要求客户改证，并在收到银行改证通知后，才能对外发货。

### 1. 改证流程

① 卖方审证。

② 卖方向买方发函电要求买方修改。

③ 买方如果同意修改，则通知开证行改证。

④ 开证行根据买方的申请和指示改证并向原信用证的通知行发出修改通知书。

⑤ 通知行审核修改通知书的表面真实性后将修改通知书通知给受益人。

⑥ 受益人收到修改通知书后，对其进行审核，做出接受或拒绝的表示。

### 2. 改证规则

根据《UCP600》规定，修改信用证的规则如下。

① 自发出修改书时起，开证行即不可撤消地受所修改内容的约束。

② 保兑行如对修改书加以保兑，则同样自通知修改之时起不可撤消地受修改内容的约束；如不加保兑，必须毫不迟延地告知开证行和受益人。

③ 受益人接受或拒绝信用证修改的方法和期限在受益人向通知行表示接受修改以前，

原信用证的条款对受益人仍有效。受益人应发出接受或拒绝接受修改的通知。如受益人未发出上述通知，当他提交给指定银行或开证行的单据与信用证以及尚未表示接受的修改的内容一致时，则该事实即视为受益人已做出接受修改的通知，并自此时，该信用证已作修改。

因此，受益人应对需要的修改做出接受或拒绝的表示。表示的方法有两种：一是向通知行做出明确的通知；二是在向指定银行或开证行交单时表示，如提交的单据符合信用证修改书的内容，即为接受其修改；如提交的单据只符合原证的内容，则为拒绝。

④ 对同一修改通知中的修改内容不允许部分接受，因此，部分接受修改内容当属无效。

**3. 改证注意点**

① 只有买方（开证人）有权决定是否接受修改信用证；只有卖方（受益人）有权决定是否接受信用证修改。

② 凡是需要修改的内容，应做到一次性向买方提出，避免多次修改信用证的情况。

③ 对可撤销信用证中任何条款的修改，都必须取得当事人的同意后才能生效。

④ 收到信用证修改后，受益人应及时检查修改内容是否符合要求，并分别情况表示接受或重新提出修改。

⑤ 对修改内容要么全部接受，要么全部拒绝。部分接受修改中的内容是无效的。

⑥ 有关信用证修改必须通过原信用证通知行才具真实、有效；通过开证申请人直接寄送的修改申请书或修改书复印件不是有效的修改。

⑦ 明确修改费用由谁承担。一般按照责任归属来确定修改费用由谁承担。

## 四、组织装运

在备货的同时，如果为CIF或CFR合同，还必须做好租船订舱工作，办理报关、投保等手续。

### （一）租船订舱

在CIF或CFR条件下，租船订舱是卖方的主要义务之一。如出口货物数量较大，需要整船载运的，则要对外办理租船手续；如出口货物数量不大，无需整船装运的，可由外运公司代为洽订班轮或租订部分舱位运输。

租船订舱的简单程序如下。

① 进出口公司委托外运公司办理托运手续，填写托运单（Shipping note），亦称“订舱委托书”递送外运公司作为订舱依据。

② 外运公司收到托运单后，审核托运单，确定装运船后，将托运单的配舱回单退回，并将全套装货单（Shipping order）交给进出口公司填写，然后由外运公司代表进出口公司作为托运人向外轮代理公司办理托运手续。

③ 货物经海关查验放行后，即由船长或大副签收“收货单”（又称大副收据）。收货单是船公司签发给托运人的表明货物已装妥的临时收据。托运人凭收货单向外轮代理公司交付运费并换取正式提单。

### （二）出口报关

**1. 报关须知**

出口报关是指货物出运之前，出口企业如实向海关申报货物情况，交验规定的单据文件，办理接受海关监管事宜。经过审核单据、查验货物、办理征税、结关放行等步骤，在装货单或运单上加盖放行章后，才可装船出运。

**2. 出口货物报关单及其填制**

出口货物报关单是出口企业在装运前向海关申报出口许可的一份单据，是货物合法出口的凭据，是海关征税的凭证，是国家法定统计资料的来源。不同合同的货物，不能填写在一张报关单上。

**3. 出口报关所需单证**

商业发票、装箱单、装货单或运单；海关认为必要时提交的贸易合同、产地证明和其他有关单证；出口收汇核销单、出口许可证（需要时）和其他批准文件；国家主管部门签发的检验、检疫批准证明（如出境货物通关单）；减税或免税的证明文件；出口发票、装箱单、装货单、商检证明、贸易合同、货物原产地证明等。

### （三）出口投保

在CIF条件下，出口单位订妥舱位，货物装船之前，应向保险公司办理货物运输保险事宜。经保险公司签署后的保险单即成为向银行议付的重要单据之一。

### （四）装船

装船前，出口单位或货运代理凭盖有海关放行章的装货单与港方仓库、货场和理货人员（代表船方）办妥交接手续，分清货、港、船三方的责任。货物装船后立即向收货人发装船通知（Shipping advice），以便对方准备付款、赎单、办理进口报关和接货手续。如为FOB、CFR术语，及时发出装船通知，以便对方办理保险。

## 五、制单、审单和结汇

货物装运后，出口单位按照信用证规定，缮制各种单据，在信用证规定的交单有效期内，递交银行办理结汇手续。

### （一）信用证下常用结汇单证

结汇单据主要有：汇票、发票、装箱单、提单、保险单、海关发票、商检证书、受益人证明/声明、装船通知等。

### （二）出口结汇

结汇是将出口货物销售获得的某种币制的外汇按售汇之日中国银行外汇牌价的买入价卖给银行。我国出口结汇的办法有收妥结汇、押汇和定期结汇3种。

**1. 收妥结汇**

是指议付行收到出口单据后，审查无误，将单据寄交国外付款行索取货款，待收到付款行将货款拨入议付行账户的贷记通知书（Credit note）时，即按当日外汇牌价，折成人民币拨给出口单位。

**2. 押汇**

又称买单结汇，是议付行在审单无误的情况下，按信用证条款买入出口单位的汇票和单据，从票面金额中扣除从议付日至收到票款之日的利息，将余款按议付日外汇牌价折成人民币，拨给出口单位。押汇是真正意义上的议付。

**3. 定期结汇**

是议付行根据向国外付款行索偿所需时间，预先确定一个固定的结汇期限，到期后主动将票款金额折成人民币拨交出口单位。

### (三) 对结汇单据不符点的处理办法

**1. 表提**

也称担保结汇。即信用证受益人在提交单据时出现单证不符，主动向议付行书面提出单证不符点，议付行要求受益人出具保函，担保日后遭到拒付时，一切后果由受益人承担。

**2. 电提**

电提又称电报提出，即在单证不符情况下，议付行先向开证行去电（电报或电传），列明单证不符点，待开证行同意后再将单据寄出。

**3. 跟单托收**

议付行不同意上述两种方法，这时，出口单位只能采用托收方式收款。

## 六、违约和对违约的处理

按国际贸易惯例和一般法律规则，由于卖方不交货或交货的品质、数量、包装或时间不符合合同规定，构成违约时，根据违约的情况和程度，买方可以采取的办法有：向卖方要求损害赔偿、推迟履行、减低价格、交付替代货物、修理或宣告合同无效等。

由于买方不支付货款、不收取货物或不完全按照合同的规定支付货款、收取货物，卖方可以采取的方法有：向买方要求损害赔偿、推迟履行或宣告合同无效。

必须注意的是，当一方违反合同而采取任何一种处理办法时，都不影响受损害一方要求损害赔偿的权利。损害赔偿额应与受损害一方所遭受的包括利润在内的损失额相等；但以可预料到的合理损失为限；而由于受损方未采取合理措施使有可能减轻而未减轻的损失，应在赔偿金额中扣除。

# 任务四　熟悉出口收汇核销和出口退税业务

## 一、出口收汇核销

### (一) 出口收汇核销的意义

出口收汇核销制度是我国为加强出口收汇管理，保证国家外汇收入，防止外汇流失的一项重要制度。出口收汇核销是以出口货物的价值为基础，核对是否有相应的外汇汇入国内的一种事后管理措施，目前的做法是国家外汇管理局（以下简称外汇局）通过货物贸易外汇监测系统，全面采集企业货物进出口和贸易外汇收支逐笔数据，定期比对、评估企业货物流与资金流总体匹配情况，便利合规企业贸易外汇收支；对存在异常的企业进行重点监测，必要时实施现场核查。

### (二) 货物贸易外汇管理制度的改革及其内容

在我国，出口收汇核销制度始于 1991 年，采用纸质出口收汇核销单方式操作，为防止外汇逃漏，保证国家外汇收入，平衡国际收支发挥了积极作用。2001 年，“中国电子口岸出口收汇系统”上线运行后，在电子口岸数据中心建立出口收汇核销单电子底账；2002 年，外汇局开发的“出口收汇核报系统”上线运行，进一步完善了出口收汇核销管理，促进了外贸便利化。为进一步深化外汇管理体制改革，促进贸易便利化，外汇局、海关总署和国家税务总局决定自 2012 年 8 月 1 日起在全国实施货物贸易外汇管理制度改革。为此，国家外汇管理局制定了新的货物贸易外汇管理法规，具体包括：《货物贸易外汇管理指引》、《货物贸易外汇管理指引实施细则》、《货物贸易外汇管理指引操作规程（银行企业版）》、《货物贸易外汇收支信息申报管理规定》。同时，自8月1日起全国上线运行“货物贸易外汇检测系统”，取代原来的“贸易收付汇核查系统、贸易信贷登记管理系统、出口收结汇联网核查系统以及中国电子口岸出口收汇系统”。这一改革取消了出口收汇核销单（以下简称核销单），企业不再办理出口收汇核销手续。外汇局对企业的贸易外汇管理方式由现场逐笔核销改变为非现场总量核查，并相应调整出口报关流程，优化升级出口收汇与出口退税信息共享机制。新货物贸易外汇管理办法主要内容如下。

**1. 对企业实施动态分类管理**

外汇局根据企业贸易外汇收支的合规性及其与货物进出口的一致性，将企业分为A、B、C三类。A类企业进口付汇单证简化，可凭进口报关单、合同或发票等任何一种能够证明交易真实性的单证在银行直接办理付汇，出口收汇无需联网核查；银行办理收付汇审核手续相应简化。对B、C类企业在贸易外汇收支单证审核、业务类型、结算方式等方面实施严格监管，B类企业贸易外汇收支由银行实施电子数据核查，C类企业贸易外汇收支须经外汇局逐笔登记后办理。

外汇局根据企业在分类监管期内遵守外汇管理规定情况，进行动态调整。A类企业违反外汇管理规定将被降级为B类或C类；B类企业在分类监管期内合规性状况未见好转的，将延长分类监管期或被降级为C类；B类、C类企业在分类监管期内守法合规经营的，分类监管期满后可升级为A类。

**2. 调整出口报关流程**

企业办理出口报关时不再提供核销单。

**3. 简化出口退税凭证**

自2012年8月1日起报关出口的货物，出口企业申报出口退税时，不再提供核销单；税务局参考外汇局提供的企业出口收汇信息和分类情况，依据相关规定，审核企业出口退税。

综上所述，目前，我国企业出口核销业务已经大为简化，出口收汇后无须向外管局进行核销，也不用到外管局办理核销手续，只需要将用于核销的报关单进行网上交单，由外管局按月通过货物贸易外汇检测系统对其出口报关数据和银行收汇数据进行总量核销即可。出口企业也无须凭核销单退税联办理退税手续，由税务部门根据电子口岸数据中心的电子数据和外汇管理局按月向税务部门提供的已核销清单办理退税手续。

## 二、出口退税

出口退税是指一个国家为了扶持和鼓励本国商品出口，将所征税款退还给出口商的一种制度。使企业及时收回投入经营的流动资金，加速资金周转，降低出口成本，提高企业经济效益。我国的出口退税制度始于1985年，1994年实施《出口货物退（免）税管理办法》。2012年7月，我国对之前的出口退税政策进行了进一步调整，财政部、国家税务总局发出《关于出口货物劳务增值税和消费税政策的通知》，国家税务总局同时以公告的形式发布《出口货物劳务增值税和消费税管理办法》，全面清理和规范了出口退税政策，进一步明确了出口退税货物的条件、范围、计税依据、退税率、申报时限、申报资料和要求等内容。

### （一）出口退（免）税资格的认定

出口企业应在办理对外贸易经营者备案登记或签订首份委托出口协议之日起30日内，

填报《出口退（免）税资格认定申请表》，提供下列资料到主管税务机关办理出口退（免）税资格认定。这里的出口企业是指依法办理工商登记、税务登记、对外贸易经营者备案登记，自营或委托出口货物的单位或个体工商户，以及依法办理工商登记、税务登记但未办理对外贸易经营者备案登记，委托出口货物的生产企业。此处的生产企业是指具有生产能力（包括加工修理修配能力）的单位或个体工商户。

① 加盖备案登记专用章的《对外贸易经营者备案登记表》或《中华人民共和国外商投资企业批准证书》。

② 中华人民共和国海关进出口货物收发货人报关注册登记证书。

③ 银行开户许可证。

④ 未办理备案登记发生委托出口业务的生产企业提供委托代理出口协议，不需提供第1及第2项资料。

⑤ 主管税务机关要求提供的其他资料。

### （二）出口退（免）税范围

#### 1. 适用增值税退（免）税政策的出口货物劳务范围

对下列出口货物劳务，实行免征和退还增值税政策。

（1）出口企业出口货物　出口企业出口货物是指向海关报关后实际离境并销售给境外单位或个人的货物，分为自营出口货物和委托出口货物两类。

（2）出口企业或其他单位视同出口货物

① 对外援助、对外承包、境外投资的出口货物。

② 销售给特殊区域内单位或境外单位、个人的货物。

③ 免税品经营企业销售的货物。

④ 销售给用于国际金融组织或外国政府贷款国际招标建设项目的中标机电产品。

⑤ 生产企业向海上石油天然气开采企业销售的自产的海洋工程结构物。

⑥ 销售给国际运输企业用于国际运输工具上的货物。

⑦ 输入特殊区域的水电气。

（3）出口企业对外提供加工修理修配劳务

对外提供加工修理修配劳务，是指对进境复出口货物或从事国际运输的运输工具进行的加工修理修配。

#### 2. 适用消费税退（免）税政策的货物范围

① 出口企业出口或视同出口适用增值税退（免）税的货物，免征消费税，如果属于购进出口的货物，退还前一环节对其已征的消费税。

② 出口企业出口或视同出口适用增值税免税政策的货物，免征消费税，但不退还其以前环节已征的消费税，且不允许在内销应税消费品应纳消费税款中抵扣。

③ 出口企业出口或视同出口适用增值税征税政策的货物，应按规定缴纳消费税，不退还其以前环节已征的消费税，且不允许在内销应税消费品应纳消费税款中抵扣。

### （三）增值税出口退税率和消费税出口退税基数的确定

#### 1. 增值税出口退税率

除财政部和国家税务总局根据国务院决定而明确的增值税出口退税率（以下称退税率）外，出口货物的退税率为其适用税率。国家税务总局根据上述规定将退税率通过出口货物劳务退税率文库予以发布，供征纳双方执行。退税率有调整的，除另有规定外，其执行时间以货物（包括被加工修理修配的货物）出口货物报关单（出口退税专用）上注明的出口日期为准。

**2. 消费税出口退税基数的确定**

出口货物的消费税应退税额的计税依据，按购进出口货物的消费税专用缴款书和海关进口消费税专用缴款书确定。

属于从价定率计征消费税的，为已征且未在内销应税消费品应纳税额中抵扣的购进出口货物金额；属于从量定额计征消费税的，为已征且未在内销应税消费品应纳税额中抵扣的购进出口货物数量；属于复合计征消费税的，按从价定率和从量定额的计税依据分别确定。

### （四）出口退税申报

根据企业类型的不同，出口退税的申报目前有两种类型。第一种是针对生产企业自营或委托出口的货物，实行的是免税、抵税、退税办法，对出口货物免征增值税，对出口货物所采购的原材料，包装物料等所含的增值税允许抵减其内销货物的应缴税款，对未抵减完的部分再予以退税。第二种是针对外贸企业出口的货物，实行的是免税、退税的办法，即对出口货物销售环节免征增值税，对出口货物在前各个生产流通环节已缴纳增值税予以退税。

**1. 生产企业出口货物免税、抵税、退税的申报**

（1）申报程序和期限　企业当月出口的货物需在次月的增值税纳税申报期内，向主管税务机关办理增值税纳税申报、免抵退税相关申报及消费税免税申报。企业应在货物报关出口之日［以出口货物报关单（出口退税专用）上的出口日期为准，下同］次月起至次年4月30日前的各增值税纳税申报期内收齐有关凭证，向主管税务机关申报办理出口货物增值税免税、抵税、退税及消费税退税。逾期的，企业不得申报免税、抵税、退税。

（2）申报资料　企业向主管税务机关办理增值税纳税申报时，除按纳税申报的规定提供有关资料外，还应提供下列资料。

① 主管税务机关确认的上期《免抵退税申报汇总表》；

② 主管税务机关要求提供的其他资料。

企业向主管税务机关办理增值税免抵退税申报，应提供下列凭证资料：

①《免抵退税申报汇总表》及其附表；

②《免抵退税申报资料情况表》；

③《生产企业出口货物免抵退税申报明细表》；

④ 出口货物退（免）税正式申报电子数据；

⑤ 原始凭证有出口货物报关单、出口收汇核销单、出口发票、代理出口货物证明及代理出口协议复印件（委托出口的货物需提供）等。

**2. 外贸企业出口货物免税、退税的申报**

（1）申报程序和期限　企业当月出口的货物需在次月的增值税纳税申报期内，向主管税务机关办理增值税纳税申报，将适用退（免）税政策的出口货物销售额填报在增值税纳税申报表的“免税货物销售额”栏。

企业应在货物报关出口之日次月起至次年4月30日前的各增值税纳税申报期内，收齐有关凭证，向主管税务机关办理出口货物增值税、消费税免税、退税申报。经主管税务机关批准的，企业在增值税纳税申报期以外的其他时间也可办理免税、退税申报。逾期的，企业不得申报免税、退税。

（2）申报资料

①《外贸企业出口退税汇总申报表》。

②《外贸企业出口退税进货明细申报表》。

③《外贸企业出口退税出口明细申报表》。

④ 出口货物退（免）税正式申报电子数据。

⑤ 原始凭证有出口货物报关单；增值税专用发票（抵扣联）、出口退税进货分批申报单、海关进口增值税专用缴款书（提供海关进口增值税专用缴款书的，还需同时提供进口货物报关单）；出口收汇核销单；委托出口的货物，还应提供受托方主管税务机关签发的代理出口货物证明，以及代理出口协议副本；属应税消费品的，还应提供消费税专用缴款书或分割单、海关进口消费税专用缴款书；主管税务机关要求提供的其他资料。

**（五）税务部门的审核及退税发放**

税务部门受理出口货物退税申报后，将对申报情况进行登记，并在规定的时间内对申报凭证、资料的合法性、准确性进行审核。审核的重点是申报出口货物退税的报表种类、内容及印章是否齐全准确；电子数据和申报表是否一致；凭证是否真实有效，与申报表明细内容是否一致等。之后，计算机还会将这些信息与相关的报关单、核销单、代理出口证明、增值税专用发票、消费税税收缴款书等电子信息进行核对，审核无误的，按照规定办理退库或调库手续，将退税款划拨给出口企业，完成出口退税的整个程序。

# 任务五　进口合同的磋商、签订与履行

## 一、了解进口合同的磋商和签订

**（一）交易前的准备工作**

**1. 进口调研**

为了能够保质、保量地得到进口商品，正确分析进口商品所能获得的经济效益，做好进口商品的成本核算，在进行进口交易前，必须对国内外市场进行调研，包括有关商品的产、供、销和客户情况，尤其要弄清主要生产国和主要生产商的供应情况、商品的价格走势及供应商的资信情况。

（1）市场行情调研　主要调查国内市场目标商品的销售情况和国外市场的生产供应情况。

（2）出口商资信调查　主要调查出口商的资本、能力、品格。

**2. 申请进口许可证**

（1）进口许可证签发单位　根据我国《货物进口许可证管理办法》规定，中华人民共和国商务部（以下简称商务部）是全国进口许可证的归口管理部门。

（2）进口许可证管理范围

① 国家限制进口的商品。

② 国家批准开办的寄售、代销、租赁业务等所需进口货物。

③ 购买展销会上展出的样品（属国家限制的样品）。

④ 经商务部批准，厂矿企业自行购置的生产急需商品和电器仪器零件及价值超过 500 美元的货物。

⑤ 补偿贸易、承接工程禁止进口的商品、物资，以及来料、来件加工装配业务所进口的原料、零件和加工的成品因特殊需要转入国内销售的部分。

⑥ 外国人赠送的超过 300 美元以上的物品。

⑦ 根据国家规定，其他需要领取进口许可证的物品。

⑧ 经国家批准的中外合资经营企业所需物资，国内不能供应的，可委托有关外贸公司向国外订购，也可在该企业经营范围内自行进口，并申领进口许可证。

**3. 进口成本核算**

进口单位从国外购买货物，不论是在国内销售，或是自身使用、加工，都必须核算进口成本，以便进行经济效益分析，做到进口合理化并最大限度地降低进口成本、节约外汇支出，或在一定的外汇数量下，增加实际进口量，从而提高企业的经济效益。

(1) 进口成本的构成　进口成本一般由进口成交价和各项进口费用构成。进口成交价是买卖双方磋商后取得一致意见的合同价格。进口费用包括很多内容，就每一笔具体的进口业务而言，由于成交的条件不同，进口人所承担的费用是不相同的。如以 FOB 国外口岸成交条件为例，主要包括：

① 从装运港至目的港的海运运费；

② 从装运港至目的港的保险费；

③ 目的港装卸费用，包括卸货费、驳船费、港务费、码头包租费等；

④ 支付给中间商的佣金；

⑤ 进口关税，包括进口关税以及海关代征税（如消费税、增值税等）；

⑥ 银行费用，如开证费、修改费、结汇手续费或借款利息费用；

⑦ 进口商品的检验费和其他公证费；

⑧ 提货费，包括码头开箱费；

⑨ 国内运输费；

⑩ 外贸公司代理进口费及其他费用。

(2) 进口经济效益分析　进口经济效益分析是进口商品销售收入和进口成本的比较。

进口经济效益分析常用指标如下。

① 进口商品盈亏率　反映盈亏程度。

进口商品盈亏率＝(国内销售收入－进口总成本)/进口总成本×100％

计算结果为正数，表示盈利；结果为负数，表示亏损。

② 进口每美元赔赚额　反映企业每进口一美元的商品的获利能力。

进口商品盈亏率＝[国内销售收入(人民币)－进口总成本(人民币)]

/进口商品价格(美元)

## (二) 进口交易磋商

进口交易的达成和合同的订立是买卖双方就有关交易条件进行磋商并取得一致意见的结果。磋商的过程，通常是先相互摸底、试探，再进行发盘、还盘和再还盘的反复循环的过程。在进口交易磋商过程中，进口商与供应商之间应比较详细而深入地交流情况，弄清双方有待进一步取得协议的问题，创造良好的磋商气氛。在此基础上，进口商还应分清轻重缓急、争取对自己最有利的交易条件。

进口交易磋商的程序一般有询盘、发盘、还盘和接受 4 个环节。

**1. 询盘**

例如：有兴趣购买 5 台 Intel-P4 计算机请发盘 CIF 南通 7 月装运速复。

Interested 5sets Intel-P4 computer please offer CIF Nan tong July shipment reply promptly.

**2. 发盘**

发盘可由卖方提出，也可以由买方提出，由买方向卖方发盘称为购货发盘（Buying offer），又称递盘（Bid）。

例如：贵公司于某月某日送来的某某货样，已由我客户仔细试验，我客户很感兴趣。现递盘如下：……

Our clients have carefully tested the samples of your …sent to us on …and are much interested. Now bid as follows：……

**3. 比价和还盘**

进口人向国外几家供应商同时发出邀请发盘（包括询盘）后，会收到内容不尽相同的发盘。这时，进口人就要对发盘中的各项交易条件及我们从其他方面调查和收集到的价格和其他资料进行研究、整理、分析和比较，结合进口人自己的经营意图，挑选出适当的对象进行还盘。

比价的方法通常有：

① 将不同外商的同期报价相比较；

② 与历史价格进行比较；

③ 对各种不同交易条件的发盘进行综合分析比较。

**4. 接受**

发盘一经对方有效接受，合同即告成立，当事人应按发盘内容履行自己的义务，不得擅自变更或者解除合同。

根据《公约》与我国《合同法》规定，接受是可以撤回的，条件是：撤回接受的通知应当在接受通知到达发盘人之前或者与接受通知同时抵达发盘人。

### （三）进口合同的签订

为了更好地明确买卖双方的责任，便于履行各自的义务，在实际业务中，进口交易达成后，通常都要签订具有一定格式的书面合同（Formal contract）。书面合同是表示买卖双方意思完全一致的证明文件和处理争议的主要依据。进口合同既反映了当事人之间的经济关系，也体现了当事人之间的法律关系，既受法律保护，也受法律约束。

**1. 进口合同的形式**

主要有购货合同（Purchase Contract）、购货确认书（Purchase Confirmation）、协议书（Agreement）、备忘录（Memorandum）等，我国进口业务中主要采用前两种形式。

（1）购货合同　是书面合同中内容最详细，条款最具体，格式相对稳定的一种形式。主要用于大宗业务。

（2）购货确认书　是一种简式合同，与购货合同具有同等效力。主要用于小批量业务。

**2. 进口合同的内容**

进口合同的内容与出口合同大体相同，分成约首、合同正文和约尾3个部分。约首主要包括合同名称、编号、订约日期和地点，当事人名称和地址、适用的法律等。合同正文一般由基本条款和一般条款两部分构成。基本条款包括：货物名称和规格；成交数量；货物包装和运输标志；单价和总值；装运期；装运口岸；装运通知；投保人、投保险别、投保金额及保险条款；支付工具和方式；单据。一般条款是对合同基本条款的补充说明或作为双方订立的多份合同的共性条款。主要包括商检、索赔、仲裁及不可抗力等项内容。约尾包括合同的有效期、合同使用的文字及其效力，买卖双方的签字等。

## 二、熟悉进口合同的履行

进口合同的履行分为以下 7 个过程。

### （一）申请开证和修改信用证

在信用证支付方式下，买方按时开证是卖方履行合同的前提条件。因此，进口合同签订后，买方应按规定办理开证手续，如合同规定在收到卖方货物备妥通知或在卖方确定装运期后开证，买方应在接到上述通知后及时开证；如合同规定在卖方领到出口许可证或支付履行约保证金后开证，买方应在收到对方已经领到许可证的通知，或接到银行通知履约保证金已到账后开证。

**1. 开证程序**

（1）申请开证　进口商向银行递交进口合同副本及相关附件（如进口许可证，某些部门批文等），填写开证申请书，申请开立信用证。

（2）审核申请　银行收到开证申请人的开证申请，应立即对开证申请书的内容及其与合同的关系、开证申请人的资信状况等进行审核。

（3）对外开证　银行在确信可以接受申请并收到开证申请人提交的押金及开证手续费后，向信用证受益人开出信用证，并将信用证寄交通知行。

**2. 申请开证注意事项**

（1）信用证种类　应按合同规定，一般为不可撤销信用证。

（2）信用证金额　金额大小写要一致，一般不再前面加约数词。

（3）汇票的付款人和付款期限　汇票付款人应是开证行或其指定银行，汇票付款期限应严格依据合同规定。

（4）运输单据　如采用海运提单，一般要求提交全套空白抬头、空白背书的清洁已装船提单；如是其他运输方式则要求提交相应的运输单据。

（5）其他单据（产地证、品质、重量检验证书等）　各种证书的签发机构、形式、内容及证明事项应作明确规定。

（6）分批装运和转运　一般按合同要求，合同不允许的，信用证中应明确表示不允许；信用证对此不做规定则视为允许。

（7）到期日和到期地点　信用证必须规定一个到期日和到期地点（自由议付信用证除外）。

**3. 修改信用证**

当买方通过银行开出信用证后，有时国外卖方会向买方提出修改信用证的要求，对此，买方应根据具体情况进行处理。

（1）一般情况尽量避免修改信用证　修改信用证不仅会使买方额外负担的一笔可观的银行费用，还会直接或间接的影响合同的履行。因此，一旦卖方要求改证，但经买方仔细研究审核后认为卖方要求不合理或根本没有修改的必要，可以拒绝修改。

（2）必须改证时应按惯例办理　如果卖方提出的修改内容合理而且理由充分，或提出负担相关费用或补偿措施，对买方不会造成直接或间接损失，买方应同意改证，并按照国际惯例办理。

（3）改证请求与实际操作必须符合国际惯例　申请改证的一方其申请手续和具体做法必须符合国际银行业务中的惯例，否则对方可以拒绝。如要求修改的内容没有一次性提出，对修改通知在超过合理时间后没有提出不接受等，均可拒绝并不承担责任。

### （二）安排运输和保险

（1）租船、订舱和催装

在进口业务中，货物大多都通过远洋运输，凡以FOB或FCA贸易术语成立的合同，由进口方安排运输，订立运输合同。而以CIF和CFR条件成立的进口合同，系由卖方负责租船、订舱，安排装运，但买方（进口商）也应及时与卖方联系，掌握卖方的备货和装运情况。

在进口业务中，国外供货商常因各种原因而不能或不愿按期交货，为此进口企业除在合同中争取订立迟交罚款等约束性条款外，还必须及时了解和掌握卖方备货和装运前的准备工作情况，督促对方按时装运。

（2）保险

以FOB、FCA、CFR、CPT术语成交的进口合同，由进口企业负责向保险公司办理货物的运输保险。

进口货物运输保险一般有以下两种方式。

① 预约保险。在签订预约保险合同后，进口企业在收到外商的装运通知时，只需按要求填制进口货物"装货通知"并送交保险公司签章，即可作为投保凭证。货物一经起运，保险公司就自动按预约保单所订的条件承保。

② 逐笔投保。在没有签订预约保险合同的情况下，对进口货物就需要逐笔投保。买方在接到卖方的发货通知后，必须立即向保险公司办理保险手续，转移风险。

### （三）审单付款

在信用证支付条件下，由开证行对货物单据进行审核，单证相符，开证行即履行付款义务。如审核发现不符，银行一般也会征求进口商对不符点的处理意见。此时买方应在《UCP600》及国际银行业务惯例基础上，考虑不符点的性质再做处理。

处理单据不符点的具体方法如下。

（1）拒付单据和货款　当单据不符性质严重，包括所交的单据份数或种类与信用证规定不符，货款金额大于信用证金额，单据中重要项目内容与信用证规定不符，或单据之间相同项目填写不一致。如出现上述不符，买方可拒绝接受单据并拒付全部货款。

（2）部分付款、部分拒付　如果卖方提供的单据不符性质不太严重，买方一般不宜全部拒收，此时可以采用部分付款、部分拒付的办法解决。

（3）检验后付款　即买方向银行提出货到后如经检验货物符合合同规定，再接受单据，支付货款。

（4）凭担保付款　即要求卖方或议付行出具货物与合同相符的担保，然后凭此担保付款。

（5）开证行对外付款　开证行对外付款，但保留追索权。

（6）更正单据后付款　如不符系打印错误，且时间允许，可在卖方更改单据后付款。

### （四）进口报关、纳税

#### 1. 进口报关

进口报关是指进口货物的收货人或其代理人向海关提交有关单据，办理进口货物申报的法律行为。进口报关程序分为收单审单、估价征税、查验货物、签章放行。

#### 2. 填制报关单

填写"进口货物报关单"是报关人向海关办理报关手续的一种法律行为。报关人员必须按照海关规定和进口货物的实际情况，如实向海关申报。

**3. 进口纳税**

海关按照规定依法对进口货物计征进口税。

(1) 关税　进口关税是由海关征收的基本税种。它是以进口货物的完税价格（通常为CIF价格）作为基数计算。其公式为

进口关税税额＝CIF价格×关税税率

(2) 增值税　增值税是由海关代征的税种。它是以完税价格作为征收基数，其公式如下。

应纳税额＝增值税组成计税价格×增值税税率

增值税组成计税价格＝完税价格＋关税税额＋消费税税额

应税货物不涉及消费税的，则消费税税额项为零。

(3) 消费税　消费税是对一些特定消费品和消费行为征收的一种税。国务院于1993年12月13日颁布了《中华人民共和国消费税暂行条例》，财政部于1993年12月25日颁布了《中华人民共和国消费税暂行条例实施细则》，并于1994年1月1日开征消费税。

消费税的计税依据分别采用从价和从量两种计税方法。实行从价计税办法征税的应税消费品，计税依据为应税消费品的销售额。实行从量定额办法计税时，通常以每单位应税消费品的重量、容积或数量为计税依据。

消费税的计税方法具体介绍如下。

① 从价计税时　应纳税额＝应税货物消费税组成计税价格×消费税率

应税货物消费税组成计税价格＝(完税价格＋关税税额)/(1－消费税率)

② 从量计税时　应纳税额＝应税货物销售数量×适用税额标准

(4) 进口调节税　进口调节税是国家对限制进口的商品或其他原因加征的税种。其公式为

进口调节税＝CIF价格×进口调节税税率

**4. 接受海关查验**

(1) 查验的内容　海关一般查验具有代表性的进口商品以确定以下问题。

① 进口货物是否属于必须有原产国标记或其他特别标记的货物，并查验其是否符合要求。

② 装运的货物中是否有违禁物品。

③ 这些货物在发票中是否已正确清楚证明。

④ 货物是否存在超过或少于发票上所列数量的问题。

⑤ 货物的应税情况。

作为查验的一部分，海关还需对有些种类的货物称重量、量尺寸。

(2) 查验的程序

① 进口货物运输工具负责人在运输工具到达指运地时，应及时通知监管现场海关，并送交进境地海关制作的进口关封。指运地海关核对关封与货物无误后，将《进口转关运输货物申报表》回执寄发给进境地海关，并在计算机转关系统中核销该进口转关货物。

② 进口货物经货主申报海关审核后，报关单及随附单证通过海关内部环节流转至监管现场。

③ 海关现场监管部门复核报关单数据与关封和运单等单据数据一致、报关单书面数据与电子数据一致后，查验货物。收货人或其代理人应当到场，负责搬移、开拆、重封货物，并对查验结果确认。

④ 海关对经查验后确认单货相符的货物放行后，进口货物收货人或其代理人凭货物提

单到监管现场办理提货手续。如货物有走私违规嫌疑，则按规定移交有关部门处理。

⑤ 经进口货物的收货人申请，海关可视情况将进口货物监管运输到海关监管区域外存放、查验和放行。

### （五）进口货物检验

#### 1. 检验的范围

根据我国现行的法律、行政法规或国际条约、协议的规定，有一部分进出口商品及其运输工具必须经过商检机构的检验。未经检验合格的，不许出口或不能在国内销售，这类商品及其运输工具的报验称为法定检验报验。进口商品法定检验范围有如下 3 种。

① 入《法检目录》种类表的进口商品。

② 有关国际条约、协议规定须经商检机构检验的进口商品。

③ 其他法律、行政法规规定须经商检机构检验的进口商品。

#### 2. 检验时间与地点

① 属于法定检验范围内的进口商品。在到货后，收货人必须向卸货口岸或者报关地的商检机构办理登记，由商检机构在报关单上加盖“已接受登记的印章”，海关凭此验放。同时，收货人还必须在规定的检验地点和期限内，向商检机构报验。

② 法定检验范围以外的进口商品。如果国际货物买卖合同或者运输合同约定由商检机构检验，在进口到货后仍然必须依照合同所约定的检验地点向商检机构报验，如果合同没有约定检验的地点，则在卸货口岸，到达地或者商检机构指定的地点向商检机构报验。

③ 大宗散装商品、易腐烂变质商品以及在卸货时发现残损或者数量、重量短缺的商品，必须在卸货口岸或者到达地向当地商检机构报验。

④ 需要结合安装调试进行检验的成套设备、机电仪器产品以及在口岸打开包装检验后难以恢复的商品，可在收货人、用货人所在地向商检机构报验。

⑤ 法定检验范围以外的进口商品，如果国际货物买卖合同也未约定由商检机构检验，收货人应当按照合同的约定进行验收，商检机构应督促收货人验收并进行抽验。验收不合格需要凭商检机构检验证书索赔的，收货人应当及时向所在地的商检机构申请检验出证。

⑥ 对关系国计民生、价值较高、技术复杂的重要进口商品和大型成套设备，收货人应当在国际货物买卖合同中约定在出口国装运前进行预检验、监制或者监装，并保留到货后最终检验和索赔权的条件。

#### 3. 检验所需单据

进口商品在报验时，一般应提供外贸合同、国外发票、提单、装箱单、进口货物到货通知单（也称“货物流向单”）等有关单证。

① 申请品质、规格、安全检验的，还应提供国外的检验证书、使用说明书以及有关标准和技术资料。凭样成交的，应提交成交样品。

② 申请重量鉴定的，应提交国外的重量、水分检验证书和重量明细单。申请木材材积鉴定的，应提供国外的材积明细单。

③ 申请残损鉴定、载损鉴定、积载鉴定、海损鉴定的，要提供各程提单、海运散件货物港船交接时的理货残损溢短单、铁路商检记录、空运事故记录等。此外，船方还应提供航海日志、海事报告、舱单、配载图、验舱证书、验舱报告等各种有关资料。

④ 申请外商投资财产价值、品种、质量、数量和损失鉴定的，还应提供财产的明细单、发票及各种价值的证明、财产已使用的年限、财产的维修保养情况等各种有关的资料。

⑤ 在办理国内委托检验时，申请人除了按要求填写“委托检验申请单”外，还应提供检验的样品、检验标准和检验方法。国外委托人在办理委托检验时，还应提供有关往来函电和资料。

**4. 取得商检证书**

商检证书是各种进出口商品检验证书、鉴定证书和其他证明书的统称，是对外贸易有关各方履行合同义务、处理索赔理赔、争议、仲裁、诉讼举证，具有法律依据的有效证件，也是海关查验、征收关税和优惠减免关税的必要证明。

**5. 检验方法**

商品检验的方法主要包括全面检验和抽样检验。全面检验顾名思义就是对进口商品进行全面细致的查验，但采用这种检验方法一般耗时费力，故在对数量较少的进口货物进行检验时可以使用。而抽样检验是根据技术标准或操作规程所规定的抽样方法和抽样工具，在整批商品中随机地抽取一小部分在质量特性上都能代表整批商品的样品，通过对该样品的检验，据此对整批商品的质量做出评定。商品检验抽样又称取样，商品检验抽样常用的方法有百分比抽样法和计数抽样法两种。商品抽样检验一般在进口商品数量较大时采用，必须遵循的原则如下。

（1）随机性　首要原则是随机原则，即从货物中抽出的用以评定整批商品的样品，应是不加任何选择，按随机原则抽取的。

（2）代表性　抽样是以从整批商品中所取出的全部个别样品（份样）集成大样来代表整批，不应以个别样品（份样）来代表整批，因为个别份样有高有低，但在抽取足够多的份样时，其平均数即接近整批商品的平均质量。抽样必须具有足够的代表性，否则检验时即使运用最先进的技术和设备，也不可能得出准确的检验结果，而会对商品质量做出错误的评定。

（3）可行性　抽样的数量及方法，使用的抽样装置和工具，应是合理可行，切合实际，符合进出口商品检验的要求，应在准确的基础上达到快速、经济、节约人力物力。

（4）先进性　改进抽样技术和抽样标准，达到国际先进水平，以符合国际贸易的要求。

### （六）拨交

货物进口后，应及时向用货单位办理拨交手续，如用货单位在卸货港所在地，则就近拨交货物；如用货单位不在卸货港所在地，则委托货运代理人将货物转运内地，并拨交给用货单位。在货物拨交后，进口公司再与用货单位进行结算。

### （七）进口付汇核销

**1. 核销需要提交的单证**

根据《进口付汇核销监管暂行办法》规定，进口单位“应当在有关货物进口报关后一个月内向外汇局办理核销报审手续”。进口单位在办理到货报审手续时，须对应提供下列单据：

① 进口付汇核销单（如核销单上的结算方式为“货到付款”，则报关单号栏不得为空）；

② 进口付汇备案表（如核销单付汇原因为“正常付汇”，企业可不提供该单据）；

③ 进口货物报关单正本（如核销单上的结算方式为“货到付汇”，企业可不提供该单据）；

④ 进口付汇到货核销表（一式两份，均为打印件并加盖公司章）；

⑤ 结汇水单及收账通知单（如核销单付汇原因不是“境外工程使用物资”及“转口贸易”，企业可不提供该单据）；

⑥ 外汇局要求提供的其他凭证、文件。

**2. 业务程序**

① 进口单位需备齐上述单据，一并交外汇局进口核销业务人员初审。

② 初审人员对未通过审核的单据，应在向企业报审人员明确不能报审的原因后退还进口单位。

③ 初审结束后，经办人员签字并转交其他业务人员复核。

④ 复核人员对未通过审核的单据，应在向企业报审人员明确不能报审的原因后退还进口单位。

⑤ 复核无误，则复核人员签字并将企业报审的全部单据及IC卡留存并留下企业名称、联系电话、联系人。

⑥ 外汇局将留存的报关单及企业IC卡通过报关单检查系统检验报关单的真伪。如无误，则将IC卡退进口单位，并在报审表和报关单上加盖“已报审”章；如报关单通不过检查，则将有关材料及情况转检查部门。

## 三、了解进口索赔的操作

索赔包括损失赔偿与权利要求两项。损失赔偿是针对交货品质不符合规定，装货数量短少，残损破漏以及运输途中发生短卸；权利要求是针对对方违约迟交的索赔。

### (一) 进口索赔的对象

**1. 向卖方索赔**

凡出现下列情况者，均可向卖方索赔。例如，货物数量不足；货物的品质、规格与合同规定不符；包装不良致使货物受损；未按期交货或拒不交货等。

**2. 向承运人索赔**

凡出现下列情况者，均可向承运人索赔。例如，货物数量少于提单所记载数量；提单是清洁提单，而货物有残损情况，并且是由承运人的过失导致；货物所受的损失，根据租船合同有关条款应由承运人负责等。

**3. 向保险公司索赔**

凡出现下列情况者，均可向保险公司索赔。例如，由于自然灾害、意外事故或运输中途其他事故的发生导致货物受损，并且属于承保责任范围以内的风险；凡轮船公司不予赔偿或赔偿金额不足以抵补损失的部分，并且属于承保责任范围以内的。

### (二) 进口索赔时应注意的事项

**1. 索赔证据**

首先，缮制索赔清单随附商品检验检疫机构签发的检验证书、发票、装箱单、提单副本；其次，对不同的索赔对象还要另附有关证件：向卖方索赔时，应提出确切依据和理由，如是FOB或CFR合同，还需附保险单一份；向轮船公司索赔时，必须另附由船长及港务局理货员签证的理货报告及船长签证的短卸或残损证明；向保险公司索赔时，须另附保险公司与买方的联合检验报告等。

**2. 索赔金额**

根据国际惯例，买方向卖方索赔的金额，应当与由于卖方违约所造成的实际损失相等，即根据商品的价值和实际损失程度计算，还要包括各种支出的费用，如商品检验费、装卸费、银行手续费、仓租、利息等，合理的预期利润也应计入索赔金额内。

**3. 索赔期限**

对外索赔必须在合同规定的索赔有效期内提出，逾期索赔，责任方有权不受理。按《公约》规定，如买卖合同中没有规定索赔期限，而到货检验中又不易发现货物的缺陷的，则买方行使索赔权的最长期限是自其实际收到货物起不超过 2 年。而向船公司索赔期限为货物到达目的港交货后 1 年之内；向保险公司提出海运货损的期限则为被保险货物在卸货港全部卸离海轮后 2 年内。

**4. 索赔时买方的责任**

凡是货物的风险由卖方转移到买方时所存在的任何不同于合同的情形，卖方都负有责任，买方应以事实为依据向卖方要求赔偿。但是，在卖方同意赔偿前，买方必须保持货物的原状并妥善保管。

## 课后训练题

### 一、选择题

1. 根据《公约》的规定，合同成立的时间是（　　）。

A. 接受生效的时间　　B. 交易双方签订的书面合同的时间

C. 在合同获得国家批准时　　D. 当发盘送达受盘人时

2. 某项发盘于某月 12 日以电报形式送达受盘人，但在此前的 11 日，发盘人以一传真告知受盘人，发盘无效，此行为属于（　　）。

A. 发盘的撤回　　B. 发盘的修改　　C. 一项新发盘　　D. 发盘的撤销

3. 根据《公约》的规定，发盘和接受的生效采取（　　）。

A. 投邮生效原则　　B. 签订书面合约原则

C. 口头协商原则　　D. 到达生效原则

4. 我某进出口公司于 2010 年 11 月 15 日上午 8:50 用电报向美国 Smith Co. 发盘："2010 年 11 月 20 日复到我公司有效。" 11 月 18 日上午 10:00 同时接到 Smith Co. 的接受和撤回接受的电传。根据《公约》的规定，对此"接受"（　　）。

A. 可以撤回

B. 不得撤回，必须与我某进出口公司签约

C. 视为撤销

D. 在我某进出口公司同意的情况下，才可撤回

5. 下列条件中，（　　）不是构成发盘的必备条件。

A. 向一个或一个以上的特定人提出　　B. 主要交易条件必须完整齐全

C. 发盘的内容必须十分确定　　D. 表明订立合同的意思

6. 我公司星期一对外发盘，限星期五复到有效，客户于星期二回电还盘并邀我电复。此时，国际市场价格上涨，我未予答复。客户又于星期三来电表示接受我星期一的发盘，则（　　）。

A. 接受有效　　B. 接受无效

C. 如我方未提出异议，则合同成立　　D. 属于有条件的接受

7. 一方在报纸杂志或广播电视中所做的内容明确、完整的商业广告属于（　　）。

A. 邀请发盘　　B. 询盘　　C. 发盘　　D. 还盘

8. 根据《公约》规定，逾期接受是否有效，主要取决于（　　）。

A. 发盘人的意愿　　B. 受盘人的意愿

C. 双方当事人的意愿　　D. 当然无效

9. 按照《UCP600》规定，若银行发现单证不符拒收单据时，应在收到单据次日起（　　）个工作日内，通知受益人。

A. 6　　B. 7　　C. 5　　D. 14

10. 进口单位采用逐笔保险方式一般是在（　　）。

A. 进口数量较大时　　B. 进口数量不大时

C. 进口产品贵重时　　D. 进口产品廉价时

11. 按照《联合国国际货物销售合同公约》规定，如买卖合同中未规定索赔期限，买方行使索赔权的最长期限为自实际收到货物起不超过（　　）。

A. 1 年　　B. 60 天　　C. 2 年　　D. 30 天

12. 进口的货物，如发生残损或到货数量少于提单所载数量，而运输单据是清洁的，则应向（　　）提出索赔。

A. 卖方　　B. 承运人　　C. 保险公司　　D. 银行

13. 开证行拒付货款的理由可以是（　　）。

A. 单证不符　　B. 货物不符合合同规定

C. 单单不符　　D. 货物未装运

14. 进口报关的程序（　　）。

A. 收货人或其代理人在货物抵达卸货港后，应即填具"进口货物报关单"向海关申报

B. 进口货物运达港口时，港务局要进行卸货核对

C. 就近转交货物给用货单位

D. 进口货物经申报，海关依法验关

E. 货证经查验无误，即签章放行

15. 进口索赔的对象主要有（　　）。

A. 卖方　　B. 买方　　C. 银行

D. 保险公司　　E. 承运人

## 二、简述题

1. 构成一项有效发盘的条件有哪些？

2. 2012 年 5 月 20 日 A 商以电报向 B 商发盘"JA-1 型蝴蝶牌缝纫机，木箱装，2000 台，每台 60 美元 CIF 科威特，7/8 月装运，即期信用证支付，限 22 日复到有效"。试分析 A 商该项发盘的效力在哪些情况下终止？

3. 进口合同的履行程序与出口合同有何不同？

4. 进口人在申请开立信用证时应注意什么问题？在进口业务中，对信用证的修改，又应注意什么问题？

## 三、案例分析

1. 我某对外承包公司于 5 月 3 日以电传请德国供应商发盘出售一批钢材。我方在电传中声明：要求这一发盘是为了计算一项承造一栋大楼的标价和确定是否参与投标之用，我方必须于 5 月 15 日向招标人送交投标书，而开标日为 5 月 31 日。德国供应商于 5 月 5 日用电传就上述钢材向我方发盘。我方据以计算标价，并于 5 月 15 日向招标人递交投标书。5 月 20 日德国供应商因钢材价格上涨，发来电传通知撤销 5 月 5 日的发盘。我方当即复电表示不同意撤盘。于是双方发生争议。5 月 31 日开标，我方中标。随即电传通知德商我方接受 5 月 5 日的发盘，但德商坚持该发盘已于 5 月 20 日撤销，合同不成立。问：合同是否成立？

为什么？

2. 我方于周一上午10点以电传方式向英商发盘，公司原定价格为每单位2000英镑CIF伦敦，由于经办人员失误，错报为每单位2000美元CIF伦敦，如果当天下午14点发现问题，如何处理？第二天上午9点发现问题，而客户未接受，如何处理？按照《公约》的规定进行解释。（注释：发盘传至对方需10小时）

3. 我某公司向英国A公司发盘出售一批大宗商品，对方在发盘有效期内复电表示接受，同时指出："凡发生争议，双方应通过友好协商解决；如果协商不能解决，应将争议提交中国国际经济贸易仲裁委员会仲裁。"第三天，我方收到A公司通过银行开来的信用证。因获知该商品的国际市场价格已大幅度上涨，我公司当天将信用证退回，但A公司认为其接受有效，合同成立。双方意见不一，于是提交仲裁机构解决。试问：按照《公约》的规定，如果你是仲裁员，你将如何裁决？

4. 某月18日，我方向德国A商发盘"可供一级红枣100公吨，每公吨500美元CIF纽约，适合海运包装。订约后即装船，不可撤销即期信用证付款，请速复电。"A立即电复："你18日电我方接受，用麻袋包装，内加一层塑料袋。"我方收到复电后着手备货，数日后，一级红枣的国际市场价格猛跌，A商来电称："我方对包装条件做了变更，你方未确认合同并未成立。"而我公司坚持合同已成立。试按照《公约》的规定对此案进行分析。

5. 我国A公司向巴基斯坦B公司以CIF条件出口货物一批。信用证规定："商业发票一式两份；全套清洁已装船正本提单；保险单一式两份。"信用证中并注明按《UCP600》办理。A公司在信用证规定的装运期内将货物装上船，并于到期日前向议付银行交单议付，议付行随即向开证行寄单索偿。开证行收到单据后来电表示拒绝付款，其理由是单证有下列不符。①商业发票上没有受益人的签字；②正本提单由一份组成，不符合全套要求；③信用证规定的品名和商业发票上的品名均为Canned Pears，而提单上的品名为Canned goods；④保险单上的保险金额与发票金额相等。因此，投保金额不足。

试分析开证行单证不符的理由是否成立？并说明理由。

6. 我某进口企业与某外商磋商进口机械设备交易一宗，经往来电传磋商，已就合同的基本条款初步达成协议，但在我方最后所表示接受的电传中列有"以签署确认书为准"的文字。事后，外商拟就合同书，要我方确认，但由于对某些条款的措辞尚待进一步商讨，同时，又发现该商品的市场价格趋疲，用货部门也有换购性能更好的他种设备的意图，因此，未及时给予答复。外商又连续来电催开信用证，我方回答拒绝开证。试分析我方拒绝开证的理由是否正确？

**四、修改信用证**

根据所提供的买卖合同和《UCP600》对收到的信用证进行审核，找出需要修改的地方并撰写修改函。

（一）销售合同

SALES CONFIRMATION

NO. AN107　　　　DATE: JAN. 5TH, 2007

THIS SALES CONFIRMATION IS MADE AND ENTERED INTO BY AND BETWEEN SHANGHAI TEXTILES IMP. AND EXP. CORPORATION, 27 ZHONGSHAN ROAD E, 1, SHANGHAI, CHINA, (HEREINAFTER REFERRED TO AS THE SELLERS) AND ITOCHU CORPORATION, OSAKA, JAPAN, OSAKY SECTION, (HEREINAFTER REFERRED TO AS THE BUYERS);

WHEREBY THE SELLERS AGREE TO SELL AND THE BUYERS TO BUY THE COMMODITY /IES MENTIONED IN THIS CONTRACT SUBJECT TO THE TERMS AND CONDITIONS STIPULATED AS FOLLOWS:

| NAME OF COMMODITY & SPECIFICATION, PACKING AND SHIPPING MARK | QUANTITY (PCS.) | UNIT PRICE | AMOUNT |
|---|---|---|---|
| 100% PURE COTTON APRON | | CIFC3 OSAKA | |
| ART. NO. 49394(014428) | 3,216 | US$1.00 | US$3,216.00 |
| ART. NO. 49393(014428) | 3,960 | US$1.00 | US$3,960.00 |
| ART. NO. 55306(014429) | 1,560 | US$1.25 | US$1,950.00 |
| REMARKS: | | TOTAL: | US$9,126.00 |
| 1)EACH IN PLASTIC BAGS, | | | |
| 12 BAGS IN A CARTON, TOTAL 728 CARTONS | | | |
| 2)SHIPPING MARK: | | | |
| ITOCHU | | | |
| OSAKA | | | |
| NO. 1-728 | | | |
| TOTAL VALUE:SAY US DOLLARS NINE THOUSAND ONE HUNDRED AND TWENTY SIX ONLY. | | | |

TIME OF SHIPMENT: Within 45 days of receipt of letter of credit and not later than the month of MAY 2007 with partial shipments and transshipment allowed.

PORT OF LOADING: SHANGHAI

PORT OF DESTINATION: OSAKA JAPAN

TERMS OF PAYMENT: By 100% Confirmed Irrevocable Sight Letter of Credit Opened by the buyer to reach the Seller not later APRIL 15TH, 2007 and to be available for negotiation in China until the 15th day after the date of shipment. In case of late arrival of the L/C, the Seller shall not be liable for any delay in shipment and shall have the right to rescind the contract and —or claim for damages.

INSURANCE: To be affected by the Seller for 110% of the CIF invoice value covering ALL RISKS AND WAR RISK only as per China Insurance Clauses.

TERMS OF SHIPMENT: To be governed by "INCOTERMS 2010". For transactions concluded on CFR or CIF terms, all surcharges including port congestion surcharges, etc. levied by the shipping company, in addition to freight, shall be for the Buyer's account.

Confirmed by the Buyer　　　　The Seller

SHANGHAI TEXTILES IMP. AND EXP. CORPORATION　　ITOCHU CORPORATION

陈彤　CHEN　TONG　　　　GACKIE　THANG

（二）信用证

SEQUENCE OF TOTAL　＊27：1/2

FORM OF DOC. CREDIT　＊44：REVOCABLE

DOC，CREDIT NUMBER　＊20：ABL-AN107

DATE OF ISSUE ＊31C：070445

EXPIRY　＊31D：DATE 070605 AT NEGOTIATING BANK'S COUNTER

APPLICANT　＊50：ITOCHU CORPORATION，OSAKA，JAPAN OSACY SECTION

BENEFICIARY　＊59：HANGHAI TEXTILES IMP&EXP CORPORATION

27 ZHONGSHAN ROAD E, 1. SHANGHAI, CHINA

AMOUNT *32B: CURRENCY USD AMOUNT 8,852.22

MAX. CREDIT AMOUNT *39B: NOT EXCEEDING

AVAILABLE WITH/ BY *41D: ASAHI BANK, LTD NEW YORK BRANCH BY NEGOTIATION

DRAFTS AT ... *42C: DRAFTS AT 20 DAYS' SIGHT FOR FULL INVOICE VALUE

DRAWEE *42A: ASAHI BANK LTD, TOKYO

PARTIAL SHIPMENTS *43P: ALLOWED

TRANSSHIPMENT *43T: PROHIBITED

LOADING IN CHARGE *44A: SHIPMENT FROM CHINESE PORT (S)

FOR TRANSPORT TO... *44B: TO OSAKA, JAPAN

LATEST DATE OF SHIP. *44C: 070531

DESCRIPT. OF GOODS *45A: 100% COTTON APRON AS PER S/C NO. AH107

| ART NO. | QUANTITY | UNIT PRICE |
|---|---|---|
| 49394 (014428) | 3,216 PIECES | USD1.00 |
| 49393 (014428) | 3,690 PIECES | USD1.00 |
| 55306 (014429) | 1,560 PIECES | USD1.25 |

PRICE TERM: CIF OSAKA

DOCUMENTS REQUIRED *46A:

+ FULL SET OF ORIGINAL CLEAN ON BOARD OCEAN BILLS OF LADING MADE OUT TO ORDER OF SHIPPER AND BLANK ENDORSED AND MARKED "FREIGHT PREPAID" NOTIFY APPLICNAT (WITH FULL NAME AND ADDRESS).

+ ORIGINAL SIGNED COMMERCIAL INVOICE IN 5 FOLDS INDICATING S/C NO.

+ INSURANCE POLICY OR CERTIFICATE IN TWO FOLD ENDORSED IN BLANK, FOR 120PCT OF THE INVOICE VALUE INCLUDING THE INSTITUTE CARGO CLAUSES (A), THE INSTITUTE WAR CLAUSES, INSURANCE CLAIMS TO BE PAYAABLE IN JAPAN IN THE CURRENCY OF THE RAFTS.

+ CERTIFICATE OF ORIGIN GSP FORM A IN 1 ORIGINAL AND 1 COPY.

+ PACKING LIST IN 3 FOLD.

+ BENEFICIARY'S CERTIFICATE STATING THAT ONE SET OF ORIGINAL SHIPPING DOCUMENTS HAS BEEN SENT DIRECTLY TO THE APPLICANT (ATT. OSACY SECTION)

ADDITIONAL COND. *47:

1. T. T. REIMBURSEMENT IS PROHIBITED.
2. THE GOODS TO BE PACKED IN EXPORT STRONG COLORED CARTONS.
3. INSPECTION IS TO BE EFFECTED BEFORE SHIPMENT AND RELEVANT CERTIFICATES /REPORTS ARE REQUIRED FROM THE INSPECTING AGENCY OR INSPECTOR DESIGNATED BY THE BUYER.

DETAILS OF CHARGES *71B:

ALL BANKING CHARGES OUTSIDE JAPAN INCLUDING

REIMBURSEMENT COMMISSIONS, ARE FOR ACCOUNT OF

BENEFICIARY.

PRESENTATION PERIOD *48 :

DOCUMENTS TO BE PRESENTED WITHIN 5 DAYS AFTER THE DATE OF SHIPMENT, BUT WITHIN THE VALIDITY OF THE CREDIT.

CONFIRMATION *49: WITHOUT

INSTRUCTIONS *78:

THE NEGOTIATION BANK MUST FORWARD THE DRAFTS AND ALL DOCUMENTS BY REGISTERED AIRMAIL DIRECT TO US (INT'L OPERATIONS CENTER MAIL ADDRESS: C. P. O. BOX NO. 800 TOKYO 100-91 JAPAN) IN TWO CONSECUTIVE LOTS, UPON RECEIPT OF THE DRAFTS AND DOCUMENTS IN ORDER, WE WILL REMIT THE PROCEEDS AS INSTRUCTED BY THE NEGOTIATING BANK.

# 附录

# 国际贸易实务常用单据

一、

<table>
<tr><td colspan="3">Shipper</td><td colspan="4" rowspan="5">B/L NO.:<br>中国远洋运输公司<br>CHINA OCEAN SHIPPING COMPANY<br>OCEAN BILL OF LADING</td></tr>
<tr><td colspan="3">Consignee</td></tr>
<tr><td colspan="3">Notify Party</td></tr>
<tr><td>Pre-carriage by</td><td colspan="2">Place of Receipt</td></tr>
<tr><td></td><td colspan="2"></td></tr>
<tr><td>Ocean Vessel Voy. No.</td><td colspan="2">Port of Loading</td><td colspan="2">Port of Discharge</td><td colspan="2">Place of Delivery</td></tr>
<tr><td></td><td colspan="2"></td><td colspan="2"></td><td colspan="2"></td></tr>
<tr><td>Container No. Seal No.<br>Marks & Nos</td><td colspan="2">No. Of containers or P'kgs</td><td colspan="2">Kind of Packages;<br>Description of goods</td><td>Gross weight</td><td>Measurement</td></tr>
<tr><td></td><td colspan="2"></td><td colspan="2"></td><td></td><td></td></tr>
<tr><td colspan="7">TOTAL NUMBER OF CONTAINERS<br>OR PACKAGES (IN WORDS)</td></tr>
<tr><td>FREIGHT & CHARGES</td><td>Revenue Tons</td><td colspan="2">Rate</td><td>Per</td><td>Prepaid</td><td>Collect</td></tr>
<tr><td></td><td></td><td colspan="2"></td><td></td><td></td><td></td></tr>
<tr><td rowspan="2">Ex. Rate.</td><td>Prepaid at</td><td colspan="3">Payable at</td><td colspan="2">Place and date of Issue</td></tr>
<tr><td colspan="4">Total Prepaid No. of original B(s)/L</td><td colspan="2" rowspan="2">Signature</td></tr>
<tr><td colspan="5">LADEN ON BOARD THE VESSEL</td></tr>
</table>

二、

中保财产保险有限公司南通分公司

The people insurance (property) Company of china, Ltd.

PICC PROPERTY NANTONG BRANCH

发票号码 保险单号次

Invoice No. 海洋货物运输保险单 Policy No.

MARINE CARGO TRANSPORTATION INSURANCE POLICY

被保险人：

Insured: ..........................................................................................

中保财产保险有限公司（以下简称本公司）根据被保险人的要求，由被保险人向本公司缴付约定的保险费，按照本保险单承保险别和背面所载条款与下列特款承保下述货物运输保险，特立本保险单。

This Policy of insurance witnesses that The People Insurance (Property) Company of China, Ltd. (hereinafter called "the Company"), at the request of the Insured and in consideration of the agreed premium paid by the Insured, undertakes to insure the under mentioned goods in transportation subject to the conditions of this Policy as per the Clauses printed overleaf and other special clauses attached hereon.

| 保险货物项目<br>Description of goods | 包装及数量<br>Quantity | 保险金额<br>Amount Insured |
|---|---|---|
| | | |

承保险别 货物标记

Conditions: Marks of Goods

总保险金额：

Total Amount Insured: ....................................................................... .

保费 装载运输工具

Premium ......................... Per conveyance S. S. .................................

开行日期 起运港 目的港

Sig. on or abt. .................... From ............. to ..................................

所保货物，如遇出险，本公司凭本保险单及其他有关证件给付赔款。所保货物，如发生本保险单项下负责赔偿的损失或事故，应立即通知本公司下述代理人查勘。

Claims, if any, payable on surrender of this Policy together with other relevant document. In the event of accident whereby loss or damage may result in a claim under this Policy immediate notice applying for survey must be given to the Company's Agent as mentioned hereunder:

中保财产保险有限公司南通分公司

PICC PROPERTY NANTONG BRANCH

赔款偿付地点

Claim payable at.......................

日期 在

Date.................................... at............................ . .

地址（Address）：

三、

BILL OF EXCHANGE

凭
Drawn ____________________
信用证　　　　　　第　　　号
L/C NO. ______________
日期　　年　　月　　日
Dated ______________
按____息____付款
Payable with interest @______%
号码　　　　　　　汇票金额　　　　　　　　中国上海　年　月　日
No. ______________ Exchange for ________ Shanghai，China________
见票　　　　　　　日后　　　　　　　　（本汇票之正本未交付）
at ______________ sight of this SECOND of exchange（first of exchange being unpaid）
pay to the order of ______________________________ 或其指定人
金额 ______________________________
The sum of ______________________________

此致
TO ______________________

______________________　　　　______________________
　　　　　　　　　　　　　　　　______________________

四、

<table>
<tr><td colspan="2">ISSUER(2)</td><td colspan="2">(1)<br><br>商业发票<br>COMMERCIAL INVOICE</td></tr>
<tr><td colspan="2" rowspan="2">TO(3)</td><td colspan="2"></td></tr>
<tr><td>NO. (5)</td><td>DATE(6)</td></tr>
<tr><td colspan="2" rowspan="2">TRANSPORT DETAILS(4)<br>FROM:<br>W/T:<br>TO:<br>VESSEL:</td><td>S/C NO. (7)</td><td>L/C NO. (8)</td></tr>
<tr><td colspan="2">TERMS OF PAYMENT(9)</td></tr>
<tr><td colspan="4">Marks and numbers (10) | Description of Goods (11) | Quantity (12) | Unit price (13) | Amount (14)</td></tr>
<tr><td colspan="4">(15)<br>TOTAL QUANTITY:(16)<br>PACKING:(17)<br>TOTAL WEIGHT: (18)<br>NET WT. :　　　　GROSS WT. :<br>TOTAL:(19)<br>WE CERTIFY THAT ALL THE SHIPPED GOODS ARE OF CHINESE ORIGIN<br>(20)</td></tr>
</table>

五、

ORIGINAL

| 1. Goods consigned from (Exporter's business name, address, country) | Reference No.<br><br>CERTIFICATE OF ORIGIN<br>(Combined declaration and certificate)<br>FORM A<br>Issued in............................<br>(country) |
|---|---|
| 2. Goods consigned to (Consignee's name, address, country) | |
| 3. Means of transport and route (as far as known) | 4. For official use |

| 5. Item number | 6. Marks and Numbers of packages | 7. Number and kind of Pks; description of goods | 8. Origin criterion | 9. Gross weight or other quantity | 10. Number and date of inv. |
|---|---|---|---|---|---|
| | | | | | |

| 11. Certification<br>It is hereby certified, on the basis of control carried out, that the declaration by the exporter is correct.<br><br>...................................<br>Place and date, signature and stamp of certifying authority | 12. Declaration by the exporter<br>The undersigned hereby declares that the above details and statements are correct; that all the goods were produced in............................<br>those goods in the Generalized System of Preferences for Goods exported to..........<br><br>.............................................<br>Place and date, signature of authorized signatory |
|---|---|

六、

| (2)ISSUER | (1)<br><br>装箱单<br>PACKING LIST | |
|---|---|---|
| (3)TO | (4)NO. | (5)DATE |

| Marks and Numbers<br>(6) | Number and kind of Packages;<br>(7)Description of Goods | Net Weight<br>(8) | Gross Weight<br>(9) | Measurement<br>(10) |
|---|---|---|---|---|
| | | | | |

(11)
(12)TOTAL QUANTITY:
TOTAL:
(13)L/C NO.:

七、

## 中华人民共和国出口货物报关单

预录入编号：　　　　　　　　　　　　　　　　　　　　　　　　海关编号：

| 出口口岸 | 备案号 | 出口日期 | 申报日期 | |
|---|---|---|---|---|
| 经营单位 | 运输方式 | 运输工具名称 | 提运单号 | |
| 发货单位 | 贸易方式 | 征免性质 | 结汇方式 | |
| 许可证号 | 运抵国(地区) | 指运港 | 境内货源地 | |
| 批准文号 | 成交方式 | 运费 | 保费 | 杂费 |
| 合同协议号 | 件数 | 包装种类 | 毛重(千克) | 净重(千克) |
| 集装箱号 | 随附单据 | | 生产厂家 | |
| 标记唛头及备注 | | | | |
| 项号 商品编号 商品名称、规格型号 数量及单位 最终目的国(地区)单价 总价 币制 征免 | | | | |
| 税费征收情况 | | | | |

| 录入员 录入单 | 兹声明以上申报无讹并承担法律责任 | 海关审单批注及放行日期<br>(签章) | |
|---|---|---|---|
| 报关员 | 申报单位(签章) | 审单 | 审价 |
| 单位地址 | | 征税 | 统计 |
| 邮编　　电话 | 填制日期 | 查验 | 放行 |

# 参 考 文 献


[1] 李红等编．国际贸易理论与实务经典案例．南京：南京大学出版社，2012.

[2] 林涛等编．国际货物贸易实务．北京：清华大学出版社，2014.

[3] 叶德万编．国际贸易理论与实务．广州：华南理工大学出版社，2012.

[4] 冷柏军编．国际贸易实务．北京：北京大学出版社，2012.

[5] 张相文，曹亮编．国际贸易理论与实务．武汉：武汉大学出版社，2011.

[6] 鲁丹萍编．国际贸易实务习题与实训指导．上海：上海交通大学出版社，2013.

[7] 章安平编．出口业务操作．北京：高等教育出版社，2009.

[8] 冯国峰编．国际贸易实务教程．北京：化学工业出版社，2007.

[9] 常改姣编．国际贸易实务实训教程．上海：上海交通大学出版社，2003.

[10] 吴百福编．进出口贸易实务教程．第4版．上海：上海人民出版社，2006.

[11] 梅清豪编．外贸信用证实务．上海：东方出版中心，1997.

[12] 辛纬业编．进出口贸易操作实务．西安：西安工业大学出版社，2005.

[13] 祝卫，程洁，谈英著．出口贸易模拟操作教程．上海：上海人民出版社，2008.

[14] 孙家庆编．国际货运代理．大连：东北财经大学出版社，2003.

[15] 陈胜权编．国际贸易实务经典教材习题详解．北京：对外经济贸易大学出版社，2005.

[16] 曹民之编．国际贸易实务指导．上海：立信会计出版社，2005.

[17] 全国外销员资格考试编写组编．全国外销员资格考试模拟题与参考答案．北京：对外经济贸易大学出版社，2002.

[18] 俞学伟编．报关实务与操作．北京：化学工业出版社，2010.

[19] 王义源，曾凯编．远洋运输业务．北京：人民交通出版社，1997.

[20] 方士华编．国际贸易教程．北京：经济科学出版社，2004.